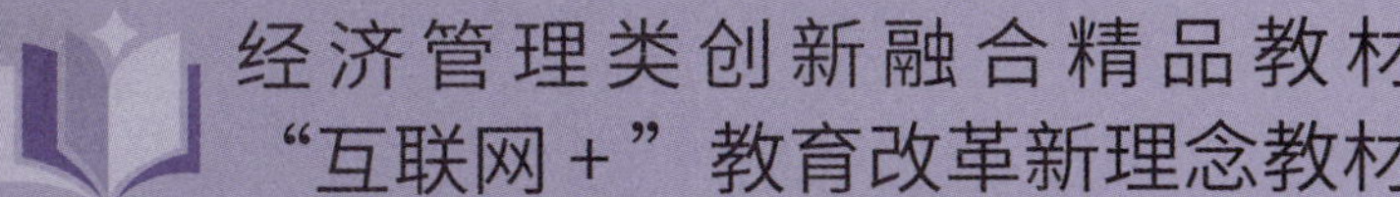

经济管理类创新融合精品教材

“互联网+”教育改革新理念教材

宏观经济学

徐　江　咸继平　胡文萍　主　编

惠　慧　郭玉川　副主编

中国商业出版社

图书在版编目（CIP）数据

宏观经济学 / 徐江，咸继平，胡文萍主编. -- 北京：中国商业出版社，2024. 8. -- ISBN 978-7-5208-3131-4

Ⅰ. F015

中国国家版本馆 CIP 数据核字第 2024M41S35 号

责任编辑：葛　伟

中国商业出版社出版发行

（www.zgsycb.com　100053　北京广安门内报国寺 1 号）

总编室：010-63180647　编辑室：010-83118925

发行部：010-83120835/8286

新华书店经销

唐山唐文印刷有限公司印刷

*

880 毫米×1230 毫米　16 开　12.5 印张　280 千字

2024 年 8 月第 1 版　2024 年 8 月第 1 次印刷

定价：48.00 元

* * * *

（如有印装质量问题可更换）

前言

宏观经济学是经济和管理类专业的基础课和必修课，在人才培养方案中占有非常重要的地位。本书的特色是注重学生经济学思维的培养，内容涵盖宏观经济学的基本概念和理论以及宏观经济理论与中国实践的关系，强调中国经济运行实践的分析以及宏观经济学前沿研究的拓展。

本书的主要特点体现在以下几个方面。

第一，着眼于突出理论的实用性和对学生应用能力的培养。以通俗的语言文字、简单易懂的数学模型、直观形象的几何图形，说明宏观经济学理论，让学生对宏观经济学基本理论能够形成简明、清晰和准确的了解。不但能帮助学生形成正确的现代宏观经济思想和观点，而且能为其学习应用经济学和相关理论打下较坚实的基础。

第二，对比较复杂和难以阐述的细节性经济事实和政策进行梳理，并系统地把相关内容整合起来，让学生更好地学习和掌握。

第三，突出体现了方便学习和自主学习的作用。通过设置案例或拓展阅读内容，帮助学生理解课程内容，把学习和应用相结合，做到学以致用。在每章结尾给出启发式思考练习，调动学生自主学习的积极性，把教、学、用融为一体。

本书内容全面，体例完备，语言简明，特色突出，有助于学生在掌握宏观经济学基本理论的同时，理解中国宏观经济的运行规律，提高分析经济问题的能力。

由于编者水平有限，书中难免有疏漏和不足，敬请读者批评指正。

编　者

Contents

目 录

第一章

导 论

学习目标

通过本章的学习，掌握宏观经济学的基本概念、研究对象和研究方法；了解宏观经济学的形成和发展以及本课程的理论结构。

第一节　宏观经济学研究对象

一、什么是宏观经济学

20世纪，经济学的一个最重大的突破是宏观经济学的产生与发展。实际上，经济学诞生之初是没有宏观、微观之分的。直到20世纪30年代，随着凯恩斯的《就业、利息和货币通论》一书出版，宏观经济学才在凯恩斯的收入和就业理论的基础上，逐渐发展成为当代经济学中的一个独立的理论体系。当时经济统计学家开始大量收集经济中企业和家庭产量、收入、储蓄、消费和投资等相关个体数据，在此基础上进行总体统计以此来描述总体经济行为。宏观经济学是在对企业和家庭的个体决定进行研究的微观经济学基础之上，数以百万、千万计的个体决定形成的经济整体趋势。

（一）宏观经济学的含义

宏观经济学又称“大经济学”，是微观经济学的对称。宏观经济学是现代经济学的一个分支。它是以整个国民经济的经济行为为研究对象，研究国民经济运行中各有关经济总量的决定及其变动，以解决失业、通货膨胀、经济波动、国际收支失衡等问题，实现长期稳定的发展。宏观经济学是将整个经济运行作为一个整体来进行研究的，着重考察和说明国民收入、就业水平、价格水平等经济总量的决定过程、波动原理，故又被称为“总量分析”或“总量经济学”。

虽然一个国家的经济生活依赖企业、工人、消费者以及政府官员等数以千万计的个体行为，但是宏观经济学关注的焦点只在于这些个体行为汇集而产生的总体结果。

（二）宏观经济学的基本框架

宏观经济学包括宏观经济理论、宏观经济政策和宏观经济计量模型。

（1）宏观经济理论包括国民收入决定理论、投资理论、货币理论、失业与通货膨胀理论、经济周期理论、经济增长理论、开发经济理论等。

（2）宏观经济政策包括经济政策目标、经济政策工具、经济政策机制（经济政策工具如何达到既定的目标）、经济政策效应与运用。

（3）宏观经济计量模型包括根据各派理论所建立的不同模型，这些模型可用于理论验证、经济预测、政策制定以及政策效应检验。

以上三个部分共同构成了现代宏观经济学。现代宏观经济学是为国家干预经济的政策服务的。第二次世界大战后凯恩斯主义宏观经济政策在西方各国得到广泛的运用，在相当大程度上促进了经济的发展，但是国家对经济的干预也引起了各种问题。

（三）宏观经济学与微观经济学的区别

微观经济学研究的是一棵棵的树木，宏观经济学研究的是树木组成的森林生态系统，不学习宏观经济学就会只见树木不见森林。微观经济学与宏观经济学是紧密相连的。首先，微观经济学与宏观经济学是互相补充的。微观经济学是在假定社会资源已经充分利用的前提下研究如何达到最优配置问题；而宏观经济学是在假定社会资源已经合理配置的前提下研究如何达到充分利用问题。其次，微观经济学与宏观经济学都是实证分析。最后，微观经济学是宏观经济学的基础。

但是宏观经济学与微观经济学也存在较大的区别，主要表现在以下几个方面。

（1）研究对象不同。微观经济学的研究对象是单个经济单位，如家庭、厂商等。正如美国经济学家丁·亨德逊所说，居民户和厂商这种单个单位的最优化行为奠定了微观经济学的基础。而宏观经济学的研究对象则是整个经济，研究整个经济的运行方式与规律，从总量上分析经济问题。正如美国经济学家保罗·萨缪尔森所说，宏观经济学是根据产量、收入、价格水平和失业来分析整个经济行为。另一位美国经济学家 E. 夏皮罗则强调了宏观经济学考察国民经济作为一个整体的功能。

（2）解决的问题不同。微观经济学要解决的是资源配置问题，即生产什么、如何生产和为谁生产的问题，以实现个体效益的最大化。宏观经济学则把资源配置作为既定的前提，研究社会范围内的资源利用问题，以实现社会福利的最大化。

（3）研究方法不同。微观经济学的研究方法是个量分析，即研究经济变量的单项数值如何决定。而宏观经济学的研究方法则是总量分析，即对能够反映整个经济运行情况的经济变量的决定、变动及其相互关系进行分析。这些总量包括两类：一类是个量的总和，另一类是平均量。

（4）基本假设不同。微观经济学的基本假设是完全理性、完全信息、市场出清，认为“看不见的手”能自由调节实现资源配置的最优化。宏观经济学则假定市场机制是不完善的，政府有能力调节经济，通过“看得见的手”弥补市场机制的缺陷。

（5）研究对象不同决定了研究内容不同。微观经济学的中心理论是价格理论，还包括消费者行为理论、生产理论、分配理论、一般均衡理论、市场理论、产权理论、福利经济学、管理理论等。宏观经济学的中心理论则是国民收入决定理论，还包括失业与通货膨胀理论、经济周期与经济增长理论、开放经济理论等。

二、宏观经济学研究的主要问题

宏观经济学主要研究整体经济及其运行规律，以产出、失业、通货膨胀这些大范围内的经济现象为研究对象，其目的是对产出、失业以及价格的变动作出经济解释。一国的资源是否被充分地利用？社会能否实现充分就业？是否存在一些闲置未用的被浪费的资源？社会生产能力是否在增长？一国的货币购买力是否稳定？国际贸易中外汇是否平衡？其具体的内容主要包括经济增长、经济周期波动、失业、通货膨胀、国家财政、国际贸易等方面，涉及国

民收入及全社会消费、储蓄、投资以及国民收入的比率，货币流通量和流通速度，物价水平，利息率，人口数量及增长率，就业人数和失业率，国家预算和赤字，进出口贸易和国际收入差额等方面。归纳起来，宏观经济学的核心问题就是国民收入，并由此引出经济增长、经济波动、失业和通货膨胀等主要问题。

（一）国民收入

国民收入是指一国消费者在一定时期所获得的收入，它在数值上也等于该国在这一时期的产出。国民收入反映了一国经济的总体规模，它既直接体现了该国消费者当前的物质生活水平，同时也构成了未来经济增长的基础。国民收入是如何构成的？它的大小受到哪些因素的影响？它反过来又会影响哪些宏观经济变量？这是宏观经济学最为关注的问题，凯恩斯的宏观经济理论中最主要的内容就是围绕一国国民收入的决定因素所展开的研究。因此，凯恩斯的宏观经济理论也被称为“国民收入决定理论”。

（二）经济增长

宏观经济学重视一国的长期繁荣。在10年甚至更长的时期里，一国经济的增长是决定其国民实际的工资生活水平增长率的关键因素。人们都想知道成功地保持经济增长的秘方中究竟包括哪些对策，为什么当一个国家出现高投资率和高储蓄率时总能极大地推动经济的增长，预算赤字和产业政策对提高生活水准有何作用，还有投资在研究与开发和人力资本方面的重要地位等。

（三）经济波动

衡量一国经济中生产的最重要的一个指标是国内生产总值（GDP），比较近30年来美国国内生产总值的数值，我们发现国内生产总值的增长可以在长期里为正值，但年度与年度之间并不是平滑的。实际上，在某些时候国内生产总值从上一年至下一年实际上是下降的。下降的时期通常持续一年至两年，然后又开始上升。这种短期波动称为“经济波动”。

理解经济波动是宏观经济学的一个主要目标。为什么会出现经济波动？在一个特定的经济波动周期里，生产下降的严重程度是由什么决定的？导致生产暂时下降的经济力量是什么？又是什么使经济恢复增长？经济波动是由无法预料的某些因素和事件造成的，还是由可预测的某些力量所引致？政府政策能否消除经济的短期波动？

（四）失业

失业率是宏观经济学考察的一个关键变量，它度量的是当前没有工作而正在积极寻找工作的人数占全部劳动力的比例。经济波动引起的失业加剧、失业率增加，是各国政府在制定宏观经济政策时所着重考量的。宏观经济学探索失业的根源，并根据分析结果给出各种对策。比如，采取刺激需求的政策或改革劳动市场制度，减少对不工作的激励或提高工资的灵活性等。

（五）通货膨胀

通货膨胀的原因是什么？如何控制它？经济学家已经认识到市场经济中高通货膨胀的负面影响。市场经济将价格作为衡量经济价值的尺度和引导商业行为的手段。而在市场价格迅速上升的时期，这个尺度势必失去意义，传统经济学原理中的某些行为将失灵，从而引起决策失误。因此，在宏观经济政策中，保持稳定的价格成为日益强调的目标。

第二节 宏观经济学研究方法

一、总量分析方法

宏观经济学研究的对象是经济的总体行为，因此，它的基本研究方法是考察经济的总体趋势。采用总量分析法，即对能够反映整个经济运行情况的经济变量的决定、变动及其相互关系进行分析。这些总量包括两类：一类是个量的总和，另一类是平均量。因此，宏观经济学又称为“总量经济学”。

这个“总量”，只是我们在表述某些经济现象时的一个比较抽象的概念。例如，提到一个国家的总产出时，由于它可以生产的产品种类众多，如小麦、啤酒、汽车等计量单位无法直接加总，但这些商品都可以体现为市场上的某一个等价交换物，如我们最常用的货币，因此，通过货币，我们就可以把物质形态不同的产品的各种产量统一折合为市场价值，从而加总。

在采用总量分析方法的时候，我们需要注意的是：尽管微观是宏观的基础，但总体经济行为并不完全能够通过对个体的简单加总从而得到，有些时候微观个体的行为根本就不能直接加总。

二、静态分析、比较静态分析、动态分析方法

静态分析就是分析经济现象的均衡状态以及有关的经济变量达到均衡状态所需要具备的条件。它完全抽掉了时间因素和具体变动的过程，是一种静止地、孤立地考察某些经济现象的方法。

比较静态分析就是分析在外生变量发生变化以后，经济现象均衡状态的相应变化以及有关经济总量在达到新的均衡状态时的相应变化，即对经济现象有关经济变量一次变动（而不是连续变动）的前后进行比较。也就是比较一个经济变动过程的起点和终点，而不涉及转变期间和具体变动过程本身的情况，实际上只是对两种既定的自变量和它们各自相应的因变量的均衡值加以比较。

动态分析则对经济变动的实际过程进行分析，其中包括分析有关总量在一定时间过程中

的变动，这些经济总量在变动过程中的相互影响和彼此制约的关系以及它们在每一时点上变动的速率等。这种分析考察时间因素的影响，并把经济现象的变化当作一个连续的过程来看待。

在宏观经济学中，较多采用的是比较静态分析和动态分析方法。凯恩斯在《就业、利息和货币通论》一书中采用的主要是比较静态分析方法。而其后继者们在发展凯恩斯经济理论方面的贡献，主要是长期化和动态化方面的研究，如经济增长理论和经济周期理论。

三、存量分析与流量分析方法

流量和存量是经济分析中的两个重要概念。流量是指带有时间跨度或在一个时段上所累积变动的量。存量则指在某一时点上存在的某种经济变量的数值。例如，2017 年全国共有各级各类学校 51.38 万所，比上年增加 2 015 所。这里的 51.38 万所是存量，是通过各年份的学校建设最终达成的学校数量：2 015 所是 2017 年里这个时间段所增加的学校数量，是流量。又如，2017 年华为在中国累计专利授权数量为 64 091 件，而 2017 年华为的中国专利授权数量为 3 293 件。64 091 件是一个存量，是历年来华为不断研发申请所获得的专利授权总和，而 3 293 件是 2017 年这个时间段里增加的，是一个流量的概念。流量来自存量，流量又归于存量之中，即存量只能经由流量而发生变化，如新增加的国民财富是靠新创造的国民收入来计算的。

对经济活动进行全面反映的国民经济核算就是从存量和流量两个方面来进行，并将二者紧密结合起来，但实际分析中更侧重于使用流量分析，因为宏观经济学最初的研究重点是经济萧条问题。凯恩斯认为，经济萧条是一种短期现象，其原因是有效需求不足，即这一段时期消费需求和投资需求不足。消费需求和投资需求都是流量的概念，对它们的研究属于流量分析。侧重于流量分析的做法实际上反映了一种认识，即认为经济萧条与该经济体系长期积累的资本存量和劳动力存量并不具有重要的联系，问题只是短期内总需求不足。这种认识当然不一定正确，但可以使分析变得相对简单。因此，从认识论上说，这种分析上的侧重是可取的，当然，更进一步的研究还必须考虑存量因素，宏观经济学对经济波动和经济增长的研究就非常注重对存量的分析。

四、实证分析与规范分析方法

实证分析是西方经济学研究方法的核心。实证分析又称“实证方法”，是从某个可以证实的假说前提出发，构建理论模型，通过可获得数据样本的计量和检验，判断理论模型的真伪，并进一步分析经济行为的动机和预测经济后果的一种分析方法。采用实证分析方法时，人们一般只考虑经济事物之间关系的规律，并在这些规律的作用下，分析和预测经济行为的效果。

实证分析是一种根据事实加以验证的陈述，而这种实证性的陈述则可以简化为某种能根据经验数据加以证明的形式。实证分析力求回答经济活动“是什么”的问题，在分析时应撇除价值取向和意识形态的影响。在运用实证分析法研究经济问题时，就是要提出用于解释经济现象的理论，并以此为根据作出预测。这也就是形成经济理论的过程。

规范分析与实证分析剥离价值判断不同，规范分析杂糅着一定的价值判断，提出分析和处理问题的标准，研究经济活动如何达到或者符合这些标准，并以此作为经济决策的前提和制定经济政策的依据。规范分析力求回答经济活动“应该是什么”的问题。这里的价值判断是指经济事物的社会价值，即某一经济事物是好还是坏，该做还是不该做，应该如何去做的问题。

当我们在学习经济学时，要记住实证分析与规范分析的区别。当然，实证表述与规范表述也是相关的，关于经济如何运行的实证观点影响关于什么政策合意的规范观点。许多经济学内容仅仅是努力解释世界的运行；但经济学的目标往往是改善世界的运行。当你听到经济学家作出规范表述时，你就知道，他们已经跨过界线从科学家变成了决策者。

第三节　宏观经济学基本内容和理论体系

一、宏观经济学的基本内容

宏观经济学的研究对象是社会的整体经济行为及其后果，其核心理论是国民收入，宏观经济学的最终目标是寻找保持国民收入稳定增长的对策。因此，宏观经济学研究的主要内容就是国民收入的决定。要想弄明白国民收入这个核心问题，就需要了解国民收入从何而来，受什么因素影响，该怎么做才能增加国民收入。因此，就引出了以下几个问题：一是国民收入如何核算（国民收入核算理论），二是国民收入如何决定（国民收入决定理论），三是如何实现国民收入的稳定增长（国民收入增长理论）。围绕这几个问题，形成宏观经济学的基本框架，如图 1-1。

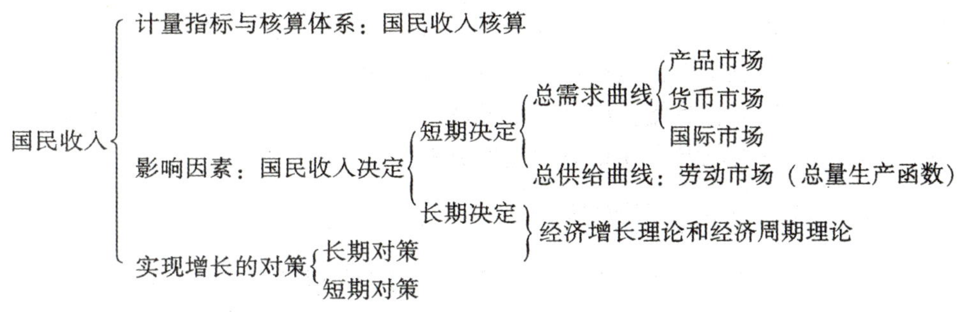

图 1-1　宏观经济学框架

二、宏观经济学理论体系的发展

（一）萨伊定律与古典宏观经济模型

萨伊是18世纪末19世纪初的法国著名经济学家。他认为，商品的买卖实际上只是商品和商品的交换，在交换中，货币只是在一瞬间起了媒介作用。卖者得到了货币，马上又会购买商品，所以卖者同时就是买者，即供给者就是需求者。一种产品的生产给其他产品开辟了销路，供给会创造自己的需求，不论产量如何增加，产品都不会过剩，至多只是暂时的积压，市场上商品的总供给和总需求一定是相等的，这就是著名的萨伊定律。

古典宏观经济模型是对萨伊定律的全面论证。其基本观点是，由于价格机制是健全的，资本主义市场经济经常处于充分就业的状态。该模型的主要内容包括：总产出等于总供给，总供给主要取决于劳动力市场的供求状况，工资的灵活变动使劳动力市场实现充分就业均衡，从而使总产出量达到最大；利息率的灵活变动使投资与储蓄趋于一致；货币数量决定总需求，并在总供给不变的情况下，直接影响价格水平。

（二）凯恩斯宏观经济学的形成和发展

凯恩斯革命是指凯恩斯的经济理论对宏观经济学的古典学派进行了带有革命性质的批判，建立了现代宏观经济学，其标志是1936年《就业、利息和货币通论》一书的出版。凯恩斯革命主要表现在三个方面：经济学研究的重点从稀缺资源最优配置转移到怎样克服资源闲置问题上来；资本主义市场经济经常运行在小于充分就业的状态中；政府应采取积极干预经济政策，促使充分就业的实现。凯恩斯理论的核心内容是有效需求理论。

从20世纪四五十年代以来，凯恩斯的理论得到后人的进一步拓展，使之不断完善和系统化，从而构成了凯恩斯宏观经济学的完整体系。这些拓展主要体现在希克斯和汉森同时创建的“IS－LM模型”、莫迪利安尼提出的“生命周期假说”、弗里德曼提出的“永久收入说”、托宾对投资理论的发展、索罗等人对经济增长理论的发展以及克莱因等人对宏观经济计量模型的发展。在众多经济学家的努力下，日趋完善的凯恩斯宏观经济理论与微观经济学一起构成了经济学的基本理论体系，这一理论体系也被称为“新古典综合派”。

（三）新古典学派与新凯恩斯学派的争论

从20世纪70年代开始，西方发达国家出现的“滞胀”现象，严重地动摇了凯恩斯主义的统治地位。凯恩斯的宏观经济理论既不能在理论上对这种现象进行令人信服的解释，又不能在实践上提出有效的政策措施，其内在合理性和可解释性遇到了根本性的挑战，古典学派和凯恩斯理论的“综合”因而受到了许多经济学家的怀疑，其中以货币主义和理性预期学派的影响最大。以卢卡斯为代表的理性预期学派认为，在理性预期下，市场能够自动出清，政府对经济的干预是没有必要的，这又回到了古典学派的主张，因此理性预期学派也被称为“新古典学派”。由于以弗里德曼为代表的货币主义的理论主张和新古典学派基本一致，货币主义往往也被看成新古典学派的一个组成部分。另外，凯恩斯理论也在不断发展，在吸取了理性预期的某些研究成果后，出现了“新凯恩斯学派”。目前，宏观经济学的争论主要在新古典学派和新凯恩斯学派之间展开，其争论的主要内容集中在市场机制的有效性和政府干预经济的必要性两个方面，而且这种争论还将继续进行下去。宏观经济理论的学派之争是宏观经济学的又一大特色，这也是与微观经济学不同的方面。

关于宏观经济学流派，可以在本书的第九章中具体了解。

九阴和九阳：意见相反的两位经济学家都可获得诺贝尔奖

宏观经济学中的各个流派，就有如武侠小说中的各个门派，相互之间内功、招式各有不同，甚至可能会像《九阴真经》和九阳神功一样套路截然相反。宏观经济学许多新古典综合派的代表人物获得了诺贝尔经济学奖，如萨缪尔森、莫迪里安尼、托宾、索洛等，但宏观经济学也并不是新古典综合派一统天下。强调自由放任的货币主义者和理性预期学派的佛里德曼和卢卡斯也分别获得了诺贝尔经济学奖，还有研究国民收入体系的库兹涅茨和斯通也分别于 1971 年和 1984 年获奖。为什么这些经济学家研究观点完全相反，但都可以获得诺贝尔奖呢?

在日常生活中，我们都知道“地球是圆的，不能说成地球是方的”，这是物理学等很多自然学科的特点，黑的就是黑的，白的就是白的。如果白的是对的，那么黑的就是错的。而在经济学，特别是宏观经济学则不完全是这样，“持不同观点”的两位宏观经济学家，可能都会获得诺贝尔经济学奖。而这两位虽然同为诺贝尔经济学奖得主，但关于某个宏观经济现象的观点可能完全相反。比如，关于 2009 年次贷危机引起的经济危机将持续多久的问题，2009 年诺贝尔经济学奖得主克鲁格曼认为将持续很长时间，而在 2008 年年底的时候，1996 年诺贝尔经济学奖得主莫里斯则认为经济危机估计两年就会过去。

宏观经济学就是这样一门门派林立、观点多样、争论不断的发展中的经济科学。

资料来源：部分内容引自武拉平主编的《宏观经济学案例集》“案例 3：有趣的宏观经济学”，由中国人民大学出版社 2013 年出版。

思考练习

1. 理解宏观和微观的联系：每个个体的理性决策一定会形成集体的理性选择吗？某幼儿园在六一节目表演中，邀请了孩子家长一排排坐在小板凳上观看，想想可能出现什么情况？第三排的一位家长想拍个最好的照片，他把手中的相机举得很高，对他来说这是最好的选择吗？坐在他后面的家长视线被挡住了，对这位被挡视线的家长来说最好的选择是什么？当每个家长都要选择最理性的选择，最终结果会如何？形成的集体选择是理性的吗？需要幼儿园老师维持秩序吗？

2. 2018 年，中美出现经贸摩擦。美方提出将对 2 000 亿美元输美产品加征关税。为捍卫中方自身合法权益，中国政府依据《中华人民共和国对外贸易法》等法律法规和国际法基本原则，对原产于美国的 5 207 个税目约 600 亿美元商品，加征 5%～25%关税。诸多行业受到影响。例如，从美国进口的大豆占比已经不到 1/3，而且美国大豆在我国只能用来榨油，表现在豆油价格上可能会上升。我国现在进口 1 吨大豆加上关税的价格为 3 750 美元，比原来多了 750 美元，平摊到每千克豆油价格可能高几元钱，对老百姓生活的影响不大。之前进口猪肉价格为每千克 10～11 元，加征关税以后价格为每千克 17 元多。如果美国对我国500 亿美元商品开征 25%的关税，预计影响我国 GDP 0.10%～0.12%；如果在这个基础上对 2 000 亿美元商品加征 10%的关税，预计影响我国 GDP 0.20%～0.25%。经贸摩擦对我国带来的影响是存在的。从资料中可以如何理解微观经济与宏观经济的关系？

第二章

国民收入核算

学习目标

通过本章的学习，要求掌握各宏观经济总量的含义与相互关系，熟悉国民收入核算方法。

第一节　宏观经济总量基本含义

经济学中所讲的国民收入是分析评价社会经济活动成就的一个广泛的概念，包括国内生产总值、国民生产总值、国民生产净值、国民收入、个人收入和个人可支配收入等总量指标。本节将对以上几个主要的总量指标的基本含义作具体介绍。

一、国内生产总值（GDP）与国民生产总值（GNP）

（一）GDP

GDP 是指在一定时期内（通常为 1 年），一个国家（或地区）运用生产要素所生产出的全部最终产品（物品和服务）的市场价值，常被公认为衡量国家经济状况的最佳指标。它不但可以反映一个国家的经济表现，更可以反映一个国家的国力与财富。

在理解 GDP 的概念时，要注意以下几点。

第一，GDP 指一国在本国领土内所生产的产品与服务的市场价值，这些产品与服务既包括本国企业在本国内所生产的，也包括外国企业或合资企业在本国生产的。即凡是本国领土上生产所获得的收入都算作本国的 GDP，而不管这种收入是本国居民生产的还是外国居民生产的。

第二，GDP 是指在一定时期（通常为 1 年）内生产出来的产品的总值，因此，在计算时不应包括以前所生产的产品的价值。GDP 是一个流量，而不是一个存量，核算时必须规定一个时间单位。一般来说是以年为时间单位。例如，以前所生产而在该年所售出的存货，或以前所建成而在该年转手出售的房屋，其产生的价值都不应计入当年 GDP。

第三，GDP 是指最终产品的总值，因此，在计算时不应包括中间产品产值。最终产品是指一定时期内生产的并由最后使用者购买的产品和服务，中间产品则是指用于再出售而供生产别种产品用的产品。具体计算 GDP 时，常采用增值法，即只计算在生产各环节上所增加的价值，此方法的优点是，无论把哪种产品作为最终产品，都可避免 GDP 的重复计算。按照增值法所计算出来的衣服价值见表 2-1。

表 2-1　按照增值法所计算出来的衣服价值

生产阶段	产品价值/元	中间产品成本/元	增值/元
棉花	10	—	10
棉纱	15	10	5
棉布	20	15	5

续表

生产阶段	产品价值/元	中间产品成本/元	增值/元
上衣	30	20	10
合计	75	45	30

按照增值法的原则，上衣是最终产品，其产值为 30 元，而不是 45 元，更不是 75 元了，因此，如果对最终产品和中间产品不加以区分的话，则会出现重复计算的错误。

第四，这里所讲的产品及服务是指生产并且进入市场的。以三次产业分类法为准，所有从事三次产业的活动都是生产性活动，其收入都是生产性收入。如募捐、政治宣传、宗教信仰等活动都不是生产性活动，这些活动得到的收入都不是国民收入。国民收入仅仅计算通过市场交换得到的收入，如家庭主妇的家务劳动、自给自足的生产则不计算在国民收入之中。

第五，GDP 是一定时期内（通常指 1 年）所生产而不是最终销售的最终产品的价值。若企业生产 100 万元产品，只售卖了 80 万元，所剩下的 20 万元可看作企业资产买下来的存货投资，同样计入 GDP。相反，虽然生产 100 万元产品，然而卖掉了 120 万元，则计入 GDP 的仍是 100 万元，只是库存减少了 20 万元而已。

第六，GDP 中的最终产品不仅包括有形的产品，而且包括无形的产品——服务，即要把旅游、服务、卫生、教育等行业提供的服务，按其所获得的报酬计入 GDP 中，有些国家的无形产品——服务在 GDP 中所占的比重越来越大。

第七，GDP 指的是最终产品市场价值的总和，这就是说要按这些产品的现期价格来计算。因为价格是变动的，所以 GDP 不仅要受最终产品数量变动的影响，而且还要受价格水平变动的影响。

（二）GDP 与 GNP

与 GDP 相近的一个重要概念是 GNP，GNP 是指某国国民在一定时期（通常指 1 年）内运用各种生产要素所生产的最终产品（包括产品和服务）市场价值的总和。GDP 与 GNP 是两个既有联系又有区别的指标。它们都是核算社会生产成果和反映宏观经济的总量指标。但因其计算口径不同，二者又有所区别。

第一，GDP 是指一国领土范围内所生产的最终产品的价值总和，是一个地域概念，以地理上的国境为统计标准；GNP 是指一国国民所拥有的生产要素所生产的最终产品的价值，即本国国民生产的最终产品的价值总和，是一个国民概念，以人口为统计标准。因此，本国公民通过到国外工作或在国外投资所获得的收入（从国外得到的要素收入），应计入本国 GNP，但不计入本国的 GDP。而非本国公民在本国领土范围内的投资或工作所获得的收入（支付给国外的要素收入），计入本国的 GDP，而不计入本国的 GNP。

第二，GDP 强调的是生产创造的增加值，是“生产”的概念；GNP 则强调的是获得的原始收入，是“收入”的概念。

第三，GDP 是反映一个国家或地区范围内所有常住单位生产活动成果的指标，突出的是

“居民”的特征：GNP 是指某国国民所拥有的全部生产要素在一定时期内所生产的最终产品的市场价值，突出的是“公民”的特征。

因此，GNP 可以表示为 GDP 加上本国公民从国外得到的净要素收入（从国外得到的要素收入－支付给国外的要素收入）。即

GNP＝GDP＋国外净要素收入

或者

GNP＝GDP＋本国公民在国外生产的最终产品的价值总和－
外国公民在本国生产的最终产品的价值总和

因此，如果本国公民在国外生产的最终产品的价值总和大于外国公民在本国所生产的最终产品的价值总和，则 GNP>GDP；反之，如果本国公民在国外生产的最终产品的价值总和小于外国公民在本国所生产的最终产品的价值总和，则 GNP<GDP。

GDP、GNP 和 GNI

在国民经济核算体系建立初期，劳动和资本在国家间的流动不大，所以各国主要以 GNP 作为经济核算的指标。但是，随着经济全球化的发展，资本和劳动等生产要素在国际流动越来越大，跨国公司、海外工作的人越来越多，按“国民”原则统计国民收入，无法准确衡量一个国家或区域范围的生产总量。1993 年，联合国统计司正式决定用 GDP 取代 GNP 作为国民经济核算的新指标。

GNP 是指一个国家或地区所有常住单位在一定时期内收入初次分配的最终结果，等于所有常住单位的初次分配收入之和。由于它是一个衡量收入状况的总量指标，叫“生产”总值名不符实，因此，联合国等五大国际组织在 1993 年修订的国民账户体系（1993 年 SNA）中，将其改称为“国民总收入”(Gross National Income，GNI)。20 世纪 90 年代以来，越来越多的国家采用 GDP 代替 GNP 作为国民经济核算的主要指标，从历史沿革来看，越来越多的国家用 GDP 代替 GNP 作为国民经济核算的新标准，反映了经济全球化的发展趋势。

GDP 与 GNI 的联系与区别

从概念和核算过程看，GDP 是核算 GNI 的基础，先核算 GDP，才能核算出 GNI。两者的关系可用下列公式表示：

GNI ＝GDP＋来自境外的要素收入净额
＝GDP＋（来自境外的要素收入－付给境外的要素收入）

需要说明的是，按照国际核算标准，如果外商投资企业获得的红利没有汇回投资国，而是继续在东道国投资，在核算中需要虚拟给投资国一笔红利（计入投资国的 GNI），同时虚拟一笔等额的外商投资。这样，在核算东道国的 GNI 时，就应当将这笔虚拟汇出的外商投资红利扣除。

GDP和GNI的作用

国际社会对GDP和GNI这两个指标都非常重视，并根据分析目的的不同而分别使用。在分析各国的经济增长时，一般更关注GDP；在分析各国贫富差异程度时，一般更关注GNI或者人均GNI。例如，联合国、世界银行、国际货币基金组织在评估各国经济总体表现时，一般使用GDP或人均GDP；《马斯特里赫特条约》（欧盟条约）规定，公共债务率的上限是60%，就是将GDP作为比较的基准。联合国则根据一个国家连续6年的GNI和人均GNI来决定该国的联合国常规会费，世界银行将人均GNI作为划分高收入、中等收入、低收入经济体的标准。

因此，GDP和GNI这两个指标都有各自的用途。在反映生产成果、衡量经济增长时更多使用GDP，在分析收入水平和生活质量时更多使用GNI。由于GDP衡量的是“做蛋糕”的问题，GNI衡量的是“分蛋糕”的问题，把蛋糕做大是分蛋糕的基础，因而国际社会和经济学对GDP更为关注。

举例：据韩联社报道，韩国银行（央行）2017年3月28日发布的初步核实数据显示，韩国2016年全年实际GDP同比增长2.8%，增速与上年持平。韩国人均实际GNI同比小幅增长。

二、名义GDP与实际GDP

通过前面的学习我们知道，GDP是一个市场价值概念，其数量大小要用货币指标来反映，它是最终产品和服务数量与其价格的乘积的集合。因此，GDP不仅要受实际产量变动的影响，还要受价格水平变动的影响。也就是说，GDP的变动可能是由于实际产量变动引起的，也可能是由于产品和服务价格变动引起的。举例来说：假如一个社会只生产馒头。在2016年，整个社会生产了100个馒头，每个馒头1元。2017年，整个社会生产了110个馒头，同时受到通货膨胀因素的影响，每个馒头的价格涨到了1.2元。在核算GDP的时候，2016年GDP为100元，2017年GDP则为132元（110×1.2）。如果直接计算，则2017年GDP比2016年增长了32%。但实际上，其中很大一部分是因为馒头的价格上涨变动引起的，而馒头的实际产量并没有增长那么多。因此，在核算GDP增长率时，需要剔除价格变动的影响，那么GDP的实际增长率即为10%。为了排除价格因素变动的影响，使GDP指标变化能够确切地反映国民经济实际变动情况，我们就要明确名义GDP和实际GDP这两个指标的含义及其区别。

（一）名义GDP

我们一般接触到的GDP都是指名义GDP，即在某一年度内，按当年生产的产品和提供的服务市场价格计算的GDP，也就是说在计算GDP时，往往采用的是现期的价格。在上面生产馒头的案例中，2017年馒头的价格是1.2元，那么用2017年当年的馒头价格计算出来GDP（132元）就是名义GDP。下面我们再通过2017年A国的GDP计算表来说明名义GDP

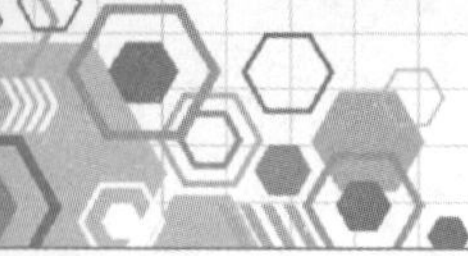

和实际 GDP 的区别。在表 2-2 中，我们计算的 A 国 GDP 为 153 亿元，这就是一个名义 GDP，是通过商品的现期价格（2017 年商品价格）计算出来的。

表 2-2　2017 年 A 国名义 GDP 计算

产品名称	产量（万单位） （用 Q_1 表示）	价格（元/单位） （用 P_1 表示）	国内生产总值（万元） （$P_1 \times Q_1$）
产品 A	500	900.00	450 000
产品 B	400	1 800.00	720 000
产品 C	300	1200.00	360 000
合计			1530 000

（二）实际 GDP

按照不变价格计算的某一年的 GDP 称为实际 GDP。所谓不变价格是指统计时确定的某一年（称为基年或基期）的价格。在上面生产馒头的案例中，计算 2017 年的 GDP 时，如果用 2016 年的馒头价格作为基期价格，那么计算出来的 2017 年 GDP 为 110 元，即 110 元就是 2017 年的实际 GDP。表 2-3 所示，该国 2017 年的 GDP 比 1978 年增长了 10 倍，而产量综合指标只增长了不到 2 倍。产量指标具有不可累加性，分析不同年份经济发展变化情况的综合指标主要是 GDP。为了便于把 2017 年的 GDP 和 1978 年的 GDP 直接进行对比，就要排除物价因素的影响，以 1978 年的产品价格作为不变价格计算 2017 年的实际 GDP。

表 2-3　1978 年 A 国名义 GDP 计算

产品名称	产量（万单位） （用 Q_0 表示）	价格（元/单位） （用 P_0 表示）	国内生产总值（万元） （$P_0 \times Q_0$）
产品 A	300	150.00	45 000
产品 B	200	360.00	72 000
产品 C	180	200.00	36 000
合计			153 000

如上所述，我们知道，名义 GDP 是按当年市场价格计算的所有最终产品的价值，即

$$名义\ GDP = \sum_{i=1}^{n} P_{1i} \times Q_{1i}$$

而实际 GDP 是按不变价格计算的所有最终产品的价值，即

$$实际\ GDP = \sum_{i=1}^{n} P_{0i} \times Q_{1i}$$

在表 2-4 中，如果以 1978 年为基年，计算出来的 A 国 2017 年实际 GDP 仅仅是 27.9 亿元。

表 2-4　2017 年 A 国实际 GDP 计算表（按 1978 年的价格计算）

产品名称	产量（万单位）（用 Q_1 表示）	价格（元/单位）（用 P_0 表示）	国内生产总值（万元）（$P_0 \times Q_1$）
产品 A	500	150.00	75 000
产品 B	400	360.00	144 000
产品 C	300	200.00	60 000
合计			279 000

为了更好地比较 GDP 的实际变化，我们引入了 GDP 平减指数。GDP 平减指数是衡量一国在不同时期内所生产的最终产品的价格总水平变动程度的经济指数，其主要是通过名义 GDP 与实际 GDP 之比来计算得出。其公式可表示为

GDP 平减指数（%）＝（名义 GDP/实际 GDP）×100%

根据表 2-3、表 2-4，可以求得该地区 2017 年的名义 GDP 与按 1978 年价格计算的实际 GDP 的平减指数。即

GDP 平减指数（%）＝（1 530 000÷279 000）×100%≈548.39

根据国家统计局 2018 年 1 月最终核实：2016 年，GDP 现价总量为 743 585 亿元；按不变价格计算，比上年增长 6.7%。

2016 年的实际 GDP 数据并没有在统计年鉴中出现，但我们可以自己进行估算。现阶段，实际 GDP 的估算都是以 2010 年作为基期，即以 2010 年的价格为基础，假设之后年份价格不会再发生改变。根据统计年鉴的数据，2010—2015 年 GDP（亿元）分别为 413 030、452 429、487 976、525 835、564 194、603 212。2016 年实际 GDP（亿元）则为 603 212×（1＋6.7%）＝643 627。我们可以发现，这与名义 GDP 743 585 亿元相差甚多，而这些差距就是 2010—2016 年的价格变动因素导致的。

官方经常披露的是名义 GDP 与实际 GDP 增长率，也即第 15 页生产馒头案例中的 132 元与 10%。显然，剔除了价格因素的 GDP 增长率更能反映经济产出的增多，因此 GDP 增长率相比较而言是一个更重要的指标。所以，我们在新闻中总是更多地听到专家预测经济增长率，或是提出增长率“保 8”“保 7”之类的报道，而较少涉及 GDP 具体是多少，就不奇怪了。因为对于一个国家来说，增长永远是放在首位的。

三、其他宏观经济总量

（一）国内生产净值（NDP）

NDP 是指一个国家一年中的 GDP 减去生产过程中消耗掉的资本（折旧费）所得出的净

增长量。从逻辑上讲，NDP 的概念比 GDP 更容易反映国民收入和社会财富变动的情况，但由于 GDP 同 NDP 相比，容易确定统计标准，而且 NDP 中折旧费的计算方法不一，政府的折旧政策也会变动，因此各国还是常用 GDP 而不是 NDP 来作为统计指标。

（二）国民收入（NI）

国民收入是指一个国家在一年内各种生产要素所得到的实际报酬的总和，即工资、利息、租金和利润的总和。从国民生产净值中扣除企业间接税和企业转移支付，再加上政府补助金就得到狭义的国民收入（以上定义的国民收入）。企业间接税和企业转移支付是列入产品价格的，但并不代表生产要素创造的价值或者收入，因此计算狭义国民收入时必须扣除。相反，政府给企业的补助金不列入产品的价格，但成为生产要素收入，因此应当加上。广义的国民收入泛指包括 GNP、NDP、国民收入、个人收入和个人可支配收入这五个总量。狭义的国民收入也可以仅指 GNP。国民收入决定理论中所讲的国民收入就是指 GNP。

（三）个人收入（PI）

个人收入是指个人实际得到的收入。国民收入不是个人收入，因为一方面国民收入中有三个主要项目不会成为个人收入，这就是公司未分配利润、公司所得税和社会保险税；另一方面，政府转移支付（包括公债利息）虽然不属于国民收入（生产要素报酬），却会成为个人收入。因此，从国民收入中减去公司未分配利润、公司所得税和社会保险税，加上政府转移支付，就得到了个人收入。

（四）个人可支配收入（PDI）

个人可支配收入是指缴纳了个人所得税以后留下的可为个人所支配的收入。以上所谓的个人收入并不能全归个人支配，因为个人要缴纳个人所得税，税后的个人收入才是个人可支配使用的，也就是人们用于消费和储蓄的收入，即个人可支配收入。

（五）国民收入核算中五个基本总量的关系

（1）GDP＋本国居民与外国居民的要素收入净额＝GNI

（2）GDP－折旧＝NDP

（3）NDP－间接税＝NI

（4）NI－公司未分配利润－企业所得税＋政府给家庭的转移支付＋政府向居民支付的利息＝PI

（5）PI－个人所得税＝PDI＝消费＋储蓄

国民收入核算中所使用的各种指标从不同方面反映了国民收入总量的变化，其计算方法不同，反映问题的角度和分析评价的要求也不同。

因此，在进行国民收入的总量分析时，可以根据不同的分析要求，选择运用不同的总量指标分析说明国民收入在不同情况下的发展变化特征及其变动规律。下面仅以 2005 年美国的

材料来理解这五个总量之间的关系，见表 2-5。

表 2-5　美国 2005 年 GDP 到个人可支配收入的核算　　单位：万美元

	国内生产总值（GDP）		12 487.1
加	本国居民来自国外的要素净支付	507.7	
减	本国支付给外国居民的要素收入	474.0	
等于	国民生产总值（GNP）		12 520.8
减	固定资本消耗	1 574.1	
等于	国民生产净值（NNP）		10 946.7
减	统计误差	42.8	
等于	国民收入		10 870.2
减	包含存货价值和资本消耗调整公司利润	1 351.9	
	净税收	848.0	
	净利息	498.3	
	社会保险税	871.2	
	政府所经营之企业的当前盈余	−11.3	
	企业当前转移支付	80.2	
加	个人资产收入	1 457.4	
	个人接收的转移支付	1 525.3	
等于	个人收入（PI）		10 214.6
减	个人所得税和非税支付	1 209.7	
等于	个人可支配收入（DPI）		9 004.9
减	个人各项支出	9 072.1	
等于	个人储蓄		−67.2

资料来源：U. S. Department of Commerce。本表摘自《西方经济学（宏观部分）》（第四版），高鸿业主编，中国人民大学出版社 2007 年版。

第二节　总产出、总收入和总支出

认真研究 GDP 的定义，我们发现作为最终产品的产出是有来源的，它的来源就是生产要素的投入；产出是有去向的，它的去向就是市场消费支出。既然我们从产出环节不好核算，从收入与去向这两个角度就能够找到更好的核算方法。其实，任何一笔交易都包含买方与卖方两个方面，总收入与总支出是 GDP 这一事物的两个方面，全部产品价值的来源应当等于全部产品价值的去向，这就是总收入＝总产出＝总支出。

一、基本含义

（一）总产出

总产出就是GDP，即一个国家或地区在一定时间内运用生产要素所生产的全部最终产品（物品和服务）的市场价值。

（二）总收入

总收入就是指生产GDP的要素所有者的全部收入（工资、利息、租金、正常利润）。

（三）总支出

全社会购买最终产品GDP的总支出。

二、总产出、总收入、总支出的关系

（一）总产出等于总收入

为什么产出等于收入？产出品的价值实际上是生产该产出品所投入的N种生产要素共同创造的。由于企业使用要素必须支付代价，总产出来源于全部要素所有者的投入，产出品的价值增值自然要全部转化为要素提供者的收入（工资、利息、租金、正常利润）。一个企业的产出总等于收入，一个国家的总产出也必然等于总收入。

（二）总产出等于总支出

为什么产出等于支出？从全社会来看，总产出的去向无非两个，即销售和存货。而销售是最终消费者的支出，存货是生产者的支出。因此，从整个社会来看，总产出等于购买最终产品的总支出。具体地说，总产出＝市场购买总支出＋存货总投资支出。

总产出全部转化为总收入，总产出全部用于总支出，那么恒等关系成立。

用公式表示为

$$总收入=总产出=总支出$$

三、重要意义

认识“总收入＝总产出＝总支出”这一公式对于如何更为简便核算GDP具有重大意义。通过这一公式，我们就可以从总收入角度、总产出角度、总支出角度这三个角度更为简洁地核算清楚GDP。

第三节　国民收入核算方法

国民收入核算中，GDP 常被公认为衡量国家经济状况的最佳指标，因为它不但可以反映一个国家的经济表现，更可以反映一个国家的国力与财富。通过“总收入＝总产出＝总支出”这一公式，可以从总收入角度、总产出角度、总支出角度这三个角度更为简洁地核算 GDP。因此，本节主要介绍核算 GDP 的三种计算方法：支出法、收入法和生产法。

一、支出法

（一）支出法的概念

支出法又称“最终产品流动法”“产品支出法”“最终产品法”。这种方法是从产品的使用出发，把一年内购买的各项最终商品的支出加总，计算出该年内生产出的最终产品的市场价值。

按支出法计算 GDP，包括以下几项支出：个人消费支出（C）、私人国内总投资（I）、政府购买商品和服务支出（G）以及净出口（$X-M$）。即

$$GDP=C+I+G+(X-M)$$

（1）个人消费支出（C）包括所有家庭对国内和国外生产的产品和服务的消费。它又可细分为耐用品、非耐用品和服务三种支出。服务中包括房屋的租金。

（2）私人国内总投资（I）是用于购买新生产的资本货物（固定投资）和用于变动存货的总支出，包括厂房、设备、居民住房、企业存货净变动额等支出，其中家庭用于购买新的房屋被视为投资，包括在私人国内总投资之中，而它所提供的居住服务则估算其租金计入个人消费支出。

（3）政府购买商品和服务支出（G），包括中央和地方各级政府购买产品和服务的数量，对政府雇员薪金，国防建设，基础设施，设立学校、医院、法院等支出都在此项目之中。

（4）净出口（$X-M$）是出口减进口的净值，即出口减去进口的差额，包括物品、服务与其他国际收支。净出口可能是正值，也可能是负值。

（二）支出法统计中应注意的问题

（1）个人消费、私人国内总投资和政府购买之间的区别，不在于他们所购买的产品和服务的类型，而在于购买者的区别。对于同一种产品，如汽车，个人购买用于家庭消费则计入个人消费支出，企业购买用于生产则计入私人国内总投资，而政府购买用于公务则计入政府购买。但是投资居民购买住宅不计入消费支出，而列入固定资产投资项目下的住房投资。

（2）在计算 GDP 时，所有产品和服务都按销售价格即购买者支付的价格计算，其中包括了政府征收的营业税、货物税等间接税。

（3）企业存货净变动额（存货投资）是指已经生产出来还未销售的产品的存量增量，并不包括前期已存在的存量。

（4）经济学中的投资是实际投资，如购买厂房设备等。但购买土地、房屋、股票、债券只不过是产权转移，并未使社会资产有任何的增加，因此不计入 GDP。政府的转移支付（如退休金、养老金等）和公债利息支付也不计入 GDP。

【例 2-1】

若某国某年度内个人消费量为 4 000 亿元，私人投资量为 1 000 亿元，政府购买量为 600 亿元，出口量为 400 亿元，进口量为 300 亿元，则该国当年 GDP 为多少？

解：

以支出法计算：$GDP=C+I+G+(X-M)=4\,000+1\,000+600+(400-300)=5\,700$ 亿元。

二、收入法

收入法又称“要素支付法”或“要素收入法”，即从要素收入（或企业生产成本）角度计算 GDP，把各种生产要素所得到的收入，也就是把劳动所得到的工资、土地所得到的地租、资金所得到的利息以及企业家所获得的利润相加，来计算国民收入，然后在国民收入的基础上，增减一些相应的项目（如间接税、折旧、误差调整等），再计算出 GDP。这些项目包括如下方面。

（1）工资、利息和租金等生产要素的报酬。工资包括所有对工作的酬金、津贴、福利费以及所得税、社会保险税；利息主要是指银行存款利息、企业债券利息等为企业提供资金获得的收入，不包括政府公债利息及消费信贷利息；租金包括土地、房屋出租获得的收入以及专利、版权等收入。

（2）非公司制企业主收入，包括医生、律师、农民以及个体工商户等的收入，一个显著的特点是他们自我雇用，自己出资，其工资、利息、利润等常混在一起。

（3）公司税前利润，包括公司所得税、社会保险税、股东红利及公司未分配利润等。

（4）间接税与企业转移支付。它们虽然不是生产要素创造的收入，但是要通过产品价格转嫁给购买者，故应视为成本。企业转移支付包括对非营利组织的社会慈善捐款和消费者呆账，间接税包括货物税（或销售税）、周转税。

（5）资本折旧。它虽不是要素收入，但包括在总投资中，也应计入 GDP。

即　　GDP＝工资＋利息＋利润＋租金＋间接税和企业转移支付＋折旧。

从理论上讲，按照收入法计算得出的 GDP 与按照支出法计算得出的 GDP 应该是相等的，但是在实际的核算过程中可能会出现一些误差，因此还要加上一个统计误差。

三、生产法

生产法又称“部门法”，依据提供产品与服务的各部门的增加值计算 GDP。从生产角度考察，GDP 是一定时期内在一个国家或地区的领土上，各部门增值额的总和。

因为GDP是由不同的行业生产的，从生产方面衡量GDP就是把GDP的生产按行业分类，然后把各行业提供的商品和服务的增值加总起来就得到GDP。为了避免重复计算，在计算各行业的GDP时，应采用增值法。举例可见表2-1。

如何计算增加值呢？一个企业的增值是该企业销售产品所得收益和它为使用别的企业的产品作为中间产品而支付的款项之间的差额；政府部门服务按其收入计算。比如，美国的国民收入体系主要分为农林渔业、采掘业、建筑业、制造业、运输业等11个部门。因此，美国的国民收入统计可以表示为

GDP＝各部门的增值的总和＝农林渔业的增值＋采掘业的增值＋建筑业的增值＋制造业的增值＋运输业的增值＋邮电和公用事业的增值＋电、煤气、水业的增值＋批发和零售商业的增值＋金融保险和不动产的增值＋服务业的增值＋政府服务和政府企业的增值。

需要注意的是，各国对各部门的分类并不相同。按我国现行的统计制度，《国民经济行业分类》（CB/T 4754—2017）把国民经济分为农业、采掘业、化学工业、金融保险业等20个门类进行生产统计。因此，部门法在实际中应用较少。

一个国家的GDP在一定时期内是一定的，因此，国民收入核算的方法虽然有所不同，但应用这些方法计算出来的GDP基本上是一致的。

三种核算方法之间的关系见图2-1。

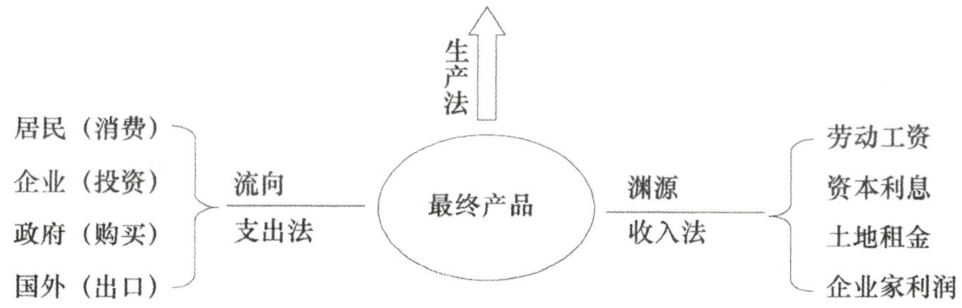

图2-1　三种核算方法之间的关系

拓展阅读

现行国民收入核算的缺陷

GDP作为国家经济的衡量指标也存在着一定的缺陷。

1. 现行GDP不反映总产出

现行的GDP核算体系虽然被广泛地应用，但是仍然存在着许多不足。

第一，由于GDP是根据商品和服务的市场价格来计算的，因此有许多生产活动没有反映到GDP之中。大部分家务劳动、自给性生产活动并没有得到反映。在现行的国民收入核算制度下，特别是在比较各个国家的GNP时，常常会因为两国经济市场化程度的不同而产生差别。

第二，地下经济也没有得到反映。地下经济包括毒品的生产和交易等非法的经济活动，以及为了逃避税收而隐瞒其收入的经济活动。由于地下经济中的相当一部分是为了避税，因此有人认为当税率上升时，地下经济趋于增加；而当税率下降时，地下经济趋于减少。

2. GDP 核算没有很好地反映福利状况

人们经常认为 GDP 是衡量一个国家福利状况的指标。但 GDP 核算没有很好地反映福利状况。

第一，GDP 核算不能反映人们闲暇时间的增加或减少。我们努力提高 GDP，是为了让人们获得更多的产品和服务，使人们的福利提高，但是人们是需要闲暇时间的，这也是一种国民福利。

第二，GDP 不能衡量增长的社会成本（资源耗竭与环境污染等）。为了 GDP 的增加，人们付出了生存环境恶化与某些资源耗竭的代价。我国国有企业甚至也不衡量 GDP 增长的直接成本。

第三，国民收入不考虑收入分配是否公平。经济的发展不仅是追求经济的增长，还要看收入分配是否公平，如果收入分配不公平，那么，经济的增长是不可持续的。

第四节　国民收入核算的恒等关系

上述的三种国民收入核算方法，区别在于计算国民收入的方法不同，但是计算的对象是相同的。因此，无论是采用支出法（从人们的开支上计算）、收入法（从人们的收入上计算）还是生产法（从行业产出计算），所得出的 GDP 的结果应该是一致的。这样就存在一个恒等关系，即当我们从统计角度去考察国民经济运行结果时，会发现某一特定时期内总支出和总收入总是相等的。

这种恒等关系在宏观经济学中是十分重要的，可以从国民经济的运行来分析这个恒等式。国民经济活动中，各种经济主体（包括家庭、企业、政府和国外经济部门）都参与其中，但是，理论研究是从简单到复杂，从抽象到具体的。所以，我们先从两部门经济入手研究国民收入流量循环模型与国民经济的恒等关系，进而研究三部门与四部门经济。

一、两部门经济的恒等关系

两部门经济是国民经济中最简单的部门结构模式，它是假设在国民经济中只存在企业和家庭两个经济部门，即在两部门模型中，经济活动的主体是企业和家庭。企业是指最终产品和服务生产经营者的总和。一国在一年内生产的最终产品和服务的价值就是该国的 GDP。家

庭是指生产要素所有者的总和，也是所有消费者的总和。

企业和家庭的关系是：家庭向企业提供生产要素，如劳动力、资本、土地和企业家才能；而企业则向生产要素所有者支付报酬，如工资、利息、租金和利润。这种交易形成生产要素市场。家庭因提供生产要素而得到的全部货币收入就是国民收入。因此，国民收入是指一国在一年内家庭所得的全部货币收入。

家庭和企业还存在另一种关系：企业购得生产要素以后，生产出最终产品和服务并销售给消费者，作为消费者的家庭用出售生产要素所得到的收入去购买最终产品和服务，这种交易形成最终产品市场。这两个部门经济循环模型可用图 2-2 表示。

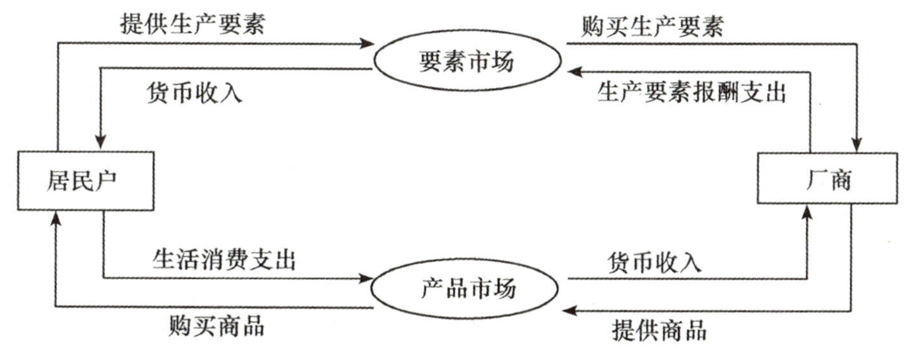

图 2-2　两部门经济循环

在两部门经济中，从支出角度来看，国民收入（Y）分为居民的消费需求（C）和企业的投资需求（I）两部分。所以，国民收入＝消费需求＋投资需求，即

$$Y=C+I$$

从收入角度来看，国民收入可以用各种生产要素相应得到的收入的总和来表示，即用工资、利息、地租和利润的总和来表示。工资、利息、地租和利润是家庭所得到的收入，这些收入分为消费（C）与储蓄（S）两部分。所以，国民收入＝消费＋储蓄，即

$$Y=C+S$$

由于　$$C+I=C+S$$

因此　$$I=S$$

即：储蓄一定会等于投资。

这种恒等关系就是两部门经济中的总供给“$C+S$”和总需求“$C+I$”的恒等关系（见图 2-3）。但这一恒等式并不意味着人们计划的储蓄总会等于企业计划的投资；我们所说的投资等于储蓄，是从国民收入的会计角度看，事后的储蓄和事后的投资总是相等的。此外，储蓄—投资恒等式是对整个社会而言，对单个个体经济行为则未必有这种恒等关系。

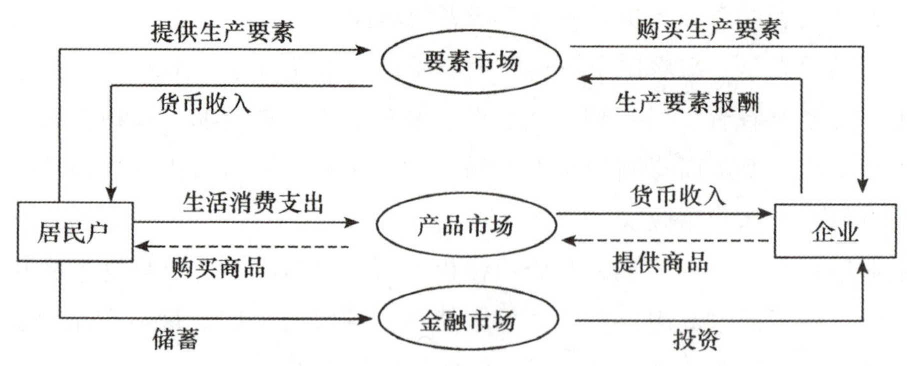

图 2-3　两部门经济恒等关系

二、三部门经济的恒等关系

三部门经济是国民经济中相对于两部门经济更为现实的部门结构模式，它是指国民经济中，不仅存在企业和家庭，而且存在政府，即三部门经济是指企业、家庭和政府三经济主体所组成的经济。

在这种经济中，政府的经济职能是通过财政收入和财政支出来实现的。政府通过主要税收获得财政收入，通过财政支出干预经济生活。政府的财政支出包括政府购买（G）和转移支付两部分，前者由政府直接支出，后者通过居民间接支出。居民的支出仍然由消费和投资两部分构成。因此，从支出角度来看，国民收入＝消费＋投资＋政府支出，即

$$Y=C+I+G$$

而从收入角度来看，国民收入仍然是所有生产要素获得的收入总和。这些收入通过二次分配，最终归居民和政府所共有。居民的收入用于消费和储蓄两方面，政府的收入主要就是税收（T）。因此，从收入角度来看，国民收入＝消费＋储蓄＋税收，即

$$Y=C+S+T$$

由于无论是从支出角度还是从收入角度核算都是同一对象，因此三部门经济中的恒等关系就是

$$C+S+T=C+I+G$$

或者

$$S+T=I+G$$

又得

$$I=S+(T-G)$$

等式左边是投资，等式右边包括两部分，即 S 可以看作居民个人储蓄；“$T-G$”是政府的收支结余部分，既可以是正值（财政盈余），也可以是负值（财政赤字），其也可以看作政府储蓄。所以这个恒等关系仍然是投资需要等于储蓄（见图 2-4）。

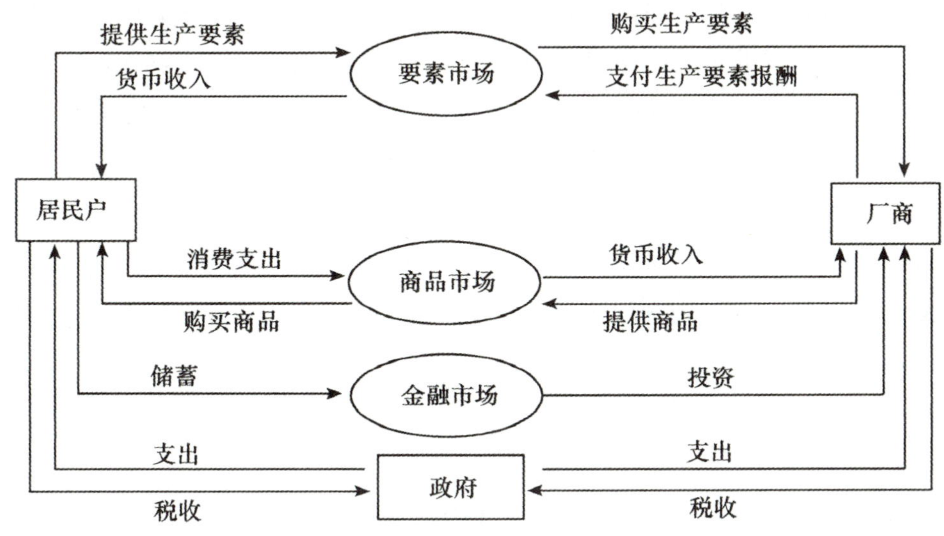

图 2-4　三部门经济恒等关系

三、四部门经济的恒等关系

四部门经济是国民经济中开放式经济的部门结构模式，是指在国民经济中，不仅存在家庭、企业和政府三部门，而且存在国外部门。在这种经济模式中，一国商品供应的来源有两个渠道：一个是国内企业，另一个是国外进口。而一国商品的需求，除国内有关部门需求之外，还有出口到国外的需求。

图 2-5 表明了四部门经济中家庭、企业、政府、国外四部门之间的经济联系。在四部门中，从支出的角度来看，社会总产品的买者不仅包括家庭的消费购买、企业的投资购买和政府的购买，而且包括国外进口的购买。在这里我们用字母 X 表示向国外的出口。因此，从支出角度来看，国民收入＝消费＋投资＋政府购买＋出口，即

$$Y=C+I+G+X$$

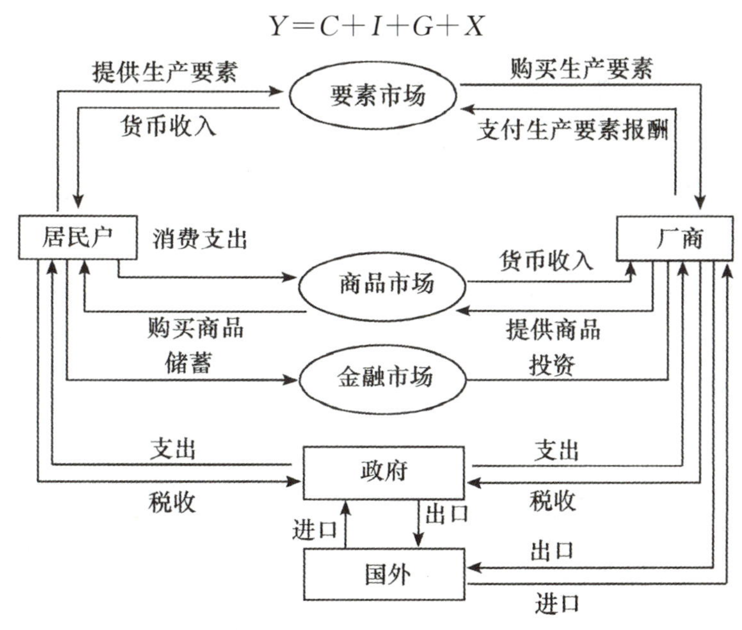

图 2-5　四部门经济恒等关系

从收入角度来看，生产要素总收入的分配对象有三个：居民通过出售生产要素获得的收入；政府通过征税获得的收入；由于从国外进口商品而向国外支付的收入。家庭出售生产要素的收入可由家庭的消费（C）和储蓄（S）代表，政府的供给可由政府的税收（T）来表示，向国外支付的收入可由进口（M）来表示。因此，从收入角度来看，国民收入＝消费＋储蓄＋税收＋进口，即

$$Y=C+S+T+M$$

由于核算对象相同，因此四部门经济中的恒等就是

$$C+I+G+X=C+S+T+M$$

进而
$$I+G+X=S+T+M$$

又得
$$I=S+(T-G)+(M-X)$$

等式左边是投资，等式右边包括三部分，即 S 是居民储蓄；“$T-G$”是政府储蓄；“$M-X$”为净进口，可以看作国外储蓄。所以这个恒等关系仍然是投资需要等于储蓄。

【例 2-2】

假定 GDP 是 5 000，个人可支配收入是 4 100，政府预算赤字是 200，消费 3 800，贸易赤字是 100（单位：亿美元），计算：(1) 储蓄；(2) 投资；(3) 政府支出。

解：

(1) $S=PDI-C=4\ 100-3\ 800=300$ 亿美元；

(2) $I=S+(T-G)+(M-X)=300-200+100=200$ 亿美元；

(3) 由 $GDP=C+I+G+(M-X)$，得 $G=5\ 000-3\ 800-100=1\ 100$ 亿美元。

拓展阅读

中国 GDP 核算说明

（一）基本概念

GDP 是一个国家所有常住单位在一定时期内生产活动的最终成果。GDP 是国民经济核算的核心指标，也是衡量一个国家经济状况和发展水平的重要指标。

GDP 核算有三种方法，即生产法、收入法和支出法，三种方法从不同的角度反映国民经济生产活动成果。

生产法是从生产过程中创造的货物和服务价值中，剔除生产过程中投入的中间货物和服务价值，得到增加值的一种方法。国民经济各行业生产法增加值计算公式如下：增加值＝总产出－中间投入。将国民经济各行业生产法增加值相加，即得到生产法 GDP。

收入法是从生产过程形成收入的角度，对生产活动成果进行核算。按照这种计算方法，增加值由劳动者报酬、生产税净额、固定资产折旧和营业盈余四个部分组成。计算公式为：增加值＝劳动者报酬＋生产税净额＋固定资产折旧＋营业盈余。国民经济各行业收入法增加值之和等于收入法 GDP。

支出法是从生产活动成果最终使用的角度计算 GDP 的一种方法。最终使用包括最终消费支出、资本形成总额及货物和服务净出口三部分。

国家统计局发布的 GDP 数据是以生产法为基础核算的结果。

（二）核算范围

1. 生产范围

GDP 核算的生产范围包括以下四个部分：第一，生产者提供或准备提供给其他单位的货物或服务的生产；第二，生产者用于自身最终消费或固定资本形成的所有货物的自给性生产；第三，生产者为了自身最终消费或固定资本形成而进行的知识载体产品的自给性生产，但不包括住户部门所从事的类似的活动；第四，自有住房提供的住房服务以及雇佣有酬家庭服务人员提供的家庭和个人服务的自给性生产。生产范围不包括没有报酬的家庭和个人服务、没有单位控制的自然活动（如野生的、未经培育的森林，野果或野浆果的自然生长，公海中鱼类数量的自然增长）等。

2. 生产活动主体范围

GDP 生产活动主体范围包括中国经济领土范围内具有经济利益中心的所有常住单位。GDP 数据是由国家统计局负责核算的全国数据，未包括中国香港、中国澳门和中国台湾的生产总值数据。

思考练习

1. 古董拍卖的价值能不能计算到当年 GDP 中？

2. 如果原来领取最低生活补助的下岗工人重新就业，GDP 会发生什么变化？

3. 投入近 20 万元，将一座简易公厕改造成了豪华公厕，但刚开放没多久，就因为修路要被拆掉了，这是近日发生在郑州的一件怪事。对此，郑州市政公司解释说，他们在对公厕进行改造时，道路规划还未形成。但有关官方网站的公示却表明，早在公厕进行改造前一年多，规划部门就已经公布了道路的规划方案。每个“短命工程”的理由，听上去似乎都冠冕堂皇。公厕改造虽然是按市里统一要求对 50 个公厕进行升级改造，但对于哪些能改造、哪些暂时不能改造以及如何改造，当初为什么没有充分调研和论证？又是什么原因驱使这些“短命项目”匆忙上马？请用本章所学习的理论进行解释。

第三章

简单国民收入决定理论

学习目标

本章研究的是国民收入决定理论，它是宏观经济学的核心理论之一。通过本章学习，必须掌握国民收入决定分析的一些基本概念，包括消费函数、储蓄函数、平均消费倾向和边际消费倾向、平均储蓄倾向和边际储蓄倾向、投资函数、通货膨胀缺口、通货紧缩缺口等，以及各种乘数概念包括支出乘数、政府税收乘数、转移支付乘数、平衡预算乘数、对外贸易乘数等；熟悉和了解相关概念的理论分析，包括绝对收入假定、相对收入假定、持久收入假定和生命周期假定等。

第一节　消费与储蓄

一、均衡产出的概念

和总需求相等的产出称为均衡产出或收入。均衡是指一种不再变动的情况。当产出水平等于总需求水平时，企业生产就稳定下来。若生产超过需求，那么企业库存就会增加，企业进而减少生产。如果生产低于需求，那么企业就会增加生产量。

在两部门经济中，总需求仅由居民消费（C）和企业投资（I）所构成，所以均衡产出（Y）可以表示为 $Y=C+I$。

均衡产出是和总需求相一致的产出，也就是经济社会的收入正好等于全体居民和企业想要有的支出。

二、消费函数和储蓄函数

消费函数和储蓄函数都是现代西方经济学家广泛使用的分析工具。它们表示消费、储蓄和收入三者之间的相互关系。个人可支配收入不可能全部消费完，除了消费以外，剩余的则被用于储蓄。因此，消费和收入之间以及储蓄和收入之间都有一定的函数关系。在其他条件不发生变化的情况下，当收入增加时，消费和储蓄都会增加；反之，当收入减少时，消费和储蓄都会下降。

在两部门经济中，消费、储蓄和收入三者之间的关系为

$$Y_d = C + S$$

在这一公式中，Y_d 代表可支配收入；C 代表消费；S 代表储蓄。从上述公式可得出消费函数和储蓄函数分别为

$$C = f(Y_d), S = f(Y_d)$$

三、消费倾向与储蓄倾向

（一）平均消费倾向和平均储蓄倾向

平均消费倾向（APC）就是消费支出占可支配收入的比例；平均储蓄倾向（APS）就是储蓄占可支配收入的比例。

$$APC=C/Y_d；APS=S/Y_d$$

$$APC+APS=C/Y_d+S/Y_d=1$$

这表明平均消费倾向和平均储蓄倾向之和等于 1，见表 3-1。

表 3-1　某家庭平均消费和平均储蓄　　单位：元

可支配收入（Y_d）	消费（C）	储蓄（S）	平均消费倾向（APC）	平均储蓄倾向（APS）
500	510	−10	1.02	−0.02
550	550	0	1.00	0
600	590	10	0.98	0.02
650	630	20	0.97	0.03

（二）边际消费倾向和边际储蓄倾向

边际消费倾向（MPC）是指消费增量和可支配收入增量之比，表示每增加一个单位的可支配收入时消费的变动情况；边际储蓄倾向（MPS）是指储蓄增量和可支配收入增量之比。它表示每增加一个单位的可支配收入时储蓄的变动情况。

$$MPC=\frac{\Delta C}{\Delta Y_d};\ MPS=\frac{\Delta S}{\Delta Y_d}$$

$$MPC+MPS=\frac{\Delta C}{\Delta Y_d}+\frac{\Delta S}{\Delta Y_d}=1$$

这表明边际消费倾向和边际储蓄倾向之和等于1，现以表 3-2 举例说明。

表 3-2　某家庭边际消费和边际储蓄　　单位：元

可支配收入（Y_d）	可支配收入增量（ΔY_d）	消费（C）	消费增量（ΔC）	储蓄（S）	储蓄增量（ΔS）	边际消费倾向（MPC）	边际储蓄倾向（MPS）
500	—	510	—	−10	—	—	—
550	50	550	40	0	10	0.8	0.2
600	50	590	40	10	10	0.8	0.2
650	50	630	40	20	10	0.8	0.2

四、边际消费倾向递减规律

根据表 3-2 所举数字，边际消费倾向随着可支配收入的变化是不变的，反映在图 3-1中的消费曲线形状是一条直线。但是，根据凯恩斯的观点，消费数量的增加并不是与可支配收入的增加一直保持相同的比例。当可支配收入增加时，消费虽然也增加，但增加的幅度却不断下降，即边际消费倾向递减规律，见表 3-3。

表 3-3　某家庭边际消费倾向递减规律　　单元：元

可支配收入（Y_d）	消费支出（C）	边际消费倾向（MPC）	净储蓄（S）	边际储蓄倾向（MPS）
9 000	9 100	—	−100	—
10 000	10 000	0.9	0	0.10
11 000	10 850	0.85	150	0.15
12 000	11 600	0.75	400	0.25
13 000	12 240	0.64	760	0.36

五、线性消费函数和储蓄函数

（一）消费函数

消费曲线是用来表示消费与收入之间函数关系的曲线，见图 3-1。图中，横坐标代表可支配收入水平 Y_d，纵坐标代表消费支出水平 C。消费函数 $C=f\ (Y_d)$ 的完整曲线形态为

$$C=a+bY_d$$

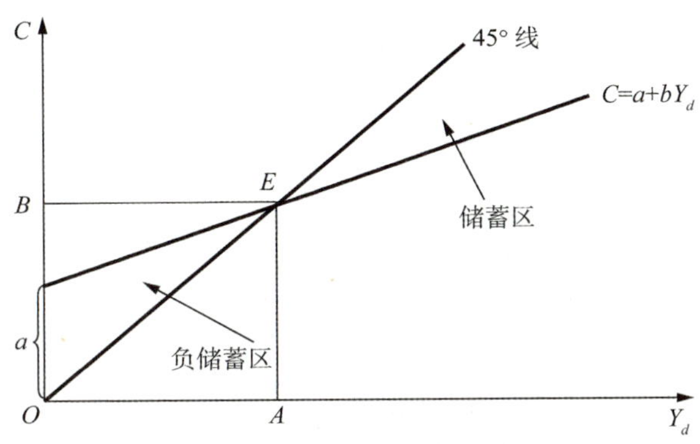

图 3-1　消费函数曲线

其中，a 为自主性消费，与可支配收入无关；b 为边际消费倾向（MPC），为消费曲线的斜率。消费曲线和 45 度线的交点 E 点是收支平衡点，表示全部收入用于消费，即 $OA=OB$。在 E 点以左，$C>Y_d$，表示有负储蓄；在 E 点以右，$C<Y_d$，表示有正储蓄。

（二）储蓄函数

储蓄曲线是用来表示储蓄与收入之间函数关系的曲线，见图 3-2。图中，横坐标代表可支配收入水平 Y_d，纵坐标代表储蓄水平 S。储蓄函数 $S=f\ (Y_d)$ 的完整曲线形态为

$$S=Y_d-C=-a+\ (1-b)\ Y_d$$

其中，a 为截距，当可支配收入为零时，储蓄为负数；$1-b$ 为边际储蓄倾向（MPS），为储蓄曲线的斜率。储蓄曲线 S 和横坐标的交点 E 点表示储蓄为零，即当可支配收入为 OE 时收支平衡，因而没有储蓄。在 E 点以左都是负储蓄，在 E 点以右都是正储蓄。

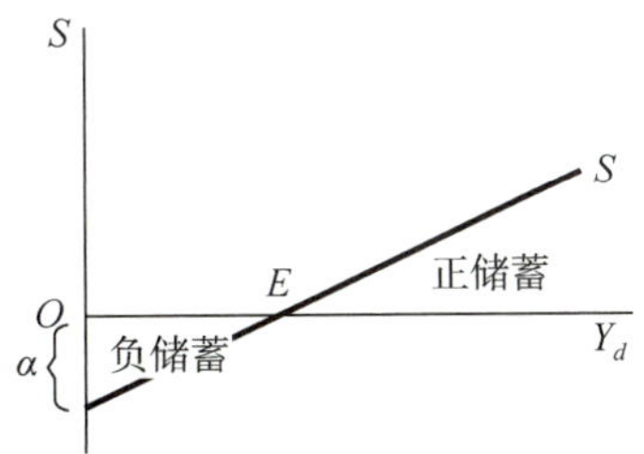

图 3-2　储蓄函数曲线

（三）消费曲线和储蓄曲线的对应关系

储蓄曲线与消费曲线有互相对应的关系，见图 3-3。图中上半部分是消费曲线图形，下半部分是储蓄曲线图形。图中消费曲线的截距 a 等于下图中储蓄曲线的截距 a，不过下图中它是负值。上图中收支平衡点 E 点即为下图中 E′点，表示在该点的可支配收入全部用完，没有储蓄。上图中 E 点以上为正储蓄区，如上图中的储蓄 h 即下图中的储蓄 h。

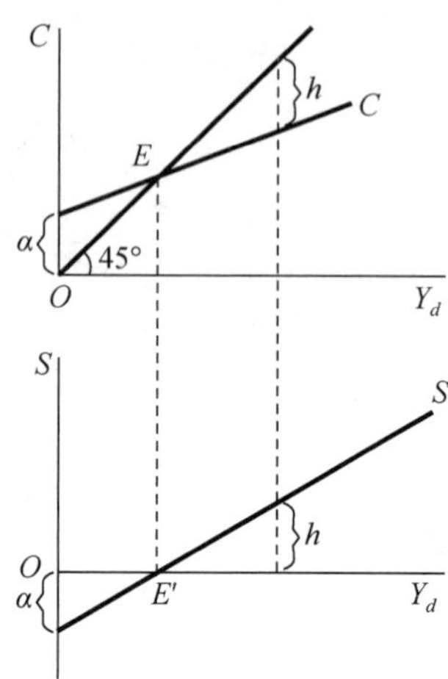

图 3-3　消费函数曲线与储蓄函数曲线的对应关系

储蓄曲线的函数公式也和消费曲线的函数公式有对应的关系。假如消费曲线公式为

$$C=100+0.6Y_d$$

即可求出其相应的储蓄公式为

$$S=Y_d-C=-100+0.4Y_d$$

上述两公式中，100 为截距，MPC 为 0.6，MPS 为 0.4。

（四）长期消费曲线与短期消费曲线

一些西方经济学家根据历史资料验证发现，长期消费曲线与短期消费曲线在形状上是不同的，主要有以下两点区别。

（1）短期消费曲线是一条与纵坐标相交的一条曲线，其公式为 $C=a+bY_d$，a 常数，b 为边际消费倾向，Y_d 为可支配收入。而长期消费曲线是一条从原点出发的向右上方倾斜的曲线，表示消费和收入之间从长期看存在固定的比例关系，其函数公式为 $C=bY_d$。其中，b 为边际消费倾向，Y_d 为可支配收入，从长期看，没有收入就不会有消费。

从上面公式中得出，短期 $APC=C/Y_d=a/Y_d+b$，由于 a 为常数，当 Y_d 增加时，短期 APC 递减；而长期 $APC=C/Y_d=b$，显然，随着 Y_d 增加，长期 APC 不变。

（2）长期消费曲线的斜率和短期消费曲线的斜率不同。由于长期边际消费倾向比短期消费倾向高，所以长期消费曲线的斜率比短期消费曲线的斜率大。

第二节　消费函数理论

一、凯恩斯的绝对收入假定

上节所介绍的凯恩斯的消费函数理论通常被称为“绝对收入假定”。凯恩斯认为，消费者的实际支出与实际收入之间有稳定的函数关系，即边际消费倾向是小于1的正数，随着实际收入的增加，消费支出在绝对量上也增加，但增长的幅度却是递减的，这就是前面所介绍的边际消费倾向递减现象。

根据绝对收入的假定，在一般情况下，边际消费倾向小于平均消费倾向。这种情况将前面表3-1和表3-2进行比较即可说明。

二、杜森贝里的相对收入假定

美国经济学家、哈佛大学教授杜森贝里提出了“相对收入假定”，其主要论点如下。

(1) 消费者的消费支出不仅受其自身收入的影响，而且受别人消费支出的影响。这被称为消费的“示范效应”。由于存在着消费的示范作用，因此可支配收入增加时，边际消费倾向不一定是递减的。

(2) 消费者的现期消费支出水平不仅受其现期实际收入的影响，而且受到过去收入和消费的影响，特别是受到过去“高峰期”收入水平的影响。假如消费者的收入水平相对于过去有所下降，消费者并不会立即降低他们现在的消费水平，他们宁肯动用储蓄来维持现有消费水平，而不愿意改变消费习惯。这样，在社会的收入减少时，消费习惯有可能使消费支出不变或只是轻微地下降，从而不至于影响社会需求量。这被称作消费的“棘轮效应”。但是反之，当消费者的收入水平较过去“高峰期”有所提高时，他们便会立即提高消费支出水平。

相对收入假定的消费理论可用图3-4说明。图中，通过原点向右上方延伸的曲线是现期收入趋于不断提高情况下的消费曲线，其函数形态为$C=cY_d$，因此，当现期收入水平比过去高时，消费水平为E点。

假如收入水平从OY_{d_0}降至OY_{d_1}时，消费支出水平会调整到E_1点。这时，消费者高峰期的收入水平仍然对其消费支出产生影响，他们仍试图维持原有消费水平。因此，在短期内，消费者会动用储蓄尽可能按原来的消费习惯消费支出。假如收入水平继而增至OY_{d_2}，这表示消费者的收入达到一个新的高峰期水平，这时的消费支出立即提高到E_2点。假如这时消费者的收入又降至Y_{d_0}，消费者的消费支出却不会降到原高峰期的消费水平E点，而是调整到比E点高的E_3点，因为新高峰期的收入和消费水平都对消费者产生影响。

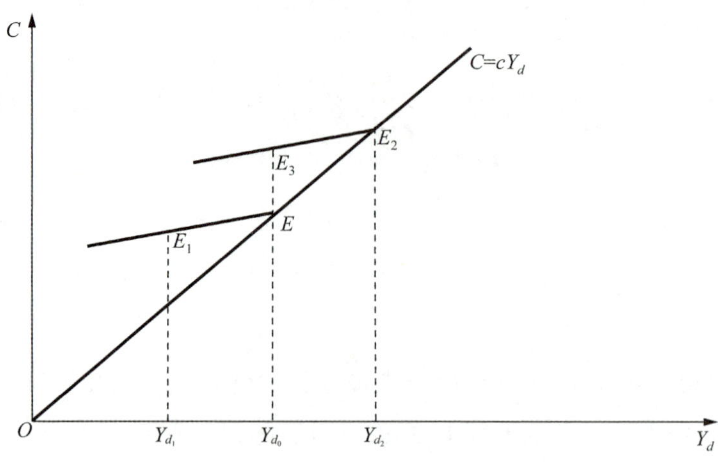

图 3-4 相对收入假定的消费函数曲线

三、弗里德曼的持久收入假定

美国经济学家米尔顿·弗里德曼提出"持久收入假定"。他把消费者的收入分为"暂时收入"与"持久收入"；把消费者的消费分为"暂时消费"与"持久消费"。

暂时收入是指临时性的、偶然性的收入，如某天的收入；持久收入是指消费者可以预料到的长期性收入。暂时消费是指非经常性的、不在计划期的消费支出；持久消费是指正常的、计划中的消费支出。

弗里德曼认为，消费者在某一时期的收入等于暂时收入加上持久收入，消费者在某一时期的消费等于暂时消费加上持久消费。它们之间的关系是，暂时收入与暂时消费之间不存在固定的比率，暂时收入和持久收入之间不存在固定的比率，暂时消费和持久消费之间也不存在固定比率，但持久收入和持久消费之间存在着固定比率。

以 C 代表持久消费，Y_p 代表持久收入，c 代表一定的比例，则两者的关系为

$$C=cY_p$$

由于持久收入 Y_p 被视为长期平均收入，所以上述公式与长期消费和收入之间比例不变的现象相一致。暂时收入时高时低，从平均水平看可以相互抵消，从而对消费不产生多大影响。然而，对持久收入 Y_p 的测定是很复杂的。弗里德曼根据过去若干时期收入状况以及现期收入水平，分别采用不同的加权数进行测量（现期收入的加权数大于过去时期收入的加权数），从而估算出持久收入 Y_p 的数值。根据持久收入假定的理论，也可以对长短期消费曲线的差别作出解释。在短期情况下，当消费者可支配收入增加时，他们会认为这种收入的增加是暂时的。他们并不能肯定长期中仍会获得这种收入的增加，因此不会对这种增加的收入支出过多。如果消费者预料到这种收入的增加是长期性的，他们便会消费得更多。因此，短期消费曲线的边际消费倾向必定较低，而长期消费曲线的边际消费倾向必定较高。

四、莫迪利亚尼的生命周期假定

美国经济学家弗朗科·莫迪利亚尼提出了"生命周期假定"。他从整个人生的角度研究消

费者如何分配他们的消费。生命周期假定认为，消费者之所以储蓄，主要是为了老年消费的需要。这种理论提出了影响社会经济储蓄率的一些不确定因素，认为其中人口的年龄结构是决定消费和储蓄行为的主要因素。一般来说，年轻人家庭收入总体偏低，这时消费会超过收入；随着进入壮年，收入日益增加，这时收入大于消费，一方面偿还青年时欠下的债务，另一方面存些钱以备养老用；一旦年老退休，收入下降，消费又会超过收入。基于生命周期的角度，莫迪利亚尼把消费函数公式修改为如下形式：

$$C=aW/P+cY_d$$

式中，W/P 代表财富，a 为对财富的边际消费倾向，c 为对可支配收入的边际消费倾向，Y_d 为可支配收入。

生命周期假定理论的主要内容如下：① 消费者一生中的消费水平保持平稳；② 消费支出的来源等于人生中的收入加上最初财富；③ 以 L 代表消费者死亡年龄，T 代表消费者获得财富的年龄，则消费者每年的消费支出等于财富的（$L-T$）分之一加上预期平均工资收入（没有财富的 T 年以前则没有财富来源的支出）；④ 现期消费支出水平取决于现期财富状况和生命期收入状况。

现进行简要说明。假设某消费者生命周期为 L 年（从开始工作时算起），其中工作有工资收入为 N 年，假设该消费者自参加工作起计划其个人终生消费，则其退休年限为 $L-N$ 年。假定不考虑储蓄利息，并且不考虑该消费者的财产情况，如果其工作年限的平均工资水平为 Z，则整个生命周期的消费等于工作期的总收入，即 $CL=ZN$，两边同除以 L，则得出每年的计划消费函数：

$$C=NZ/L$$

这表明，消费者每年消费支出函数等于其平均工资收入水平的某一个比率，该比率为工作年限与生命周期之比。通过上述分析可以得出结论：整个生命周期中收入和财富是决定消费支出的根本因素。

除了这些理论外，经济学家还探讨了影响消费的其他因素，如利率、价格水平和价格预期等。一般来说，利率上升会刺激储蓄、减少消费，反之亦然；从物价水平看，如价格水平上升比名义收入上升快，说明实际收入在下降，实际消费支出会下降；反之，当实际收入上升时，实际消费支出会增加。从价格预期看，如果消费者估计未来价格将上涨，则当前消费会增加，如估计未来价格将下降，当前消费会减少。

拓展阅读

假日经济有多大作用——消费函数理论

在“五一”、“十一”、春节的长假期间，外出旅游的人增加，商店的顾客也人头攒动。于是，人们把拉动经济的希望寄托在假日带动消费上，并称之为“假日经济”。假日经济这匹小马能否拉动经济这部大车呢？我们只要对消费函数理论有所了解，就能知道把拉动经济的希望寄托于假日不过是一厢情愿的事。

经济学家认为，影响消费的因素很多，但最重要的还是收入水平。人们的消费支出与收入水平之间的关系就是消费函数。我们还可以用两个概念来说明消费函数。一个是平均消费倾向，即消费支出与收入之比。例如，社会收入为 2 万亿元，消费支出为 1.5 万亿元，平均消费倾向就是 0.75。另一个是边际消费倾向，即增加的消费支出与增加的收入之比。例如，收入增加到 3 万亿元（增加了 1 万亿元），消费增加到 2 万亿元（增加了 0.5 万亿元），边际消费倾向就是 0.5。

消费函数理论最早是凯恩斯所提出的。他确定了消费支出和收入之间的关系，把收入作为影响消费支出最重要的因素，这是一个贡献。但凯恩斯主观地推测边际消费倾向递减，即随着收入增加，消费支出也会增加，但增加的消费在增加的收入中所占的比例在减少。这是错误的。以后的经济学家研究了长期中的消费与收入关系的数据，得出的结论是，并不存在凯恩斯所说的边际消费倾向递减。在长期中，平均消费倾向等于边际消费倾向，而且是稳定的。这就是消费函数的稳定性。

经济学家不仅从数据上证明了消费函数的稳定性，而且从理论上解释了这种现象。这些解释消费函数稳定性的理论就是宏观经济学中的消费函数理论，各种消费函数理论中最有影响的是生命周期假说和持久收入假说。美国经济学家莫迪利亚尼的生命周期假说认为，人要从一生的角度来安排自己的消费与储蓄。人一生的消费取决于一生的收入，在不同的生命周期阶段每个人的消费与储蓄不同。一般而言，在年轻时消费大于收入，有负债；在中年时收入大于消费，有储蓄；在老年时消费又大于收入，用储蓄支付。每个人都按这种方式消费。在整个社会人口结构稳定时，消费与收入的比例就是稳定的。美国经济学家弗里德曼的持久收入假说认为，人的消费取决于持久性收入，即长期内的稳定收入。不确定的暂时性收入变动对消费并没有什么影响。在长期中，持久收入是稳定的，消费也是稳定的。这两种理论分析的角度不同，但都证明了消费函数的稳定性。

消费函数理论有助于我们深化对假日经济的认识。既然消费取决于收入而不是有没有时间消费——假日多长，那么，如果收入水平不提高，就很难增加消费了。或者说，刺激消费的方法是增加收入，而不是放假。现在我们经济中的消费不足不在于高收入者没时间消费，而在于低收入者没钱去消费。当城市中失业人口和低收入者居高不下时，放假有什么用呢？特别应该强调的是，农村人口占我国人口的四成左右，是我们消费的重要组成部分。自从改革开放以来，农民解决了温饱问题，这是一个巨大的历史进步。但由于各种原因，农民收入增加相对而言并不快，有些地区甚至出现了农民实际收入水平下降的极端情况。许多人强调启动农村消费市场，但总是启而不动。其原因就在于农民收入增长相对缓慢。不从根本上解决低收入者尤其是农民的收入增加问题，恐怕刺激消费无从谈起。

对于中高收入者而言，假日经济也起不到刺激消费的作用。消费函数是稳定的，即人们收入中消费的比例从整个社会来看是稳定的。假日经济消费并没有增加总消费或提高边际消费倾向，只是改变了消费的方式和时间而已。假日出去旅游的人以旅游这种形式的消费支出增加了，很可能要减少其他消费，如少买几件时尚服装、少去几次饭店或推迟购车计划。更多商店遇到的情况是，节假日人头攒动，销售额猛增，但节假日过后冷冷清清，平均起来并没有什么增加。假日期间消费增加仅仅是消费方式不同和季节性变化，对整体经济并没有什么影响。在国外，圣诞节也是消费高峰，有些地方圣诞节的购物要占一年购物的1/3左右。但绝没有什么“圣诞节经济”之说，也没有人希望由圣诞节经济去拉动经济。

在宏观经济中，消费函数的稳定性有两点重要的含义。一是消费函数的稳定性是经济稳定的重要因素。就发达国家的情况而言，消费支出在总需求中占2/3左右。这就使经济能基本保持稳定，即使发生衰退也有底线，因为无论如何衰退，人们还要保持稳定的消费。例如，在美国1991—1992年的衰退中，消费支出并没有减少。这种消费的稳定性使经济衰退不太严重，并能较快地从衰退中复苏。二是消费函数的稳定性使刺激消费来带动经济增长较为困难。在总需求中，波动最大的是投资。因此，使经济走出衰退或实现繁荣的关键不是刺激消费而是刺激投资。总把刺激消费、寻找新的消费增长点作为拉动经济增加的主力，甚至寄希望于莫须有的假期，经济如同走入了误区。

当然，并不是说不要发展假日经济，更不是反对放长假，只是我们不要扩大假日经济对刺激整个经济的作用，把假日经济神化。

第三节　投资函数理论

一、投资的定义

投资也称为“资本形成”，它是表示在一定时间内资本的增量，即在一定时间内生产能力的增量。“投资”与“资本”这两个概念并不相同，投资是一个“流量”概念，而资本则是一个“存量”概念。经济学上的投资与平时所讲的投资在概念上是不同的。私人用自己的收入去购买各种有价证券，从而能够赚钱，从个人的角度讲这是一种投资；但是从社会的角度来看，这并不是投资。证券可分为已发行的和新发行的两种。对于个人购买已发行的证券，显然不是投资，它使证券从一个人的手中转移到另一个人的手中，这只不过是财产所有权的转移。即使是个人购买厂房、生产设备等实物，其性质也是财产所有权的转移。对于个人购买新发行的证券也不能称为社会投资。因为无论是政府，还是私人厂商，他们从发行证券所获得的资金并不能确定已用于对资本的购买。在介绍GDP的统计中已知，厂商的购买才是投资

需求。因此，如果把私人对证券的购买算成投资，则会形成重复计算。所以私人对证券的购买是不被计入 GDP 的。为了加以区别，对购买证券的投资行为称为“金融投资”；而对于能够增加资本量的投资称为“实际投资”。经济学一般所讲的投资，就是指实际投资。

实际投资分为两类：第一类是固定资本的增加，包括厂房、机器设备的投资和建筑投资，如各种住宅与非住宅建筑等；第二类是存货投资，如各种制成品、半制成品以及原材料等。这些在介绍 GDP 中国内私人总投资时已讲过，不过这里的社会投资既包括私人厂商的购买投资，也包括政府的购买投资。

投资又分为总投资和净投资。总投资是没有减去资本损耗（折旧）的投资。净投资则不包括资本损耗。总投资一般是正值。净投资则可能是正值、零或负值，完全取决于总资本是大于、等于还是小于资本折旧。

投资还有直接投资与间接投资之分。所谓直接投资，是指投资者自身直接建立某种企业所进行的投资活动，如建立工厂、开办商店等。所谓间接投资是资本输出的一种方式，其方法有两种：一种是投资者用资本购买其他国家的政府或企业发行的债券，至于其资金如何使用，投资者并不过问，而由其他国家的政府或企业使用，投资者则获取债券利息；另一种是将资本借贷给其他国家的政府或企业，投资者按借贷协议获得一定借贷利息。在这两种方法中，投资方均对被投资方具有债权关系。

投资还有自发性投资和引致投资的不同。所谓自发性投资，是指不受国民收入或消费的影响而进行的投资。它是一种独立于国民收入因素决定的投资，如出于新发明、新技术、人口变动、心理因素、战争爆发、政府为了社会安全或社会福利等目的进行的投资。所谓引致投资，则是由于国民收入和消费的变动而引起的投资，如因收入增加而使投资增加。

二、影响投资的主要因素

投资者的主要动机是赚钱。从获取利润的角度看，决定投资的经济因素主要有两个：一是投资的预期利润率，即投资所产生的利润额与投资额的比率。例如，投资 10 万元，预计一年后所获利润为 1 万元，则该投资的预期年利润率为 10%。投资者一般希望能够获得尽可能高的利润率。二是资本市场的利率水平。投资者在决定是否应当投资或增加投资时，都要考虑资本市场的利率水平并与其投资的预期利润率相比较。如果投资的利润率高于资本市场利率，则说明投资者可以向资本市场借款来进行投资，因为投资所获除偿还资本市场的借款利息外仍有余利，否则投资者不会借款进行投资。即使投资者自身拥有资本而不需要向资本市场借款进行投资时，仍然需要比较资本市场的利率和投资的预期利润率，因为假如投资的预期利润率小于资本市场资金的利率时，他完全不必进行投资，而将其资本直接通过资本市场借贷出去，从而获得比投资更大的利息收入。只有当投资的预期利润率大于资本市场利率水平，投资者才会进行投资。

三、投资需求函数

前面讲到，投资者在进行投资决策时，需要考虑两个因素：利润率和资本市场利率。当投资所产生的边际效率高于资本市场利率时，投资者一定会增加投资；反之，则会减少投资。因此，投资均衡点即在利润率等于资本市场利率时的数量。当资本市场利率下降时，表示投资所付的代价减少，在利润率不变情况下投资者的收益增加，这样会促使投资者增加投资。反之，当资本市场利率上升时，说明投资代价增大，因而投资者将会减少投资。所以，投资需求曲线是一条从左上到右下的负斜率曲线。以 I 代表投资，i 代表资本市场利率，则投资需求函数为：$I=F(i)$，I 与 i 成反方向变动关系，投资曲线如图 3-5 所示。图中有三条不同的投资曲线 I_1、I_2、I_0。在同样的市场利率下，I_0 的投资比 I_2 多，I_1 的投资又比 I_0 多。它们都是表示投资者根据自身的情况对资本市场作出的反应。假如其他条件发生变化，则会影响整个投资需求的变动，既可能增加，也可能减少。

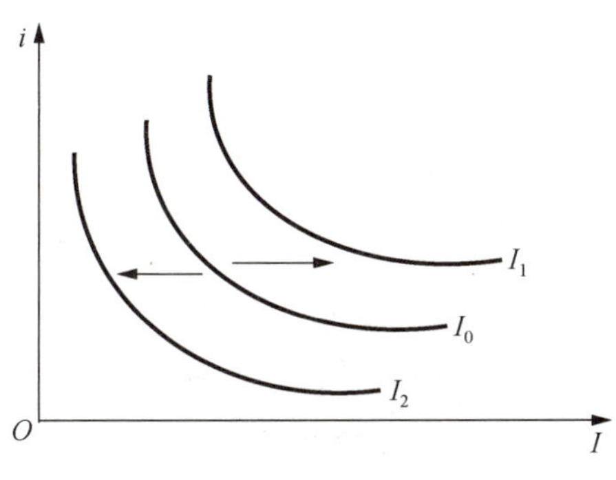

图 3-5　投资函数曲线

影响投资需求函数曲线发生变动的因素大体上有以下几点。

（1）投资预期所获收益的多少。假如在投资代价不变情况下投资的预期收益增多，则表示资本的边际效率大，因而投资需求也会增加；反之则会减少。

（2）投资成本的大小。假如在其他条件不变情况下，投资成本增加，则说明资本的边际效率下降，产出的收益将会减少，因而投资需求也会减少；反之则增加。

（3）投资物所产出的年收益额大小的分布状况。在投资物价格不变和收益年限不变情况下，假如每年的投资收益呈下降状，则资本的边际效率较高；反之，在同样情况下成反比例排列，则资本的边际效率较低，投资减少。

（4）投资设备或资产的耐用年限。假如在其他条件不变情况下，投资设备或资产的耐用年限较长，则会产生较高的投资收益，因而投资也会增多；反之则减少。

（5）政府的政策措施。例如，政府通过加速折旧的法规，可以促进企业投资；政府给予企业减免税收或津贴补助鼓励，也会促使企业增加投资。

（6）生产技术的改进和提高。当生产技术进步时，一是使现有生产设备显得陈旧，因而促使生产者加以更换；二是使生产成本下降，使产品价格下跌，增加产品销售量，从而促使更多的投资。

（7）新产品的出现。由于出现新产品，消费者会产生新的需求，因而会推动投资。

（8）企业现有资本数量。如果企业现有资本很充裕而且存在剩余生产能力，则对更新设备、增加投资的需求不高；反之，假如企业现有资本数量不足，不能适应生产的要求，则投资的需求会增加。

(9) 人口因素。如果人口大幅度增加，对产品的需求增加，各种产品的销售量增加，生产者的收益也增加，因而推动投资的增加。

(10) 心理因素。在其他条件不变情况下，由于生产者的心理作用，会使投资发生变化。比如，厂商预计市场前景不好，产品销售量将会下降，因而投资也会下降；反之，假如厂商对生产的前景充满信心，对市场的需求看涨，则会促使其增加投资。

拓展阅读

住房需求是投资

在许多人的观念中购买住房是一种消费，与购买冰箱、彩电、汽车一样。在经济学家看来，购买住房实际是一种投资行为，即投资于不动产。

为什么购买住房不是消费而是投资呢？我们先从这种购买行为的目的来看。消费是为了获得效用，如购买冰箱、彩电、汽车等都是为了使满足程度更大，消费不会增值，但投资是为了获得利润（或称投资收益）。在发达的市场经济中，人们购买房子不是为了住或得到享受（如果仅仅为了居住可以租房子），而是作为一种投资得到收益。住房的收益有两个来源：一是租金收入（自己住时所少交的房租也是自己的租金收入）；二是房产本身的增值。土地总是有限的，因此，从总趋势来看，房产是升值的。正因为这样，许多人把购买住房作为一种收益大而风险小的不动产投资。

把住房作为消费还是投资在经济学家看来是十分重要的，因为决定消费与投资的因素不同。在各种决定消费的因素中最重要的是收入，但在决定投资的各种因素中最重要的是利率，因为利率影响净收益率。只有利率下降，收益率提高，人们才会选择投资，而且只要净收益率高，就愿意借钱投资，因此，要刺激投资就要降低利率。如果经济政策的目标是刺激人们购买住房，关键不是增加收入，而是降低利率。

第四节　国民收入的两个缺口

一、均衡国民收入及决定

均衡的国民收入就是与总需求相等的GNP。充分就业的国民收入就是指在自然失业率的状态下与总需求相等的国民收入。

(1) 在两部门经济中，均衡的国民收入是投资和储蓄相等时的国民收入，即 $Y=C+I$。假定消费函数为 $C=\alpha+\beta Y$，则均衡收入公式是 $Y=(\alpha+i)/(1-\beta)$。将投资作为利率的函数，即 $i=e-dr$，此时均衡收入公式变为：$Y=(\alpha+e-dr)/(1-\beta)$。

（2）在三部门经济中，均衡国民收入的决定公式为：$Y=C+I+G$。

①政府征收定量税时：$Y_d=Y-T$，$Y=C+I+G=\alpha+\beta(Y-T)+I+G$，均衡国民收入为

$$Y_{01}=\frac{\alpha+I+G-\beta T}{1-\beta}$$

②政府征收比例所得税时：$Y_d=Y-tY$，$Y=C+I+G=\alpha+\beta(Y-tY)+I+G$，均衡国民收入为

$$Y_{02}=\frac{\alpha+I+G}{1-\beta(1-t)}$$

（3）在四部门经济中，均衡的国民收入的决定公式为：$Y=C+I+G+\mathrm{NX}$（NX 为净出口，$\mathrm{NX}=X-M$，X 为出口，M 为进口）。

$$\begin{cases}Y=C+I+G+(X-M)\\C=\alpha+\beta(Y-T+TR)\\T=T_0+tY\\M=M_0+\gamma Y\end{cases}$$

均衡国民收入为

$$Y_0=\frac{\alpha+I+G-\beta T_0+\beta TR+X-M_0}{1-\beta(1-t)+\gamma}$$

二、通货紧缩的缺口

国民收入的均衡条件是总需求等于总供给。凯恩斯认为总需求可以等于总供给，但这不一定是充分就业。例如，当产品过剩时，靠解雇工人增加失业率来减少生产也可以达到总供给和总需求的均衡，显然这种均衡并不意味着宏观经济运行状况良好。根据凯恩斯理论，只有在充分就业条件下，厂商所计划生产的产品和服务刚好等于国民的总需求（包括消费需求、投资需求、政府购买需求和进出口）时，才真正实现宏观经济目标。

当总需求不等于充分就业的总供给时，会形成两种不同的缺口如图 3-6 所示。

图 3-6 中，横坐标代表总供给水平或产量水平，纵坐标代表总需求水平。图中说明，当经济处于充分就业状态时，总供给大于总需求。总供给为 AY_1，总需求为 BY_1，$AY_1>BY_1$，总供给超过总需求的部分 AB 称为“通货紧缩的缺口”，即表示厂商出现了未计划（或非情愿）的存货，产品卖不出去。而这时厂商便会减少生产，并以求重新回归均衡状态，因此 GDP 会下降。但是从宏观经济的角度看，政府应该阻止这种现象的产生。

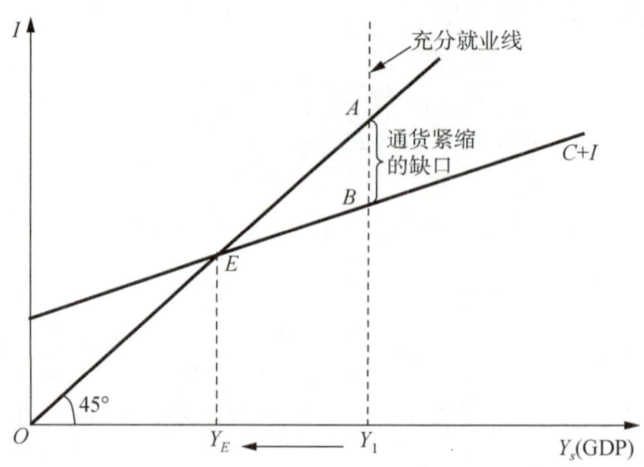

图 3-6 通货紧缩缺口曲线

三、通货膨胀的缺口

图 3-7 说明，当经济处于充分就业状态时，总供给小于总需求。总供给为 BY_1，总需求为 AY_1，$BY_1 < AY_1$。当经济处于这种状态时，厂商并不能扩大生产，因为这时已经处于充分就业状态，社会总供给 OY_1 是表示该经济的最大产量水平。这时只有一种可能，即价格上涨。因此，总供给和总需求之间的差额 AB 称为“通货膨胀的缺口”。只有当充分就业线刚好通过均衡点 E 时，社会最大产量也刚好等于社会总需求，整个经济便处于一个完整的理想状态。

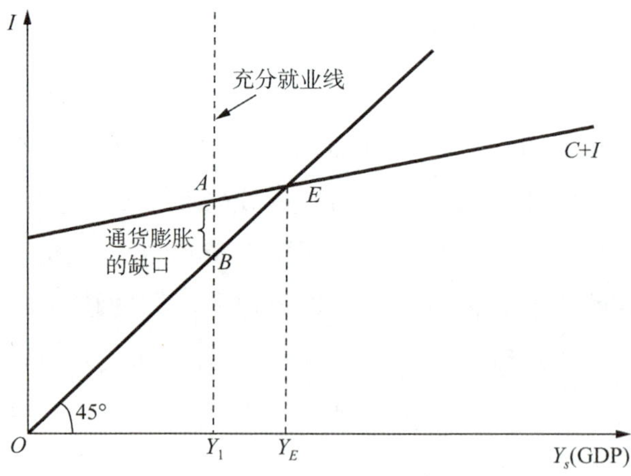

图 3-7 通货膨胀缺口曲线

国民经济缺口同样可以用数字具体分析，以表 3-4 所举数字为例。

表 3-4　国民经济缺口情况　　单位：元

状态	总供给（$Y_s=GDP$）	消费（C）	投资（I）	总需求（$Y_d=C+I$）	缺口情况
A	1 000	1 000	1 500	2 500	通货膨胀的缺口
B	2 000	1 500	1 500	3 000	
C	3 000	2 000	1 500	3 500	
D	4 000	2 500	1 500	4 000	均衡
E	5 000	3 000	1 500	4 500	通货紧缩的缺口
F	6 000	3 500	1 500	5 000	
G	7 000	4 000	1 500	5 500	

表 3-4 可以清楚地表明国民收入两个缺口的情况。假如经济处于 C 点状态时，为通货膨胀的缺口，缺口＝3 500－3 000＝500。假如经济处于 F 点状态时，为通货紧缩的缺口，缺口＝6 000－5 000＝1 000。

为了消除通货紧缩的缺口，政府可以采取的措施有：① 减税；② 增加转移支付；③ 增加政府支出；④ 降低利率。因为上述任何措施都可以增加总需求（如减税和增加转移支付可以增加个人消费；政府支出本身就是总需求中的一部分；降低利率可以提高投资水平），使总需求曲线上移，从而弥补通货紧缩的缺口。如图 3-8 所示，图中原来存在着通货紧缩的缺口 AB，由于采取上述措施，使原来的总需求曲线 $C+I$ 上移到新的位置 $C+I+G$，则通货紧缩的缺口不复存在。

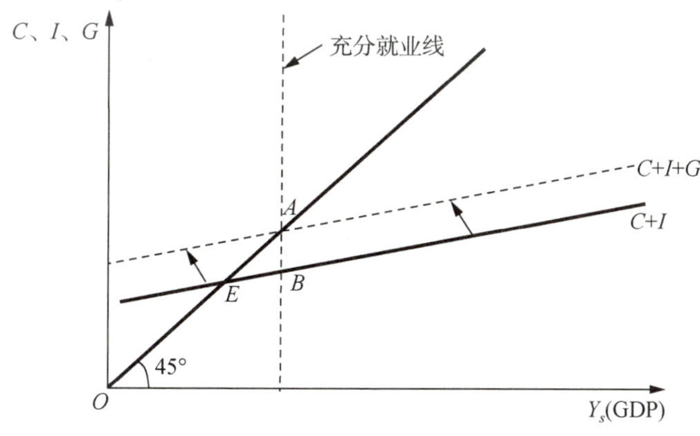

图 3-8　消除通货紧缩缺口曲线的移动

消除通货膨胀缺口的方法正好与之相反，即减少总需求，使总需求曲线下移。

第五节　乘数理论

一、乘数概念

乘数，又译作倍数。乘数理论是现代西方经济学家的重要经济理论之一。乘数的概念最早由英国经济学家卡恩于1931年提出，后来被凯恩斯加以利用，成为凯恩斯主义的一个重要分析工具。

用上一节所举的表3-4为例进一步引入乘数概念。假如，在该表的总需求中增加一项政府支出，数量为1 000（$G=1\ 000$），形成表3-5。

表3-5　总需求的构成

单位：元

总供给（$Y_s=GDP$）	消费（C）	投资（I）	政府支出（G）	总需求（$Y_d=C+I+G$）
1 000	1 000	1 500	1 000	3 500
2 000	1 500	1 500	1 000	4 000
3 000	2 000	1 500	1 000	4 500
4 000	2 500	1 500	1 000	5 000
5 000	3 000	1 500	1 000	5 500
6 000	3 500	1 500	1 000	6 000
7 000	4 000	1 500	1 000	6 500

从表3-5中可以看出：当政府增加1 000支出时，均衡的国民收入水平由原来的4 000增加到6 000，即增加了2 000，它说明国民收入的变化大于总需求的变化。其原因在于乘数的作用。因此，当支出增加一个量，所引起的国民收入增加的量大于支出增加的量，其中的倍数就叫作乘数。表3-5的乘数是2。在现代西方经济学中，乘数被用来分析经济中某一变量的增减所产生的连锁反应的大小。

假如政府增加1 000元支出，则国民收入增加1 000元。国民收入的增加，又会引起下一个阶段消费支出的增加，而消费支出增加是按一定的边际消费倾向进行的；当下一个阶段消费支出增加后，又会引起再下一个阶段的消费按照一定的边际消费倾向继续增加，这个连续反应过程将一直进行下去。假如社会的平均边际消费倾向为0.8，这个连锁反应过程如表3-6所示。

表 3-6　乘数效应　　单位：万元

	收入变化	消费变化	储蓄变化
政府最初增加的支出	1 000	800	200
第二阶段	800	640	160
第三阶段	640	512	128
第四阶段	512	410	102
—	—	—	—
总计	5 000	4 000	1 000

在表 3-6 第一次连锁反应中，政府的最初支出 1 000 万元与收入无关，因此该增量变化称为“自发性变化”或“外生变化”，假如该增量是增加的投资，便是“自发性投资”。而从第二阶段开始的以后所有阶段的变化，都是因为国民收入的增加引起的，与收入的变化有关，因此称为“引致变化”。当然这些变化可能是投资，也可能消费，如果是投资，则是“引致投资”。

乘数的一般公式为

$$K=1/(1-MPC)=1/MPS$$

式中，K 代表乘数，MPC 为边际消费倾向，MPS 为边际储蓄倾向。

二、乘数的分类与计算

这里只介绍总需求中的几个经济总量及一些变量的乘数计算。如表 3-7 所示。

表 3-7　总供给与总需求的构成　　单元：万元

总供给 (Ys)	公司储蓄 (Sc)	政府税收 (T)	转移支付 (TR)	可支配收入 (Y_d)	消费 (C)	投资 (I)	政府支出 (G)	总需求 ($Y_d=C+I+G$)
100	10	10	50 (85)	130 (165)	150 (180)	5	20	175 (205)
150	10	20	45 (80)	165 (200)	180 (210)	10	20	210 (240)
200	10	30	40 (75)	200 (235)	210 (240)	15	20	245 (275)
250	10	40	35 (70)	235 (270)	240 (270)	20	20	280 (310)
300	10	50	30 (65)	270 (305)	270 (300)	25	20	315 (345)
350	10	60	25 (60)	305 (340)	300 (330)	30	20	350 (380)
400	10	70	20 (55)	340 (375)	330 (360)	35	20	385 (410)
450	10	80	15 (50)	375 (410)	360 (390)	40	20	420 (450)

先看表 3-7 中括号外的各组数字，从这些数字可知，均衡的国民收入水平为 350。因为总供给等于总需求。即 $Y_s=Y_d=350$。根据消费（C）一栏可知，消费是以 30 数字递增的，即 $\Delta C=30$；根据可支配收入（Y_d）一栏可知，可支配收入是以 35 数字递增的，即 $\Delta Y=35$。这样可以计算出边际消费倾向

$$MPC=\Delta C/\Delta Y_d=30/35=6/7$$

下面介绍一些乘数的具体计算方法。

（一）政府支出乘数、消费支出乘数和投资支出乘数

政府支出乘数是指政府的支出增加能使国民收入增加的倍数。以 KG 代表政府支出乘数，则

$$KG=\Delta Y/\Delta G$$

在其他条件不变情况下

$$KG=\Delta Y/\Delta G=1/（1-MPC）$$

其原理和前面介绍乘数概念的过程完全一样，可以把政府的支出看成最初一个增量，即一个自发性支出，该增量会在社会经济活动中产生一系列连锁反应，即产生一系列引致支出变化，其变化的最终结果如同前面所证。

但是，假如以表 3-7 为例计算政府支出乘数，情况便有所不同。该表所示国民收入的均衡水平是 350，假设充分就业时的国民收入水平是 450，而这时的总需求（Y_d）却是 420，出现了通货紧缩缺口，缺口＝450－420＝30。如果政府计划采取措施达到充分就业条件下国民收入的均衡，只要在原来支出 20 的基础上增加 30 的政府支出（$\Delta G=30$）就能够达到，即原来当政府支出 20 时，均衡的国民收入水平是 350；而现在政府的支出增加到 50 时，总需求（Y_d）栏中每一次都增加 30，正好在最后一项处与总供给相等（原来是 420，增加 30 的政府支出则变为 450，刚好等于总供给水平 450）。上述变化表明，当政府增加 30 的支出时，均衡的国民收入水平增加了 100（从 350 增加到 450）。根据乘数定义

$$KG=\Delta Y/\Delta G=（450-350）/30=100/30=10/3$$

需要注意的是，这里不能根据乘数公式计算。如果根据乘数公式计算的结果是：$1/（1-MPC）=1/（1-6/7）=7$。这是因为从表 3-7 投资（I）一栏可知，随着国民收入的增加，投资的数量也在变化，因而使前面介绍乘数公式时的条件前提发生了变化。

假如在原来的国民收入均衡状态下（350），不是通过增加政府支出的办法，而是通过增加消费支出的办法，同样可以达到充分就业的新国民收入均衡水平（450）。只要消费支出增加 30（$\Delta C=30$），则总需求也增加 30。以 KC 代表消费支出乘数，则

$$KC=\Delta Y/\Delta C=（450-350）/30=10/3$$

投资乘数也可以按上述方法同样计算。假如政府支出和消费支出都不变，只要投资支出增加 30（$I=30$），也可以达到上述假设的充分就业时的国民收入均衡水平。以 KI 代表投资乘数，则

$$KI=\Delta Y/\Delta I=（450-350）/30=10/3$$

注意，国民收入均衡时的投资（I）数量是家庭储蓄、公司储蓄和政府储蓄之和。其中，家庭储蓄＝可支配收入－消费，政府储蓄＝税收－转移支付－政府支出。

由上可知，政府支出乘数、消费乘数、投资乘数的计算方法和结果都相同，其原因在于它们都构成总需求的一部分，即总需求＝$C+I+G+（X-M）$，因而无论是其中哪一种支出

发生变化，都会使总需求发生同样的变化，因而对国民收入产生的影响是相同的。所以，在其他条件不变时有

$$KG=KC=KI=1/(1-MPC)$$

（二）转移支付乘数和税收乘数

转移支付乘数和税收乘数的计算与上述三种乘数的计算不同。因为当转移支付和税收变动一个数量时，对总需求产生的作用要受到边际消费倾向的影响，即边际消费倾向乘以转移支付和税收的数量，使转移支付和税收变动的数量与总需求变动的数量不一致。

先介绍转移支付乘数。当政府转移支付支出一个量时，会对消费产生影响，从而对国民收入产生影响，转移支付的量能使国民收入变动的倍数，叫作转移支付乘数。以 ΔTR 代表转移支付的增量，KTR 代表转移支出乘数，则

$$KTR=\Delta Y/\Delta TR$$

$$\Delta Y/\Delta C=1/(1-MPC)$$

$$\Delta C=MPC\times\Delta TR$$

根据上面三个公式可得

$$KTR=MPC/(1-MPC)$$

同上述三个乘数的介绍一样，当其他条件发生变化时，转移支付乘数则不能使用上述公式计算。仍以表 3-7 为例，假如政府增加转移支付 35，则转移支付（TR）一栏由原来的数字变为括号内的新数字，新数字和原来数字相比增加了 35。转移支付数量的增加即表示可支配收入增加相同的量，因而可支配收入（Y_d）一栏的数字也相应增加 35，如括号内数字所示。可是，可支配收入增加 35，使消费（C）增加 30（$\Delta C=MPC\Delta Y_d=6/7\times 35=30$），故消费一栏中数字也发生变动，见该栏括号内数字，从而使总需求（Y_d）增加 30。当国民收入水平处于原均衡状态的 350 时，由于转移支付增加 35，使总需求增加 30，故新的均衡的国民收入水平是 450。因此 KTR 可表示为

$$KTR=\Delta Y/\Delta TR=(450-350)/35=100/35=20/7$$

税收乘数是指政府增加或减少税收所引起的国民收入变动的倍数。税收对消费支出的作用同转移支付对消费支出的作用一样，也要受到边际消费倾向的影响。与转移支付的不同之处在于，税收对消费支出的影响是负值。因为当政府增加税收时，消费支出通过边际消费倾向的作用减少，即 $-\Delta C=MPC\times\Delta TR$；反之，当政府减少税收时，消费支出通过边际消费倾向的作用增加。因此，以 KT 代表税收乘数，则在其他条件不变情况下

$$KT=\Delta Y/\Delta T=MPC/(1-MPC)$$

同样，当其他条件变化时，便不能使用上述公式。仍以表 3-7 为例，假如政府减少 35 的税收，可支配收入增加 35，消费支出增加 30（$MPC\times\Delta Y=6/7\times 35=30$），总需求增加 30，则新的均衡国民收入水平是 450。因此

$$KT=\Delta Y/\Delta T=(450-350)/35=20/7$$

（三）平衡预算乘数

假如政府支出一个量（ΔG），与此同时又增加相同量的税收（ΔT），由于增加的税收在受边际消费倾向的作用之后使消费减少的量小于政府支出的量，因此对国民收入的变动也产生影响，表示这种影响程度的乘数，叫作“平衡预算乘数”。

在其他条件不变情况下平衡预算乘数的证明如下：

$BS=T-TR-G$，如果 TR 不变，在预算平衡情况下，就有 $\Delta BS=\Delta T-\Delta G=0$，或 $\Delta T=\Delta G$。

均衡收入的变化是由总支出变化决定的，在三部门经济中，$\Delta Y=\Delta AE=\Delta C+\Delta I+\Delta G$，若投资不变，则 $\Delta Y=\Delta C+\Delta G$。

而消费的变化等于边际消费倾向乘以可支配收入的变动量，即 $\Delta C=b\Delta Y_d$。

可支配收入变动量等于收入变动量减去税收变动量，即 $\Delta Y_d=\Delta Y-\Delta T$。

综合以上可得

$$\Delta Y=\Delta C+\Delta G=b\Delta Y_d+\Delta G=b(\Delta Y-\Delta G)+\Delta G$$

即

$$\Delta Y(1-b)=\Delta G(1-b)$$

可见

$$KB=\Delta Y/\Delta G=(1-b)/(1-b)=1$$

平衡预算乘数等于 1 的经济意义是：在政府支出和税收相等时，政府支出增加多少，国民收入将增加多少。

（四）对外贸易乘数

对外贸易乘数的作用是指进出口数量的变化会使国民收入水平发生倍数变化，这就是说，进出口差额给国民收入总量带来的影响大于进出口差额本身的数量。由于这种变化是对外贸易作用的结果，因此反映这种关系的倍数就叫作“对外贸易乘数”。在进出口均为自发性变量的情况下，对外贸易乘数与前面所讲的消费、投资以及政府支出乘数是一样的。因为进出口之间的差额（$X-M$）同 C、I、G 一样，都是总需求的组成部分。

假如一国在出口所获得的收入中，一部分用于进口商品的购买，余下全部用于国内商品的购买。在这种条件下，对外贸易乘数的大小取决于“边际进口倾向”。所谓边际进口倾向，是指所获得的收入中用于购买进口商品数量的比例。例如，一国增加出口获得 10 000 美元的收入，假定在这些收入中有 25%即 2 500 美元用于进口商品的购买，其余的 7 500 美元用于国内商品的购买，这样，国内收入又增加 7 500 美元。而在这新增加的 7 500 美元收入中，又有 25%即 1 875 美元用来购买进口商品。以此类推，则边际进口倾向为 25%，即为全部支出的 1/4。这种收入倍数增加的过程与前面讲的乘数原理完全相同，只不过这种使国民收入倍数增加的过程是对外贸易乘数的作用。以 KF 代表对外贸易乘数，m 代表边际进口倾向，则

$$KF=1/m$$

显然，边际进口倾向越小，对外贸易乘数越大，因为新增收入中用于购买国内商品的数额越多，对本国国民收入总量创造则越多；反之，边际进口倾向越大，对外贸易乘数越小，

因为新增收入中用于购买国外商品的数额越多，乘数的作用则越发生到其他国家中去了。

以上对外贸易乘数公式仅是简单条件下的情况。如果加入其他条件，则对外贸易乘数不仅仅是边际进口倾向的倒数。因为一国对进口商品的购买，不仅与进口有关，还与本国的国民收入水平有密切关系，若国民收入水平较高，则对进口商品购买增加，反之则会减少。因此，完整的进口函数公式为

$$M = M_0 + mY$$

其中，M_0 为自发性进口支出，m 为边际进口倾向，Y 为均衡国民收入。

现建立以下均衡国民收入模型

$$Y = C + I + G + (X - M) \tag{3-1}$$

$$C = a + bY_d \quad (0 < b < 1) \tag{3-2}$$

$$Y_d = Y - T \tag{3-3}$$

$$T = T_0 + tY (0 < t < 1) \tag{3-4}$$

$$M = M_0 + mY (0 < m < 1) \tag{3-5}$$

其中，I、G 为外生变量。

根据以上公式可求得均衡国民收入

$$Y = (a - bT_0 + I + G + X - M_0) / (1 - b + bt + m)$$

式中，$1/(1-b+bt+m)$ 为乘数，当净出口增加一个量时，给国民收入带来的增量是净出口增量与乘数的乘积。因此，对外贸易乘数的公式为

$$KF = 1/(1-b+bt+m)$$

若边际消费倾向 $b=0.8$，税收系数 $t=0.15$，边际进口倾向 $m=0.1$，则该国的对外贸易乘数为

$$KF = 1/(1-b+bt+m) = 1/(1-0.8+0.8\times0.15+0.1) = 1/0.42 = 2.38$$

拓展阅读

乘数效应的威力

由于乘数效应的存在，评论家在指责政府所采取的经济增长措施不得力的时候，必须三思而行。毕竟，如果乘数效应足够大的话，一项微不足道的措施亦将促使经济达到充分就业的繁荣。

回想一下，在 1992 年年初，美国总统选举处于白热化阶段，民主党和共和党之间关于如何刺激经济增长方面的分歧尤为突出。当时，美国的 GDP 为 57 000 亿美元。为了下面方便说明，假定这个数字离充分就业下的 GDP 还差 2%，即 1 140 亿美元。

布什总统在他 1 月 28 日所作的国情咨文中首先发难。他指出联邦政府在加快各种联邦开支项目，例如在 6 个月内用 100 亿美元来修整道路，进行公共设施建设。同时他还宣布了联邦政府的减税政策。预计在 6 个月内会有 120 亿美元投入刺激经济增长。上述措施无须经过国会的批准，可由总统立即执行。布什总统还进一步要求国会通过一系列税收减免的措施，也包括对房地产投资者的税收鼓励政策、对首次购房者的税收信贷、对资本利得的税收减免以及其他的各类政策。布什总统还敦促国会于 3 月 20 日前通过该项议案。

据乐观估计，该议案可为刺激经济增长投放500亿美元。假如乘数是2，经济会处于充分就业下的水平。然而，以现实的眼光来看，许多措施将收效甚微。例如，扩大政府的支出规模，虽然意味着近期支出水平会提高，但是将牺牲未来的支出。税收信贷政策只会暂时为纳税人带来少量的现金盈余，而当税单到期时，纳税人将面临更沉重的负担。由于这些措施只是短期有效，因此实际上它们收效不大。有针对性的税收减免政策同样具有争议性，毕竟房地产投资者或资本利得的收益人没有什么理由比其他纳税人得到更多的税收优惠。

由民主党控制的国会虽然愿意通过布什提出的议案，但对该议案进行了重大的修改。规定税收优惠政策只能给予年收入在7万美元以下的纳税人，而其余的纳税人必须缴纳更高的税额。这项修改后的议案虽然提供7 420亿美元的税收减免（在乘数效应的影响下应该足以使经济达到充分就业的水平），但是因其同时导致600亿美元的税收增加而使该措施归于无效。3月20日，国会将修改后的议案交于布什总统，布什总统很快就像他一直威胁要做的那样，否决了这一议案。

在这场政治游戏中，双方都在阻挠对方政策的实施，而又同时在指责对方的不合作。但经过缜密地观察，任何一方似乎都未能提出促使经济发展达到充分就业水平的可行方案。在这里，即使存在乘数效应也无济于事。

乘数的国际差别

不同国家的税收和进口水平不同，因此各国的乘数也不同。作为案例，我们比较一下美国、德国和瑞典的情况。在一个具有政府部门的开放经济体系中，乘数的公式为

$$乘数=1/\{1-[(1-t)(MPC-MPI)]\}$$

在美国，GDP的30%被税收拿去了，因此我们假设$t=0.3$，在德国$t=0.37$，在瑞典$t=0.55$；美国的进口约占GDP的5%，德国的进口占GDP的20%，瑞典的进口占GDP的26%。由于强调的是政府和贸易的影响，我们暂时假设这三个国家的边际进口倾向相等，都是0.9。

不必经过计算，我们马上就可以看出哪个国家的乘数最高，哪个乘数最低。我们能够估计贸易和税收对瑞典经济的重要性，一方面可能使经济趋于稳定，另一方面可能削弱政府宏观经济政策的力度。美国具有相对而言、反复无常的经济体系，德国的经济则介于两者之间。确实，计算结果证实了这一估计，美国的乘数为2.47，德国为1.79，瑞典为1.40。

如果不同的国家有不同的储蓄率，美国的经济会不会显得稳定一些呢？与德国和瑞典相比，美国的储蓄率较低，意味着美国的边际消费倾向较高。较高的边际消费倾向意味着乘数较大。因此，如果同时将储蓄考虑在内，美国的乘数与其他国家相比可能更高。

资料来源：斯蒂格利茨．《经济学》小品和案例［M］．北京：中国人民大学出版社，1998.

思考练习

1. 根据消费函数，决定消费的因素是什么？

2. 两部门经济中，总支出等于总收入时说明什么？

3. 乘数作用的发挥在现实生活中会受到哪些限制？

4. 写出两部门经济中国民收入的基本公式，并说明其含义。

5. 政府购买和政府转移支付都属于政府支出，为什么计算总需求时只计算政府购买而不包括政府转移支付？

第四章 宏观经济政策

学习目标

通过本章学习，了解财政政策与货币政策工具，熟悉财政政策与货币政策的效力分析，掌握财政政策与货币政策的配合使用。

第一节　财政政策及其效力

一、财政政策

财政政策是指为促进就业水平提高、减轻经济波动、防止通货膨胀、实现经济稳定增长而对政府财政支出、税收和借债水平所进行的选择或对政府财政收入和支出水平所作的决策。或者说，财政政策是指政府变动的税收和支出通过影响总需求进而影响就业和国民收入的政策。变动税收是指改变税率和税率结构，而变动政府支出指改变政府对商品与劳务的购买支出以及转移支付；两者都是国家干预经济的主要政策。

（一）财政的构成

国家财政由政府支出和收入两个方面构成，其中政府支出包括政府购买和转移支付，而政府收入则包括税收和公债两个部分。

1. 政府支出

政府支出是整个国家中各级政府支出的总和，由许多具体的支出项目构成，主要可以分为政府购买和转移支付两类。

（1）政府购买是指政府对商品和劳务的购买。如购买军需品、机关公共品、政府雇员报酬、公共项目工程所需的支出等都属于政府购买。政府购买是一种实质性支出，有着商品和劳务的实际交易，因而直接形成社会需求和购买力，是国民收入的一个组成部分。因此，政府购买支出是决定国民收入大小的主要因素之一，其规模直接关系到社会总需求的增减。政府购买支出对整个社会总支出水平具有十分重要的调节作用。在总支出水平过低时，政府可以提高购买支出，如举办公共工程，增加社会总体需求水平，以此同衰退进行斗争。反之，当总支出水平过高时，政府可以采取减少支出的政策，降低社会总需求，以此来抑制通货膨胀。因此，变动政府购买支出水平是财政政策的有力手段。

（2）与政府购买不同，政府转移支付是指政府在社会福利保险、贫困救济和补助等方面的支出。这是一种货币性支出，政府在付出这些货币时并无相应的商品或劳务的交换发生，因而是一种不以取得本年生产出来的商品和劳务作为报偿的支出。因此，转移支付不能算作国民收入的组成部分。它所做的仅仅是通过政府将收入在不同社会成员之间进行转移和重新分配，全社会的总收入并没有变动。据此，政府对农业的补贴也被看作政府转移支付。既然转移支付是政府支出的重要组成部分，那么政府转移支付也是一个重要的财政政策工具。在前面乘数分析中我们已经知道，它同样能够通过转移支付乘数作用于国民收入，但乘数效应要小于政府购买支出乘数效应。一般来讲，在总支出不足时，失业会增加，这时政府应增加

社会福利费用，提高转移支付水平，从而增加人们的可支配收入和消费支出水平，社会有效需求因而增加；在总支出水平过高时，通货膨胀率上升，政府应减少社会福利支出，降低转移支付水平，从而降低人们的可支配收入和社会总需求水平。除了失业救济、养老金等福利费用外，其他转移支付项目如农产品价格补贴也随经济风向而改变。

2. 政府收入

依据不同的标准，可以对政府收入进行不同的分类。国际上对政府收入通常依据政府取得财政收入的形式进行分类。这种分类方法将政府收入分为税收收入、国债收入、国有资产收益、收费收入以及其他收入等。

(1) 税收收入。税收是政府为实现其职能的需要，凭借其政治权利并按照特定的标准，强制、无偿地取得财政收入的一种形式，它是现代国家财政收入最重要的收入形式和最主要的收入来源。在中国税收收入按照征税对象可以分为五类税，即流转税、所得税、财产税、资源税和行为税。其中，流转税是以商品交换和提供劳务的流转额为征税对象的税收，该税是中国税收收入的主体税种，占税收收入的60%以上，主要税种有增值税、营业税、消费税、关税等。所得税是指以纳税人的所得额为征税对象的税收，国家已经开征的所得税有个人所得税、企业所得税。财产税是指以各种财产（动产和不动产）为征税对象的税收，国家开征的财产税有土地增值税、房产税、城市房地产税、契税。资源税是指对开发和利用国家资源而取得级差收入的单位和个人征收的税收。中国的资源税种包括资源税、城市土地使用税等。行为税是指对某些特定的经济行为开征的税收，其目的是贯彻国家政策。中国的行为税种包括印花税、城市维护建设税等。根据收入中被扣除的比例，税收可以分为累退税、累进税和比例税。累退税是税率随征税客体总量增加而递减的一种税。比例税是税率不随征税客体总量变动而变动的一种税，即按固定比例从收入中征税，多适用于流转税和财产税。累进税是税率随征税客体总量增加而增加的一种税。西方国家的所得税多属于累进税。这三种税通过税率的高低及其变动来反映赋税负担轻重和税收总量的关系，因此税率的大小及其变动方向对经济活动如个人收入和消费直接会产生很大影响。税收作为政府收入手段，既是国家财政收入的主要来源，也是国家实施财政政策的一个重要手段。与政府购买支出、转移支付一样，税收同样具有乘数效应，一种是税率的变动对总收入的影响，另一种是税收绝对量的变动对总收入的影响，因此税收作为政策工具，既可以通过改变税率来实现，也可以通过变动税收总量来实现，如一次性减税来达到刺激社会总需求增加的目的。对税率而言，由于所得税是税收的主要来源，因此改变税率主要是变动所得税的税率。一般来说，降低税率、减少税收都会引致社会总需求增加和国民产出的增长，反之亦然。因此在需求不足时，可采取减税措施来抑制经济衰退；在需求过旺时，可采取征税措施抑制通货膨胀。

(2) 国债收入。国债收入是指国家通过信用方式取得的有偿性收入。当政府税收不足以弥补政府支出时，就会发行公债，使公债成为政府财政收入的又一组成部分。公债是政府对公众的债务或公众对政府的债权。它不同于税收，是政府运用信用形式筹集财政资金的特殊形式，包括中央政府债务和地方政府债务。中央政府债务称为国债。政府借债一般有短期债、中期债和长期债 3 种形式。短期债一般通过出售国库券取得，主要进入短期资金市场（货币市场），利息率较低，期限一般为3个月、6个月和1年3种。中长期债一般通过发行中长期债券取得，期限在1年以上5年以下的为中期债券，期限在5年以上的为长期债券。美国长期债券最长的为40年。中长期债券也因时间长、风险大而利息率较高。中长期债券是西方国家资本市场（长期资金市场）上最主要的交易品种之一。政府公债的发行，一方面能增加财政收入，影响财政收支，属于财政政策；另一方面，又能对包括货币市场和资本市场在内的金融市场的扩张和紧缩起重要作用，影响货币的供求，从而调节社会的总需求水平。因此，公债也是实施宏观经济调控的经济政策工具。

（3）国有资产收益。国有资产收益是指国家凭借其对国有资产的所有权，从国有资产经营收入中所获得的经济利益。其来源是国有企业或国家参股企业的劳动者在剩余劳动时间内为社会创造的剩余产品价值，包括利润、租金、股息、红利、资金使用费等。国有资产收益按其形成来源划分，可分为经营性收益和非经营性收益；按财政管理体制划分，可分为中央收益和地方收益；按初次分配的结果划分，可分为企业留存收益和企业上缴收益。

（4）收费收入。收费收入是指国家政府机关或事业单位在提供公共服务、实施行政管理或提供特定公共设施的使用时，向受益人收取一定费用的收入形式。具体可以分为使用费和规费两种。使用费是政府对公共设施的使用者按一定标准收取费用，如对使用政府建设的高速公路、桥梁、隧道的车辆收取的使用费；规费是政府对公民个人提供特定服务或特定行政管理所收取的费用，包括行政收费（如护照费、商品检测费、毕业证费）和司法规费（如民事诉讼费、出生登记费、结婚登记费）。收费收入具有有偿性、不确定性的特点，不宜作为政府财政收入的主要形式。

（5）其他收入。包括基本建设贷款归还收入、基本建设收入、捐赠收入等。

（二）财政政策工具

财政政策工具是财政当局为实现既定的政策目标所选择的操作手段。财政政策工具主要有变动政府购买支出、变动政府转移支付、变动税收和变动公债。

1. 变动政府购买支出

政府购买支出是决定国民收入大小的主要因素之一，其规模直接关系到社会总需求的增减。购买支出对整个社会总支出水平具有十分重要的调节作用。在总支出水平不足时，政府可以提高购买支出水平，如举办公共工程，增加社会整体需求水平以抑制经济衰退；反之，当总支出水平过高时，政府可以采取减少购买支出的政策，降低社会总体需求，以此来抑制通货膨胀。因此，变动政府购买支出水平是财政政策的有力手段。

2. 变动政府转移支付

政府转移支付也是一项重要的财政政策工具。一般来讲，在总支出不足时，失业会增加，这时政府应增加社会福利费用，提高政府转移支付水平，从而增加人们的可支配收入水平和消费支出水平，社会有效需求因而增加；在总支出水平过高时，通货膨胀率上升，政府应减少社会福利支出，降低转移支付水平，从而降低人们的可支配收入和消费支出水平，社会有效需

求相应减少。除了失业救济、养老金等福利费用外，其他转移支付项目包括农产品价格补贴等。

3. 变动税收

税收作为政府收入的手段，既是国家财政收入的主要来源，也是国家实施财政政策的一个重要手段。税收作为政策工具，既可以通过改变税率来实现，也可以通过变动税收总量水平来实现，如国家通过一次性减税来达到刺激社会总需求的目的。

4. 变动公债

公债也是一种有效的财政政策工具。公债的发行可以增加政府收入，弥补财政赤字；公债在资金市场的流通（买卖）还会影响货币市场的供求，从而调节社会的总体需求水平，对经济产生扩张或抑制效应。因此，变动公债也是实现财政政策目标的方法之一。

（三）自动稳定器

自动稳定器，亦称“内在稳定器”，是指经济系统本身存在的一种会减少各种干扰对国民收入冲击的机制，能够在经济繁荣时期自动抑制膨胀，在经济衰退时期自动减轻萧条，无须政府采取任何行动。财政政策的这种内在稳定经济的功能主要通过下述三项制度得到实现。

1. 政府税收的自动变化

当经济繁荣、通货膨胀率较高时，税收会随人们的收入增加而自动增加，这样，人们税后的可支配收入上升幅度就会小于收入增加的幅度，从而使消费需求增长自动得到抑制。显然，税率越高，税收的自动稳定器的作用就越显著。如实行累进所得税，自动稳定效果将更大。当经济萧条时，税收将自动减少，这使可支配收入下降比收入下降的幅度要小一些，从而消费支出下降幅度也会小一些。可见，比例所得税可使总需求波动自动得到某种程度的控制。

2. 政府转移支付的自动变化

当经济出现衰退和萧条时，劳动者失业增加，有条件领取失业救济金和其他福利费的人数增加，这就可以抑制人们可支配收入下降，进而抑制消费需求下降。当经济繁荣时，失业人数减少，失业救济金和其他福利费支出自然减少，因而就抑制了可支配收入和消费的增长。

3. 农产品价格维持制度

经济萧条时，国民收入下降，农产品价格下降，政府依照农产品价格维持制度，按支持价格收购农产品，可使农民收入和消费维持在一定水平上。经济繁荣时，国民收入水平上升，农产品价格上升，这时政府减少对农产品的收购并抛售农产品，限制农产品价格上升，也就抑制了农民收入的增长，从而也就减少了总需求的增加量。

总之，政府税收和转移支付的自动变化以及农产品价格维持制度对宏观经济活动都能够起到稳定作用。它们都是财政制度的内在稳定器和对经济波动的第一道防线。

需要说明的是，由于政府支出中转移支付乘数和税收乘数所产生的效果都比一般自发性支出（如投资支出和政府购买支出）所能产生的效果要小，虽然各种自动稳定器一直在起作用，但作用毕竟有限，特别是对剧烈的经济波动，自动稳定器更难以扭转。因此，还需要采用斟酌使用的财政政策“逆经济风向行事”。

（四）斟酌使用的财政政策

经济学者认为，为保持经济稳定，政府要审时度势，主动采取一些财政措施，即变动支出水平或税收以稳定总需求水平，使之接近物价稳定的充分就业水平。这就是斟酌使用的或权衡性的财政政策。当认为总需求非常低，即出现经济衰退时，政府应通过削减税收、增加支出或双管齐下以刺激总需求。反之，当认为总需求非常高，即出现通货膨胀时，政府应增加税收或削减开支以抑制总需求。前者称为扩张性（膨胀性）财政政策，后者称为紧缩性财政政策。这种交替使用的扩张性和紧缩性财政政策，被称为补偿性财政政策。究竟什么时候采取扩张性财政政策，什么时候采取紧缩性财政政策，应由政府在对经济发展的形势加以分析权衡的基础上斟酌使用。这样一套经济政策就是凯恩斯主义的相机抉择理论中的“需求管理”。由于凯恩斯分析的是需求不足型的萧条经济，因此，他认为调节经济的重点要放在总需求的管理方面。凯恩斯主义者认为，当总需求水平过低，产生衰退和失业时，政府应采取刺激需求的扩张性财政措施；当总需求水平过高，产生通货膨胀时，政府应采取抑制总需求的紧缩性财政措施。简言之，要“逆经济风向行事”。

从 20 世纪 30 年代初美国罗斯福的“新政”到 60 年代肯尼迪时期的繁荣，在一定的限度内，都是运用这套财政政策来提高有效需求的结果。但是 60 年代后期“滞胀”局面的出现，让人们对这一政策产生了怀疑。这说明斟酌使用的财政政策的作用同样具有局限性。因为在实际经济生活中存在各种各样的限制因素影响这种财政政策作用的发挥。首先是时滞。认识总需求的变化，变动财政政策以及乘数作用的发挥，都需要时间。其次是不确定性。实行财政政策时，政府主要面临三个方面的不确定：① 乘数大小难以准确地确定；② 政策必须预测总需求水平通过财政政策作用达到预定目标究竟需要多少时间，而在这一时间内，总需求特别是投资可能发生戏剧性的变化，这就可能导致决策失误；③ 外在不可预测的随机因素的干扰，也可能导致财政政策达不到预期结果。最后是存在财政政策的“挤出效应”问题。政府增加支出，会使利率提高，私人投资支出减少，即发生挤出效应。所以，实行积极的财政政策必须全面考虑这些因素的影响，尽量使其效果接近预期目标。

（五）功能财政与公债

功能财政思想是凯恩斯主义财政政策思想。它是对传统的预算平衡思想的否定。西方政府在历史上曾长期重视和信奉财政预算平衡。历史上预算平衡思想经历过三个发展阶段。第一阶段是强调年度平衡预算，即主张每年预算应力求平衡，或量入为出，或量出为入。第二阶段是周期平衡预算，认为政府应随着经济周期波动，在衰退时产生预算赤字，在繁荣时产生预算盈余，以盈余补赤字，从整个周期看，预算可保持平衡。第三阶段是充分就业平衡预算，认为政府应当使支出保持在充分就业条件下所能达到的净税收水平。若某年经济萧条，税收水平较低，支出可不必等于该年收入，而可等于预计充分就业时会有的就业水平。

功能财政思想一反上述平衡预算政策观念，主张财政预算不在于追求政府收支平衡，而在于追求无通货膨胀的充分就业。为实现这一目标，预算既可以是盈余，也可以是赤字。当

均衡收入低于充分就业水平时，政府有义务实行膨胀性财政政策以实现充分就业。如果预算起初是盈余，政府可减少盈余甚至造成赤字，如起初预算是赤字，政府可允许有更大的赤字；反之，当存在通货膨胀缺口时，政府应实行紧缩性财政政策。总之，按功能财政思想，政府应当关心经济发展。这种功能财政思想就是权衡性财政政策的指导思想。

按功能财政政策，预算可能要赤字，也可能要盈余，但多数情况下是赤字。财政赤字如何弥补？可否减少支出？答案是否定的。如果减少支出，就达不到克服经济萧条和提高就业水平的目标。可否增加税收？亦不可。如果增加税收，则使可支配收入和消费下降，也达不到提高就业水平、克服萧条的目的。

还有一个办法就是发行公债。这是西方国家弥补赤字最常用的方法。但对于公债的利弊得失，人们看法不一。许多经济学家认为，国债是个累赘，甚至是经济活动的障碍。这一观点认为，其一，国债虽然是政府的债务，但归根结底都是由纳税者负担的。公债不仅是加在当代人身上的负担，而且是加给下一代人的负担，是当代人提前支取下一代人的面包。其二，由于提高税收方面的困难，政府不得不举新债还旧债、债台高筑，最终可能迫使政府多印纸币，造成通货膨胀。其三，国债增加意味着公众以国库券和公债形式占有财富的比重增加而以不动产的形式占有财富的比重减少，而人们拥有的实物资本减少，不利于经济的长期增长。

然而，也有一些经济学家认为，国债的问题比想象中要小得多。其一，对公众而言，作为公债的购买者，他们拥有国债的债权，作为纳税人，又欠下自己的债务，在这样的基础上，除向外国借的部分债务外，所有债务、债权都可以看作自己欠自己的债，从而相互抵销。其二，国家会长期存在，完全可以发行新债偿还旧债，不存在一次性偿还债务的压力。对公众而言，只要国家长存，就能确保每期债务兑现，因此公债是一种安全的个人投资方式。其三，美国的统计资料表明，美国国债的绝对值在急剧增加，但是随着时间的推移，经济也在逐渐增长，特别是在和平时期，国债占 GDP 的比例在逐渐下降。可见公债并不可怕，关键是国债的用途，只要政府不将其用于战争和浪费，而是潜心用于刺激经济发展，只要经济增长大于国债增长速度，举债是值得的。

二、财政政策的效力分析

财政政策的效力是指一定的财政扩张或收缩政策引起的均衡产出增加或减少的多少；增加或减少得多，其效力就强；增加或减少得少，其效力就弱。在 IS-LM 模型中，财政政策的变化反映在 IS 曲线的移动上。财政政策扩张或收缩的强弱通常用既定斜率下 IS 曲线在横轴上移动的距离的大小来衡量。在产品市场和货币市场同时均衡模型中，影响财政政策的效力的因素可以归纳为两类，即 IS 曲线的斜率和 LM 曲线的斜率。

（一）IS 曲线的斜率

在 LM 曲线不变时，IS 曲线斜率的绝对值越大，即 IS 曲线越陡峭，则移动 IS 曲线时收入变化就越大，即财政政策效果越大；反之，IS 曲线越平坦，则 IS 曲线移动时收入变化就越小，即财政政策效果越小。如图 4-1 所示。

图 4-1 中，假定 LM 曲线即货币市场均衡情况完全相同，并且起初的均衡收入 y 和利率 r 也完全相同。政府实行一项扩张性财政政策，它可以是增加政府支出，也可以是减少税收，现在假定是增加同样一笔支出为 Δg，则会使 IS 右移到 IS′，右移的距离都是 EE''，EE'' 为政府支出乘数和政府支出增加额的乘积，即 $EE''=k_g \cdot \Delta g$。这就是说，一笔政府支出能带来若干倍国民收入的增加，这是前面讲过的道理。在图形上，就是指收入应从 y_0 增加到 y_3，$y_0y_3=\Delta y=k_g \cdot \Delta g$。但实际上收入不可能增加到 y_3，因为如果收入要增加到 y_3，则必须假定利率 r_0 不上升。可是，利率不可能不上升，因为 IS 向右上移动，同时国民收入增加了，因而对货币的交易需求增加了，但货币供给未变动（LM 未变），因而人们用于投机需求的货币必须减少，这就要求利率上升。因此，无论是在图（a）还是在图（b）中，均衡利率都上升了，利率的上升抑制了私人投资，这就是所谓“挤出效应”。由于存在政府支出“挤出”私人投资的问题，因此，新的均衡点只能处于 E'，收入不可能从 y_0 增加到 y_3。而分别只能增加到 y_1 和 y_2。

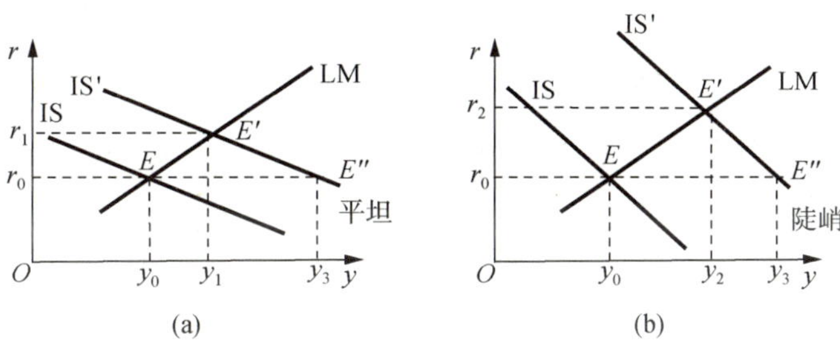

图 4-1　IS 曲线平坦和陡峭时的财政政策效果

从图 4-1（a）和图 4-1（b）可见，$y_0y_1<y_0y_2$，就是说图 4-1（a）表示的政策效果小于图 4-1（b），原因在于图 4-1（a）中 IS 曲线比较平坦，而图 4-1（b）中 IS 曲线较陡峭。前面已说过，IS 斜率大小主要由投资的利率系数所决定，IS 越平坦，表示投资的利率系数越大，即利率变动一定幅度所引起的投资变动的幅度越大。若投资对利率变动的反应敏感，一项扩张性财政政策使利率上升时，就会使私人投资下降很多，即挤出效应较大，因此，IS 越平坦，实行扩张性财政政策时被挤出的私人投资就越多，从而使国民收入增加得就越少，即政策效果越小。图 4-1（a）中 y_1y_3 即由于利率上升而被挤出的私人投资所减少的国民收入，y_0y_1 是这项财政政策带来的收入。图 4-1（b）中 IS 曲线较陡峭，说明政府支出的挤出效应较小，因而政策效果较大。

（二）LM 曲线的斜率

在 IS 曲线斜率不变时，财政政策效果又随 LM 曲线斜率不同而不同。LM 斜率越大，即 LM 曲线越陡峭，移动 IS 曲线时收入变动就越小，财政政策效果就越小；反之，LM 越平坦，则财政政策效果就越大，如图 4-2 所示。

在图 4-2 中，有一条斜率逐渐变陡峭的 LM 曲线，一般说来，在经济萧条、收入和利率较低时，LM 曲线较平坦，财政政策效果就较大；而在收入水平较高，接近充分就业时，LM 较陡峭，财政政策效果就较小。表现在图 4-2 中，政府支出同样增加 Δg，使 IS 曲线右移同样距离，即 IS_1 到 IS_2 的水平距离和 IS_3 到 IS_4 的水平距离是相同的，但国民收入增加的情况

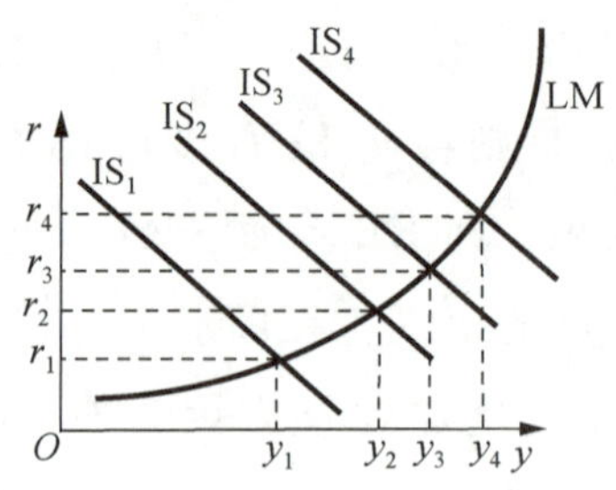

图 4-2 IS 曲线斜率变动与财政政策效果

y_1y_2 明显大于 y_3y_4。

为什么政府增加同样大一笔支出，在 LM 曲线斜率较大即曲线较陡峭时，引起的国民收入增量较小，即政策效果较小；相反，在 LM 曲线较平坦时，引起的国民收入增量较大，即政策效果较大？这是因为，LM 曲线斜率较大即曲线较陡峭，表示货币需求的利率系数较小，或者说货币需求对利率的反应较不灵敏；这意味着一定的货币需求增加将使利率上升较多，从而对私人部门投资产生较大的挤出效应，结果使财政政策效果较小。相反，当货币需求利率系数较大（从而 LM 曲线较平坦）时，政府由于增加支出，即使向私人部门借了很多钱（通过出售公债券），也不会使利率上升很多，从而不会对私人投资产生很大影响，政府增加支出就会使国民收入增加较多，即财政政策效果较大。

财政政策效果也可用财政政策乘数来表示和计量。所谓财政政策乘数，是指在实际货币供应量不变时，政府收支的变化能使国民收入增加多少，用公式表示是：

$$dy/dg = 1/[1-\beta(1-t)+dk/h]$$

式中，β 为边际消费倾向；t 为税收函数中的边际税率；d 为投资需求函数 $I=e-dr$ 中投资对利率的敏感程度；k 和 h 分别为货币需求函数中货币需求对收入和利率的敏感程度。

从上述财政政策乘数表达式可知，当 β、t、d、k 既定时，h 越大，即货币需求对利率变动越敏感，LM 曲线越平缓，财政政策乘数就越大，财政政策效果越大。如果 $h\rightarrow\infty$，LM 曲线成为一条水平线，财政政策效果就极大。相反，若 h 越小，财政政策乘数就越小，财政政策效果就越小。

同样，若其他参数既定，d 越大，即投资对利率变动越敏感，IS 曲线越平缓，财政政策乘数就越小，财政政策效果就越小。

边际消费倾向 β、边际税率 t 以及货币需求对收入的敏感程度 k 等参数的大小，也会影响上述乘数，从而影响财政政策效果。

需要指出，财政政策乘数和前面讲过的政府购买支出乘数、政府转移支付乘数及税收乘数是不同的概念。以政府购买支出乘数来说，可用公式表示为 $KG=1/(1-\beta)$ 或 $1/[1-\beta(1-t)]$。这是一种简单的支出乘数，是指没有考虑政府支出对利率影响的前提下分析政府购买如何影响国民收入变动。而财政政策乘数则是在考虑加进货币市场均衡以后政府支出对利率会有影响的情况下，分析支出影响国民收入变动的程度。一般来说，由于存在下面要讲到的挤出效应，财政政策乘数小于简单的政府支出乘数。只有在“流动性陷阱”的特殊情况下，即 LM

曲线呈水平状的情况下，财政政策乘数才等于政府支出乘数。

上述内容说明了投资需求的利率系数和货币需求的利率系数对财政政策效果的影响。此外，支出乘数也会影响政策效果。这是因为较大的支出乘数意味这一笔政府支出会带来较多收入增加，从而有较大的政策效果。然而，如果经济处于投资对利率高度敏感而货币需求对利率不敏感的状态，则即使支出乘数很大也无法使财政政策产生强有力的效果。只有当一项扩张性财政政策不会使利率上升很多或利率上升对投资影响较小时，才会对总需求有较强的效果。

（三）凯恩斯主义的极端情况

如上所述，LM 曲线越平坦或 IS 曲线越陡峭，则财政政策效果越大，货币政策效果越小，如果出现一种 IS 曲线为垂直而 LM 曲线为水平线的情况，则财政政策将十分有效，而货币政策将完全无效。这种情况被称为凯恩斯主义的极端情况（见图 4-3）。

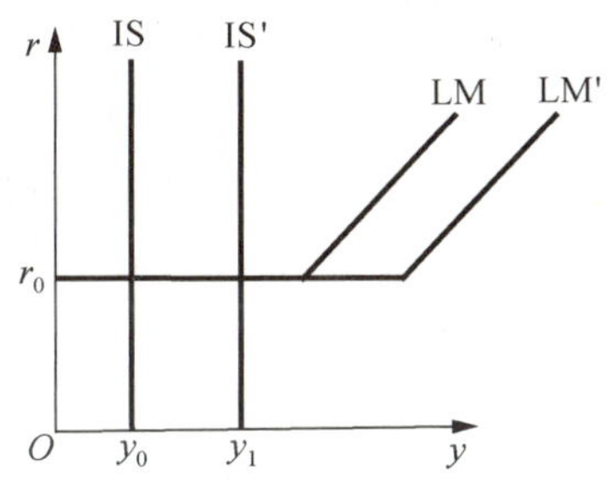

图 4-3 凯恩斯主义的极端情况

为什么出现了图 4-3 中的情况，财政政策就十分有效而货币政策完全无效呢？原因有两个方面。

一方面，LM 曲线为水平线，说明当利率降到像 r_0 这样低水平时，货币需求的利率弹性已成为无限大。这时候，人们持有货币而不买债券的利息损失是极小。可是，如果去买债券，则资本损失的风险极大（由于利率低时债券价格极高，人们会认为这样高的债券价格只会下跌不会再涨，从而买债券的资本损失风险极大）。因此，这时人们不管有多少货币都只想持在手中。这种情况下，如果国家货币当局用增加货币供给来降低利率以刺激投资，是不可能有效果的。水平的 LM 曲线即前面说过的“流动性陷阱”，这时候政府用增加支出或减税的财政政策来增加总需求，则效果十分大，因为政府实行这类扩张性财政政策向私人部门借钱（出售公债券），并不会使利率上升，也不会对私人投资产生挤出效应。这就是说，在“流动性陷阱”中，即使 IS 不垂直、不向右下倾斜，政府实行财政政策也会十分有效（见图 4-4）。

另一方面，如果 LM 曲线是水平的，IS 曲线是垂直，则必然是财政政策完全有效，而货币政策完全无效。这种情况之所以称为凯恩斯极端，是因为凯恩斯认为，当利率较低，而投资对利率反应又不很灵敏时，只有财政政策才能对克服萧条、增加就业和收入产生效果，货币政策效果很小。若 IS 曲线是垂直的，则货币政策是无效的（见图 4-5）。水平的 LM 和垂直的 IS 模型只是把凯恩斯这一看法推到了极点而已。

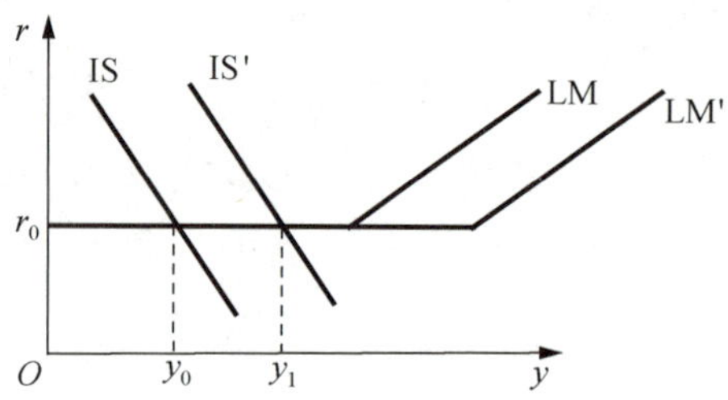

图 4-4　LM 曲线水平时的财政政策效果

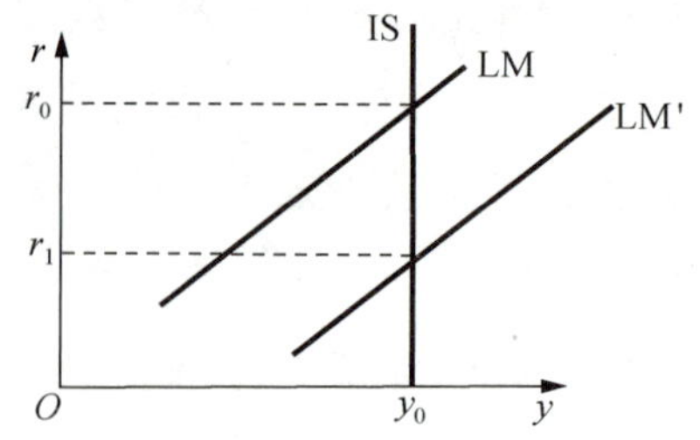

图 4-5　IS 曲线垂直时的货币政策效果

三、挤出效应

挤出效应是指政府支出增加所引起的私人消费或投资降低的作用。在一个充分就业的经济中，政府支出增加会以下列方式使私人投资出现抵消性的减少：由于政府支出增加，商品市场上购买产品和劳务的竞争会加剧，物价就会上涨。在货币名义供给量不变的情况下，实际货币供给量因价格上涨而减少，进而使可用于投机的货币量减少。结果，债券价格就下跌，利率上升，进而导致私人投资减少。投资减少了，人们的消费随之减少。这就是说，政府支出增加“挤占”了私人投资和消费。

在政府支出增加而引起价格上涨时，如果工人由于存在货币幻觉，即人们不是对实际价值作出反应，而是对用货币表示的价值作出反应（例如，物价上涨了，名义工资虽未变，但实际工资下降了，工人如仍像物价未变时一样提供劳动，就是只对用货币表示的价值作出反应，因而可被称为患上了货币幻觉的毛病，或受工资合同约束条件等原因未能于价格上涨同步调整工资），那么，在短期内，由于企业对劳动需求增加，就业和产量将会增加；然而在长期内，如果经济处于充分就业状态，则增加政府支出就会完全地“挤占”私人的投资和消费支出。

在非充分就业的经济中，政府推行增加支出的扩张性财政政策，同样对私人投资有挤出效应，但一般来说，不可能对私人投资支出产生完全的“挤出”，因而这种政策多少能使生产和就业增加。在非充分就业经济中，政府支出增加会对私人投资有挤出效应，因为政府支出增加而导致总需求水平提高，产出水平相应提高，从而使货币需求大于货币供给（货币交易需求增加了但货币名义供应量未变），因而利率会上升，并导致投资水平下降。

政府支出在多大程度上“挤占”私人支出呢？这决定于以下四个因素。

第一，支出乘数的大小。乘数越大，政府支出所引起的产出增加固然越多，但利率提高使投资减少所引起的国民收入减少也越多，即挤出效应越大。

第二，货币需求对产出水平的敏感程度。即货币需求函数 $L=ky-hr$ 中 k 的大小。k 越大，政府支出增加所引起的一定量产出水平增加所导致的对货币的需求（交易需求）的增加也越大，因而使利率上升也越多，从而挤出效应也就越大。

第三，货币需求对利率变动的敏感程度，即货币需求函数中 h 的大小，也就是货币需求的利率系数的大小。如果这一系数越小，说明货币需求稍有变动，就会引起利率越大幅度变

动。因此，当政府支出增加引起货币需求增加所导致的利率上升就越多，因而对投资的挤占也就越多。相反，如果 h 越大，则挤出效应越小。

第四，投资需求对利率变动的敏感程度，即投资的利率系数的大小。投资的利率系数越大，则一定量利率水平的变动对投资水平的影响就越大，因而挤出效应就越大；反之，挤出效应就越小。

这四种因素中，支出乘数主要决定于边际消费倾向。而边际消费倾向一般被认为是比较稳定的。货币需求对产出水平的敏感程度 k 主要取决于支付习惯和制度，一般也被认为比较稳定。因此，挤出效应大小的决定因素是货币需求及投资需求对利率的敏感程度，即货币需求的利率系数及投资需求的利率系数的大小。

在凯恩斯主义极端情况下，货币需求利率系数为无限大，而投资需求的利率系数等于零。因此，政府支出的挤出效应为零，财政政策效果极大。反之，在古典主义极端情况下，货币需求系数为零，而投资需求的系数极大。因此，挤出效应是完全的，即政府支出增加多少，私人投资支出就被“挤占”了多少，因而财政政策毫无效果。可见，在 IS-LM 模型中，政府支出增加时，LM 曲线越陡峭，IS 曲线越平坦，则挤出效应就越大，财政政策效果就越小。原因有二：第一，LM 曲线越陡峭，货币需求利率系数越小，因而挤出效应就越大；第二，IS 曲线越平坦，表示投资的利率系数就越大，从而利率上升所导致的投资减少就越多，因而挤出效应就更大些。

第二节　货币政策及其效力

一、货币政策及其工具

中央银行通过控制货币供应量来调节利率进而影响投资和整个经济以达到一定经济目标的行为就是货币政策。当然，这主要是凯恩斯主义者的观点，他们认为，货币政策和财政政策一样，也是调节国民收入以达到稳定物价、充分就业的目标，实现经济稳定增长。两者的不同之处在于，财政政策直接影响总需求的规模，这种直接作用是没有任何中间变量的；而货币政策则要通过利率的变动来对总需求发生影响，因而是间接地发挥作用。

货币政策一般也分为扩张性货币政策和紧缩性货币政策。前者通过增加货币供给来带动总需求的增长。货币供给增加时，利息率会降低，取得信贷变得更加容易，因此经济萧条时多采用扩张性货币政策。后者通过削减货币供给的增长来降低总需求水平，在这种情况下，取得信贷比较困难，利率也随之提高，因此在通货膨胀严重时多采用紧缩性货币政策。

中央银行运用哪些工具来变动货币供给量呢？

（一）再贴现率政策

这是中央银行最早运用的货币政策工具。再贴现率是中央银行对商业银行及其他金融机构的放款利率。本来，这种贴现是指商业银行把商业票据出售给当地的联邦储备银行（美国中央银行），联邦储备银行按贴现率扣除一定利息后再把所贷款项加到商业银行的准备金账户上作为增加的准备金。但当前美国主要政策已经是银行用自己持有的政府债券作担保向联邦储备银行借款，所以现在都把中央银行给商业银行的借款称为贴现。在美国，中央银行作为最后贷款者，主要是为了协助商业银行及其他金融机构对存款备有足够的准备金。如果一家存款机构（当然主要指商业银行）的准备金临时感到不足，比如某一银行客户出乎意料地要把一大笔存款转到其他银行时，就会出现临时的准备金不够的困难，这时该银行就可用它持有的政府债券或合格的客户票据向联邦储备银行的贴现窗口（办理这类贴现业务的地点）办理再贴现或申请借款。当这种贴现增加时，意味着商业银行准备金增加，进而引起货币供给量多倍增加。当贴现减少时，会引起货币供给量多倍减少。再贴现率政策是中央银行通过变动给商业银行及其他金融机构的贷款利率来调节货币供应量，贴现率提高，商业银行向中央银行借款就会减少准备金，从而货币供给量就会减少；贴现率降低，商业银行向中央银行借款就会增加准备金，从而货币供应量就会增加。但实际上，美国联邦储备银行并不是经常使用贴现率来控制货币供给，因为贴现窗口的主要作用是允许商业银行和其他金融机构对其短期的现金压力作出反应，对临时发生的准备金不足作适当调整。根据规定，银行不能依赖贴现窗口进行超过一个较短时期的借款，再贴现窗口的借款大多数是一天到期，但它们确实需要的可续借。对于超过一个较短时期的借款，银行可以向有超额储备的其他银行去拆借。正因为贴现窗口主要用于满足银行临时准备金的不足，因此，目前变动贴现率在货币政策中的重要性与早先相比已大大减弱。事实上，银行和其他金融机构也尽量避免去贴现窗口借款，只将它作为紧急求援手段，平时少加利用，以免被人误认为自己财务状况有问题。每个储备银行的贴现窗口也执行关于银行和金融机构可以借款的数量和次数的规定。这些为适应储蓄机构在不同环境下的需求而制定的规定，并不随货币政策的变动而变动。同时还需指出，通过变动贴现率控制货币供给本身也存在一些问题。例如，当银行十分缺乏准备金时，即使贴现率很高，银行依然会从储备银行贴现窗口借款。可见，通过贴现率变动来控制银行准备金的效果是相当有限的。

（二）公开市场业务

这是目前中央银行控制货币供给最重要也是最常用的工具。公开市场业务是指中央银行在金融市场上公开买卖政府证券以控制货币供给和利率的政策行为。在美国，货币政策也包括公开市场业务，其由联邦储备系统中的公开市场委员会（FOMC）决定，由公开市场委员会办公室具体实施。政府证券是政府为筹措弥补财政赤字资金而发行支付利息的国库券、债券，这些被初次卖出的证券在普通居民、厂商、银行、养老基金等单位中反复不断地被买卖。中央银行可参加这种交易，在这种交易中扩大和收缩货币供给。当中央银行在公开市场上购

买政府证券时，商业银行和其他金融机构的准备金将会以两种方式增加：如果中央银行向个人或公司等非银行机构买进证券，则会开出支票，证券出售者将该支票存入自己的银行账户，该银行则将支票交回联邦储备系统作为自己在中央银行账户上增加的准备金存款；如果中央银行直接从各银行购进证券，则可直接按证券金额增加各银行在联邦储备系统中的准备金存款。当中央银行售出政府证券时，情况则相反。准备金的变动会引起货币供给按乘数发生变动。准备金变动了，银行客户取得信贷变得容易或困难了，这本身就会影响经济。同时，中央银行买卖政府债券的行为，也会引起证券市场需求和供给的变动，因而影响到债券价格及市场利率。有价证券的市场是一个完全竞争性的市场，其证券价格由供求关系决定。当中央银行要购买证券时，对有价证券市场的需求就增加，证券价格会上升即利率下降，反之亦然。显然，中央银行买进证券就是去“创造”货币，比如，当它将 10 万美元的证券卖给某银行时，它只要通知那家已买进证券的银行，说明准备金存款账户上已增加 10 万美元就行了。因此可以说中央银行买进证券即根据自己意愿“创造”货币。

公开市场业务之所以能成为中央银行控制货币供给最主要的手段，是因为这种政策手段有着比其他手段更多的优点。例如，在公开市场业务中，中央银行可及时地按照一定规模买卖政府证券，从而准确地控制银行体系的准备金。如果中央银行只希望少量地变动货币供给，就只要少量地买进或卖出政府证券；如果希望大量地变动货币供给，就只要买进或卖出大量政府证券即可。由于公开市场操作很灵活，因而便于为中央银行及时用来改变货币供给变动的方向，变买进为卖出证券，立即就能使增加货币供给变为减少货币供给。正是中央银行可以连续地、灵活地进行公开市场操作，自由决定有价证券的数量、时间和方向，因而会有一种连续性效果，使社会不易对公开市场业务作出强烈反应，而且使中央银行出现的某些政策失误可以及时得到纠正，这是再贴现率政策和准备金率政策所不可能有的长处。公开市场业务的优点还表现为这一业务对货币供给的影响可以比较准确地预测出来。例如，一旦买进一定数量金额的证券，就可以大体上按货币乘数估计出货币供给增加了多少。

（三）变动法定准备金率

中央银行有权决定商业银行和其他金融机构的法定准备金率，如果中央银行认为需要增加货币供给，就可以降低法定准备金率，使所有金融机构对每一笔客户的存款只要留出更少的准备金，或反过来说，让每 1 美元准备金可支撑更多的存款。假定原来法定准备金率为 20%，则 100 美元存款必须留出 20 美元准备金，可贷金额为 80 美元，这样，增加 1 万美元的准备金就可以派生出 5 万美元的存款。若中央银行把法定准备金率降低到 10%，则 100 美元存款只需 10 美元准备金就行了，可贷金额为 90 美元，这样增加 1 万美元的准备金就可以派生出 10 万美元的存款，货币供给就因此增加了 1 倍。可见，降低法定准备金率，实际上等于增加了银行准备金；而提高法定准备金率，就等于减少了银行准备金。从理论上说，变动法定准备金率是中央银行调整货币供给最简单的办法，然而中央银行一般不愿轻易使用变动法定准备金率这一手段。这是由于银行去向中央银行报告它们的准备金和存款状况时有一个时滞，因此，今天变动的准备金率一般要到一段日子以后才起作用。再说，变动法定准备金率

的作用十分猛烈，一旦准备金率变动，所有银行的信用都必须扩张或收缩。因此，这一政策手段很少使用，一般几年才改变一次准备金率。如果准备金率变动频繁，会使商业银行和所有金融机构的正常信贷业务受到干扰而感到无所适从。

上述三大货币政策工具常常需要配合使用。例如，当中央银行在公开市场操作中出售政府债券使市场利率上升（债券价格下降）后，再贴现率必须相应提高，以防止商业银行增加贴现。于是，商业银行向它的顾客的贷款利率也将提高，以免产生亏损。相反，当中央银行认为需要扩大信用时，在公开市场操作中买进债券的同时降低再贴现率。再贴现率政策和公开市场业务虽然都能使商业银行准备金变动，但变动方式和作用还是有区别的。当中央银行在市场出售证券时一般能减少银行准备金，但究竟哪个银行会减少以及减少多少却无法事先知道。这对原来超额准备金多的银行不会造成严重影响，即使其客户提取不少存款去买证券时，也只会使超额准备金减少一些而已；而那些本来就没有什么超额准备金的银行马上就会感到准备金的不足，因此客户提取存款后，其准备金就会降到法定准备金率以下。在这种情况下，中央银行之所以还大胆进行公开市场业务，就是因为有再贴现率政策作补充。当中央银行售卖证券使一些银行缺乏准备金时，这些银行就可向中央银行办理贴现以克服困难。

货币政策除了以上三种主要工具外，还有一些其他工具，道义劝告就是其中之一。道义劝告是指中央银行运用自己在金融体系中的特殊地位和威望，通过对银行其他金融机构的劝告，影响其贷款和投资方向，以达到控制信用的目的。例如，大衰退时期鼓励银行扩大贷款，通货膨胀时期劝阻银行限制扩大信用，也往往收到一定效果。但由于道义劝告没有可靠的法律地位，因而并不是强有力的控制措施。

二、货币政策效力分析

货币政策效力是指一定的货币扩张或收缩政策引起的均衡国民收入增加或减少。增加或减少得多，货币政策的效力就强；增加或减少得少，其效力就弱。IS－LM 模型中，货币政策的扩张或收缩反映在 LM 曲线的移动上扩张或收缩的强弱通常用既定斜率的 LM 曲线在横轴上移动的距离来衡量。在产品市场和货币市场同时均衡模型中，影响货币政策效力的因素也可以归纳为两类，即 IS 曲线的斜率和 LM 曲线的斜率。

（一）IS 曲线的斜率

在 LM 曲线形状基本不变时，IS 曲线越平坦，LM 曲线移动（由于实行变动货币供给量的货币政策）对国民收入变动的影响就越大；反之，IS 曲线越陡峭，LM 曲线移动对国民收入变动的影响就越小（见图 4-6）。

图 4-6 中有两条 IS 曲线，IS_0 较陡峭，IS_1 较平坦，当货币供给增加使 LM 曲线从 LM_0 右移到 LM_1 时，IS 曲线较陡峭时，国民收入增加较少，即货币政策效果较小；而 IS 曲线较平坦时，国民收入增加较多，即货币政策效果较大。这是因为，IS 曲线较陡峭表示投资的利率系数较小（当然，支出乘数较小时也会使 IS 曲线较陡峭，但 IS 曲线斜率主要决定于投资的

利率系数)，即投资对利率变动的敏感程度较差，因此 LM 曲线由于货币供给增加而向右移动使利率下降时，投资不会增加很多，从而国民收入也不会有较大增加；反之，IS 曲线较平坦时，表示投资利率系数较大，因此货币供给增加使利率下降时，投资和收入会增加较多。

（二）LM 曲线的斜率

当 IS 曲线斜率不变时，LM 曲线越平坦，货币政策效果就越小，反之，则货币政策效果就越大（见图 4-7）。

在图 4-7 中，IS_0 和 IS_1 的斜率相同，货币供给增加使 LM 曲线从 LM_0 右移到 LM_1 时，LM 曲线较平坦时，收入增加甚少（y_1y_2），而 LM 曲线较陡峭时，收入增加较多（y_3y_4）。

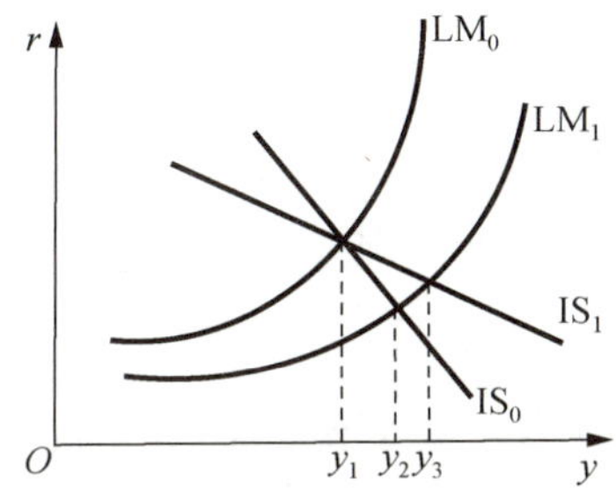

图 4-6 IS 曲线斜率变动与货币政策效果

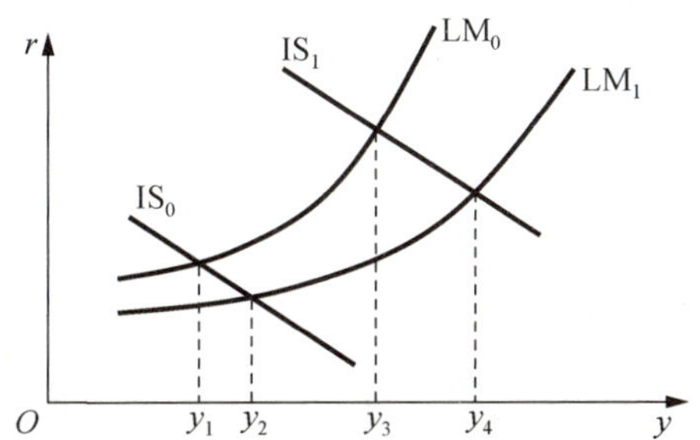

图 4-7 LM 曲线斜率变动与货币政策效果

为什么会这样？这是因为，LM 曲线较平坦，表示货币需求受利率影响较大，即利率稍有变动就会使货币需求变动很多，因而货币供给量变动对利率变动的作用较小，从而增加货币供给量的货币政策就不会对投资和国民收入有较大影响。反之，若 LM 曲线较陡峭，表示货币需求受利率的影响较小，即货币供给量稍有增加就会使利率下降很多，因而对投资和国民收入有较多增加，即货币政策的效果较强。

总之，一项扩张的货币政策如果能使利率下降较多（LM 曲线较陡峭时就会这样），并且利率的下降能对投资有较大刺激作用（IS 曲线较平坦时就会这样），则这项货币政策的效果就比较明显。反之，货币政策的效果就比较弱。

货币政策效果也可用货币政策乘数来表示和计量。所谓货币政策乘数，是指当 IS 曲线不变或者产品市场均衡情况不变时，实际货币供给量变化能使均衡收入变动多少，用公式可表示为

$$\frac{dy}{dm}=\frac{1}{\{[1-\beta(1-t)h/d]+k\}}$$

从上式可知，当 β、t、d、k 既定时，h 越大，即货币需求对利率越敏感，亦即 LM 曲线越平坦，则货币政策效果较小；而当其他参数既定时，d 越大，即投资需求对利率越敏感，亦即 IS 曲线越平坦，则货币政策效果越大。同样，β、t、k 的大小也会影响 dy/dm 的大小，即货币政策效果。

（三）古典主义的极端情况

与凯恩斯极端情况相反，如果水平的 IS 曲线和垂直的 LM 曲线相交，就出现了所谓古典主义的极端情况（见图 4-8）。

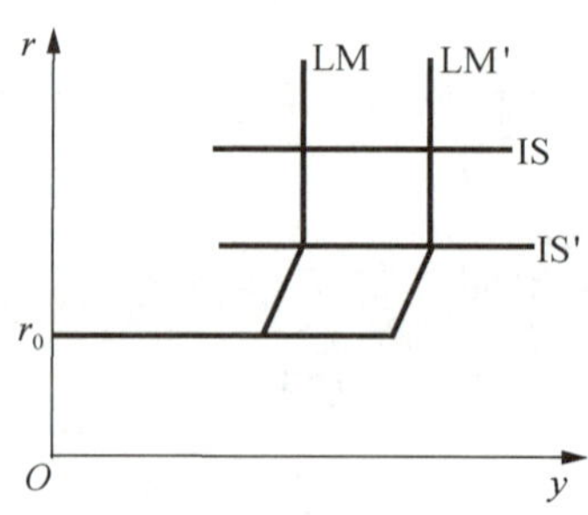

图 4-8　古典主义极端情况

当出现这种古典主义的极端情况时，财政政策就完全无效，而货币政策十分有效。原因包括两个方面。

一方面，LM 曲线垂直，说明货币需求的利率系数为零，就是说，利率已高到如此地步，不仅使人们持有货币的成本或者损失极大，而且使人们看到债券价格低到了只会上涨而不会再跌的程度。因此，人们再不愿为投机而持有货币。这时候，政府如果推行一项增加支出的扩张性财政政策而要向私人部门借钱的话，由于私人部门没有闲置货币，所以只有在私人部门认为把投资支出减少一个等于政府借款数目是合算的时候，政府才能借到这笔款项。为此利率（政府借款利率）一定要上涨到足以使政府公债产生的效益大于私人投资的预期收益。在这种情况下，政府支出的任何增加都将伴随着私人投资的等量减少。显然，政府支出对私人投资的“挤出”就是完全的，扩张性财政政策并没有使收入水平有任何改变。

另一方面，IS 曲线成水平状，说明投资需求的利率系数达到无限大，利率稍有变动，就会使投资大幅度变动。因此，政府因支出增加或税收减少而要向私人部门借钱时，利率只要稍有上升，就会使私人投资大大减少，使挤出效应达到完全的地步。

总之，在古典主义的极端情况下，财政政策完全无效，可是如果实行增加货币供给的政策，则效果会明显。当政府货币当局准备用购买公债办法增加货币供给量时，公债价格必须上升到足够的高度，人们才肯卖出公债以换回货币。由于人们对货币没有投机需求，他们将用这些出卖公债所得的货币购买其他生息资产，这些其他生息资产可以是新的资本投资（新证券），也可以是购买现有的生息证券。新的资本投资将提高生产或者收入水平，从而提高货币的交易需求量，人们手中只要还有超过交易所需的闲置货币，总会竞相争购生息资产，于是，公债价格将继续上升，即利率继续下跌，直到新投资（购买生息资产）把收入水平提高到正好把所增加的货币额全部吸收到交易需求中。假定政府货币当局增加的货币供给量是 Δm，k 是交易所需货币占收入的比例，即 $k=m/y$，则均衡收入水平必定要增加到 $\Delta y=\Delta m/k$，上述货币供给量增加所带来的实际经济生活的变化其实只是说明，由于 LM 曲线垂直，人们对货币没有投机需求，因此增加的货币供给将全部用来增加交易需求，为此，它要求国民收入增

加 Δm 的 $1/k$ 倍。

IS 曲线呈水平状，也可以用来说明货币政策效果极大。IS 曲线的斜率为零，说明投资对利率极为敏感，此时当货币供给增加使利率哪怕稍有下降，也会使投资极大地增加，从而使国民收入有很大增加。

图 4-8 所示情况之所以称为古典主义的极端情况，是因为古典学派认为，货币需求只同产出水平有关，同利率没有多大关系。货币需求对利率极不敏感，货币需求的利率系数几乎近于零。LM 是一条垂直线，货币供应量的任何变动都对产出有极大影响，因此，货币政策是唯一有效的政策。

西方学者认为，无论是凯恩斯主义的极端情况，还是古典主义的极端情况，在现实生活中都极少遇见，真正常见的是 LM 曲线向右上方倾斜而 IS 曲线向右下方倾斜，水平的和垂直的 LM 曲线和 IS 曲线充其量只是这些曲线变化过程中的一个极端的阶段或者说区域。而介乎这两种极端情况之间的是中间区域。在大多数情况下，IS 曲线和 LM 曲线的交点是在中间区域。现在许多西方经济学家同意，无论是财政政策还是货币政策，都可以对经济起一定的稳定作用。在衰退时期要多用财政政策，而在通货膨胀严重时期应多用些货币政策。

经济学家还认为，尽管凯恩斯主义的极端情况和古典主义的极端情况并不常见，但这两个模型有一定的理论价值，它们为分析财政政策和货币政策效果提供了工具。有一些经济学家着重财政政策，另有一些着重货币政策，就是由于他们对 IS 曲线和 LM 曲线可能有的形状有着不同看法。

货币政策既然是通过变动货币供给量来调节利率进而影响投资和国民收入的，那么，影响货币政策的因素也就可以用以下几句话来概括。

（1）如果货币需求对利率变动反应很灵敏，即利率稍有变动，货币需求就会有大幅度变动，比如利率有一点下降，货币需求就增加很多，在这样的情况下，中央银行增加货币供给量时，利率就只会有很小幅度的下跌，从而投资增加幅度就不大，国民收入增加也不多，即货币政策效果小；而中央银行增加货币供给时，利率会大幅度下降的话，货币政策效果就大。

（2）如果投资对利率变动反应很灵敏，即利率稍有降低，投资就会增加很多的话，则中央银行变动货币供给对投资和国民收入变化的影响就大，即货币政策效果就大；反之，则政策效果就小。

三、货币政策的局限性

西方国家实行货币政策，常常是为了稳定经济，减少经济波动，但在实践中也存在一些局限性。

（1）从反衰退的作用看，由于所谓流动性陷阱，所以，在通货膨胀时期实行紧缩的货币政策可能效果比较显著，但在经济衰退时期实行扩张的货币政策效果并不明显。那时候，厂商对经济前景普遍悲观，即使中央银行松动银根，降低利率，投资者也不肯增加贷款从事投资活动，银行为安全起见，也不肯轻易贷款。这样，货币政策作为反衰退的政策，其效果就甚微。

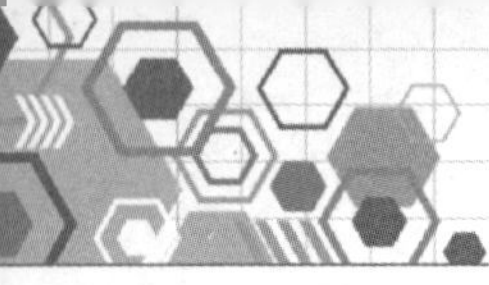

进一步地，即使从反通货膨胀看，货币政策的作用也主要表现于反对需求拉上的通货膨胀，而反对成本推进的通货膨胀，货币政策效果就很小。因为物价的上升若是由工资上涨超过劳动生产率上升幅度引起或由垄断厂商为获取高额利润引起，则中央银行想通过控制货币供给来抑制通货膨胀就比较困难了。

（2）从货币市场均衡的情况看，增加或减少货币供给要影响利率的话，必须以货币流通速度不变为前提，如果这一前提不存在，货币供给变动对经济的影响就要打折扣。在经济繁荣时期，中央银行为抑制通货膨胀需要紧缩货币供给，或者说放慢货币供给的增长率，然而，那时一般说来公众支出会增加，而且物价上升越快，公众越不愿把货币持在手上，而希望快快花费出去，从而货币流通速度会加快。在一定时期内，本来的 1 美元也许可完成 2 美元交易的任务，这无疑在流通领域增加了 1 倍货币供给量。这时候，即使中央银行把货币供给减少 1 倍，也无法使通货膨胀率降下来。反过来说，当经济衰退时期，货币流通速度下降，这时，中央银行增加货币供给对经济的影响也就可能被货币流通速度下降抵消。货币流通速度加快，就是货币需求增加；流通速度放慢，就是货币需求减少。如果货币供给增加量和货币需求增加量相等，LM 曲线就不会移动，因而利率和收入也不会变动。

（3）货币政策作用的外部时滞也影响政策效果。中央银行变动货币供给量，要通过影响利率，再影响投资，然后再影响就业和国民收入。因而，货币政策作用要经过相当长一段时间才会充分得到发挥。尤其是市场利率变动以后，投资规模并不会很快发生相应变动。利率下降以后，厂商扩大生产规模需要一个过程，而利率上升以后，厂商缩小生产规模更不是一件容易的事，已经上马在建的工程难以下马，已经雇佣的职工要解雇也不是轻而易举的事。总之，货币政策即使在开始采用时不用花很长时间，但执行后产生的效果却要有一个相当长的过程，在此过程中，经济情况有可能发生和人们原先预料的相反变化。比如，经济衰退时中央银行扩大货币供给，但未到这一政策作用完全发挥出来经济就已转入繁荣，物价已开始较快地上升，则原来扩张性货币政策不是反衰退，却为加剧通货膨胀起了火上浇油的作用。

货币政策在实践中存在的问题远不止这些，然而仅从这些方面看，货币政策作为平抑经济波动的手段，作用也是有限的。

第三节　两种政策的配合与相机抉择

一、宏观经济政策的综合

按照对经济进行调控的方向，政府的宏观经济政策可分为扩张性和紧缩性两类。在经济萧条、失业率过高的情况下，政府实行扩张性的政策，以促进经济的复苏和繁荣；当经济过热，出现严重通货膨胀时，政府实行紧缩性的政策，以降低通货膨胀率，最终实现经济运行的稳定。从实施的手段来说，政府的宏观经济政策主要包括两大类：财政政策和货币政策，这两类政策既可以是紧缩性的，也可以是扩张性的。当均衡国民收入低于充分就业的国民收入时，决策者可以作出这样的政策选择：选择扩张性财政政策使总需求增加，从而使 IS 曲线向右移动，或者选择扩张性货币政策使 LM 曲线向右移动，或者是两者的结合。选择哪一种政策更有利，这涉及许多因素，这里我们只分析财政政策与货币政策的不同影响。

从 IS－LM 模型的分析中我们可以看出，扩张性财政政策与货币政策对均衡的国民收入和利率有不同的影响。

由表 4-1 可以看出这两种政策尽管都能增加总需求和国民收入，但还是有差别的。货币政策是通过对利率的影响而影响总需求的，因此主要是刺激对利率的变动能作出迅速反应的总需求，这主要是投资，尤其是住房建筑投资。因为住房建筑投资是一种长期投资，受利率变动影响最大，所以货币政策对住房建筑投资的影响最容易，也最有力。

表 4-1　宏观经济政策对均衡利率与国民收入的影响

政策	均衡国民收入	均衡利率
扩张性财政政策	增加	提高
扩张性货币政策	增加	下降

从表 4-2 可以看出，就扩张性财政政策的直接作用而言，各项内容是不同的。政府购买支出的增加会使总需求与国民收入增加，消费水平也提高，但利率水平的提高不利于投资；所得税的减少与转移支付的增加会使消费水平提高，总需求和国民收入增加，但投资仍会由于利率上升而减少；只有对投资进行直接补贴，才会使投资增加，尽管这也会引起利率上升，但总体表现为先有投资的增加，而后才有利率的上升。

表 4-2　扩张性财政政策的影响

政策工具	利率	消费	投资	国民收入
政府购买支出	提高	增加	减少	增加
较少税收	提高	增加	减少	增加
转移支付	提高	增加	减少	增加
投资补贴	提高	增加	增加	增加

由此可见，在决定选择哪一种政策时，首先要考虑到主要是刺激总需求中的哪一部分：如果是要刺激私人投资，最好采用财政政策中的投资补贴；如果是要刺激投资中的住房建筑，就要采用货币政策；如果是要刺激消费，则可以增加转移支付和减少所得税。关键是看经济中的萧条是由于私人投资不足引起的，还是由于消费不足引起的。只有对症下药，政策才能收到最大的效果。同时，政策的选择也涉及哪些人从政策中获得好处的问题。因为不同的政策影响到总需求中不同的部分，也就要影响不同的经济部门，从而影响不同的人。增加政府军事购买有利于军工部门，减少个人所得税有利于一般公众，增加转移支付有利于低收入人群，而投资补贴有利于企业主。另外，政策选择所涉及的还有社会政治等问题。

二、相机抉择

相机抉择是指政府在进行需求管理时，应根据宏观经济活动状态的客观要求和各项政策手段的特点，机动地决定和选择某项或某几项政策手段。

（一）要认真分析各项政策手段的特点

宏观财政政策和宏观货币政策各具特点，两者的区别主要表现在以下方面。一是猛烈程度的不同。政府增加支出和调整法定准备金率对经济的影响比较猛烈，而政府税收的改变与公开市场业务的操作，其影响比较缓和。二是政策效应时滞不同。从政策手段执行到收到预期效果之间的时间间隔被称为时滞。财政政策直接调节总需求，而货币政策间接调节总需求，其比财政政策起作用要慢一些。三是政策影响范围不同。每项政策手段都有其发挥作用的领域，即范围大小不同。例如，政府财政支出变动的影响面就大，而公开市场业务的影响面就小。四是政策阻力因素不同。政策变化都影响人们切身的利益，但政策实施的阻力不同。例如，增加税收和减少政府支出的阻力大，会引起较多人的反对；而货币政策一般来说阻力都比较小。

因此，在运用政策手段时，必须了解这些手段（或工具）的特点，单独或配合使用。具体如何运用，没有固定模式，要从实际经济状态出发。

（二）要根据宏观经济活动状态采取不同的政策手段

宏观经济活动时经济政策发生作用的领域，是选用政策手段的现实依据。如果经济出现严重衰退时，就不该采取作用缓慢的手段，而要采取作用猛烈的手段，如大幅度增加政府支出、举办公共工程等；如果经济运行中出现衰退的苗头时，就不该采取作用猛烈的手段，而应采取某些作用缓慢的手段，如有计划地收购债券、缓慢增加货币供给量、降低利息率等。

（三）要善于把各项政策手段搭配起来使用

政府宏观经济政策具有“逆经济风向行事”的特点，经济形势紧（失业、萧条）时采用松政策；经济形势松（膨胀）时采用紧政策。但这也不是绝对的，实践中要视具体情况，把

各项政策手段搭配起来使用。

（1）“双松”的搭配。如果社会需求不足，可以采用“双松”政策，即扩张性财政政策和扩张性货币政策，能有效刺激需求。

（2）“双紧”的搭配。如果出现严重通货膨胀时，可以采用“双紧”政策，即紧缩性财政政策和紧缩性货币政策，能有效地压缩总需求。

（3）“松紧”或“紧松”的搭配。“松紧”搭配是扩张性财政政策与紧缩性货币政策配合运用，以便在刺激总需求时，不会引起比较严重的通货膨胀。“紧松”搭配时把紧缩性财政政策和扩张性货币政策配合运用，以便既能降低利息率，增加投资，又可以减少政府支出，稳定价格水平。

西方经济学认为，通过相机抉择政策手段的协调运用，能够有效刺激总需求，或是更有效地减少通货膨胀，以便在刺激总需求时不致引起严重的通货膨胀，或者在控制通货膨胀的同时不引起过分严重的失业，又或者使通货膨胀和失业同时得到有效控制。

拓展阅读

克林顿政府成功的秘诀

在开放经济的条件下如何调节经济以实现经济繁荣是各国都曾遇到的问题。20世纪90年代克林顿政府成功地使美国经济保持了近10年繁荣的经验，值得我们重视。

1993年，克林顿总统上任时，面临两个挑战。从1981年开始美国一直增加的财政赤字已占GDP的4.9%，经济在衰退，失业率超过了7%。克林顿的两个目标是减少赤字，实现充分就业。按传统理论这两个目标需要两种不同的政策。减少赤字要用紧缩性政策，实现充分就业要用扩张性政策。在美国这样一个开放的经济中，应该用什么政策组合来同时实现这两个政策目标呢？

美国经济学家芒德尔证明了在一个资本自由流动，且实行浮动汇率的经济中，就对国内宏观经济的影响而言，财政政策的作用远远小于货币政策。因为在资本自由流动条件下，当实行扩张性货币政策使国内利率下降时，资本流出，汇率下降，可以促进出口与经济繁荣，而扩张性财政政策引起利率上升，对经济的刺激作用有限。于是克林顿采用紧缩性财政政策，减少支出，增加税收，结果财政赤字减少。美联储实行扩张性货币政策，刺激了投资，而投资增加，股市上扬，又增加了人们的消费信心，消费也增加，边际消费倾向从长期的0.676上升到0.68。这就有利刺激了美国经济，实现了繁荣。这种政策的最优组合说明，运用政策调节经济是一门艺术。克林顿政府成功的秘诀，对我国应该有借鉴意义。

思考练习

1. 宏观经济政策的目标是什么？
2. 政府的财政收入政策通过什么对国民收入产生影响？
3. 扩张性财政政策对经济的影响是什么？
4. 通常认为紧缩货币的政策是什么？
5. 什么是斟酌使用的财政政策和货币政策？
6. 平衡预算的财政思想和功能财政思想有何区别？
7. 经济中的自动稳定器有哪些？它们是如何发挥作用的？
8. 中央银行的货币政策工具主要有哪些？
9. 什么是公开市场操作？这一货币政策工具有哪些优点？

第五章

货币供求与利息率的决定

学习目标

通过学习，应该掌握货币的定义及职能；掌握货币的需求动机、银行存款创造及货币乘数；掌握中央银行的三大货币政策工具；了解传统的货币需求数量理论；并能运用所学的理论知识分析相关经济问题。

第一节　货币供给

一、货币的定义及职能

（一）货币的产生

1. 物物交易

在很早以前的社会中并没有货币的观念，大家都习惯以物易物的交换。在物物交易的社会中，要完成一项交易必须满足两个条件。第一，要使买卖双方对于彼此提供的商品都有需要，如果双方的需要彼此不能满足，他们就得再去寻找第三者来满足双方。第二，不仅双方对于彼此提供的商品都有需要，更重要的是彼此对于商品的价值或者说对这两种商品的交换比例能有一致的看法。若双方对于对这两种商品的交换比例看法不一致，交换就无法完成。若双方对于彼此提供的商品不满意，还要有第三者来提供另一种商品时，则三方必须对于三种商品的相互交换比例都要达到一致的看法，否则交易仍然无法进行下去。

显然，在一个物物交易的经济体系中，交易的进行是非常缺乏效率的，想要交易的人必须努力去寻找适当的交易对象，然后彼此还要对交易比例能够满意，因此每项交易都很费时，交易所花的时间甚至会超过生产该产品所需的时间。此外，假设市场上有 N 种商品，由于任何两种商品之间都有一个交换比例，就算所有人都同意这些比例，则仍然会有 $N(N-1)/2$ 个交换比例存在。

于是有人想到：为什么我们不去找一个大家都能接受的东西，当作一个交易的媒介，然后所有其他的东西都与这种东西进行交易呢？所以货币就出现了。

在一个货币经济中，商品的交换都用货币进行，所有的商品都直接与货币交易即可。因此买卖双方一方拿到商品，另一方则拿到货币，拿到货币的一方可以用此货币再去与其他人交换他想要的东西。所以，交易双方的需要不必再刚好互相吻合，只要双方同意交换价格即可，显然如此寻找交易对象更容易。

另外，由于所有商品都与货币交换，所以 N 种商品只需 N 个交换比例即可。也就是说，每种商品只要有货币的交换比例（价格），则每两种之间的交换比例就可以确定。在这种情形下，每一个人只要了解每种商品的价格，而不需要知道这种商品对其他商品的交换比例。

2. 金属货币

那么什么样的商品可以拿来当作货币使用呢？在人类的历史上，石头、贝壳、盐及其他许多物品都曾被当作货币使用。基本上来说，一种物品要被当作交易媒介，它必须具有一定的特性。第一，这种物品要容易被认定，如此大家才可以与之交易。第二，这种物品必须容易保存，不会坏掉，人们可以放在家中或带在身上以便随时供交易之用。第三，这种物品要能方便携带。货币要能够使人们之间的交易变得容易，所以应方便携带。第四，这种物品最好容易分割，买高价的物品可以用，买低价的物品同样也可以用。第五，这种物品本身应该有价值，如此才能使人们容易接受它。尤其在一些经济不发达、信息不充分的地方，人们只会接受以黄金或盐这些本身有价值的物品作为交换的对象。

在中国与西方的历史上，金属货币如金币、银币等曾经流行过一段很长的时间，正是因为这些金属货币在性质上大致能满足作为货币的要求。

3. 纸币与信用

金币、银币虽然很好用，但仍然有一定重量，携带不方便、不安全又容易磨损。所以，在英国开始有人将之存在金匠处，然后由金匠出具一张证明文件，拥有这一张证明文件者随时可以向金匠领取对应数额的黄金。由于这张证明文件具有价值，于是人们逐渐接受它替代黄金作为交易之用。其后金匠事业扩大，渐渐发展成为银行的形式，然后由银行出具证明，拥有该证明者可向银行领取金币。该张证明称为银行券，此即纸币的前身。

纸币作为货币当然是再方便不过，因为它容易携带，方便保存，便于分割。然而纸币有两大缺点。第一，较早以前的纸币是由各个银行自由发行的，而不是像目前世界各国都由中央银行垄断发行。在此种情形下，各个银行发行的数量、形式、面额都不尽相同，而且纸币容易仿造，因此使用者并不容易辨别。第二，即便使用者知道纸币是真的，也不一定会接受该纸币。因为人们不一定相信该银行会兑现每一张纸币。也就是说，本来纸币只是一种证明文件，人们可以用纸币随时向发行纸币的银行兑现与面额价值相当的黄金。但如果人们对发行纸币的银行缺乏足够的信心，则该银行的纸币不一定能够流通。纸币只是一张纸而已，本身不具有任何价值，因此，人们肯接受纸币，是因为有人相信这些纸币随时可以向发行银行领取黄金。换句话说，这里出现一个非常重要的信用观念。

纸币本身不具有任何价值，其能被人们接受是基于纸币发行者的信用。即只要纸币发行者有足够信用，说服每一个持有纸币的人相信其能够随时将该纸币兑换成金币或黄金，则此纸币便足以在市场上流通。然而，虽然发行机构为建立人们的信心，会于银行仓库内准备足够的金币或黄金，但事实的真相是，在一般情况下，并不会有多少人真正拿钞票去兑换黄金，因为人们需要的只是一个可相信的交易媒介而已。

一方面发行钞票具有巨大利益，另一方面发行钞票的机构要使社会大众具有充分的信心，所以今日大多数国家发行钞票的权利交由其中央银行垄断。由政府负责发行纸币比较容易获得大众的信心，因为政府可能比任何国人都持有更多的黄金；更重要的是，政府国库每年有固定的税收可以支持银行发行纸币，或者政府更可以规定人们使用纸币来支付税收，如此自然会有人愿意持有纸币。在现代社会中，由银行开始的信用广泛扩大为各种形式的交易媒介。例如，支票就是一种重要的交易媒介。人们先把钱存到银行中，再由银行提供空白支票供人们交易使用。事实上，支票是一种比钞票更有效率的交易媒介。虽然小金额的钞票交易可以方便地以现金结算，但当交易额较大时，就需要花大量的时间清点钞票，而且不安全。若用支票交易，任何金额都可以用一张支票解决，而且携带方便，若遗失，申请挂失即可。而且

支票交易在银行中都会有登记，可以说是最好的记录。当两个陌生人交易时，一方为什么会接受另一方开出的支票呢？因此支票作为交易媒介的基础仍在于人与人之间的信用，当然其中银行仍扮演着重要的角色。一般而言，经济越发达或人们之间的信用越高的社会体系中，支票使用的比例越高。随着现代科技的进步，信用卡的使用更是大大取代了支票与钞票。接受信用卡的商家只要在电脑上一刷，电脑就立即经由该信用卡发卡银行核对持卡人的信用是否有问题。由于每一个持卡人的信用都可以在几秒之内查证清楚，商家也乐于接受信用卡支付，因为交易速度远比买方开支票快。对消费者而言，出门只需一张信用卡在身上就可以走遍天下，比带着大笔钞票或支票本方便得多。

（二）货币的定义和层次

日常生活中我们较少用到“货币”这个词，我们说得更多的是钱，是钞票。钱可以说是货币的俗称。在经济学家看来，购买商品和劳务或清偿债务时被广泛接受的任何物品，都可以叫作“货币”，如流通中的现金、支票存款、信用卡或借记卡上的存款、储蓄存款都是货币。由于货币与经济关系的密切，客观上就要求政府对现金的发行及信用的扩张加以控制，避免经济的波动和危机。因此我们需要了解对货币供应量层次的划分。一些经济学家把货币定义为流通中的现金和支票存款，这就是狭义货币 M1。而另一些经济学家认为，金融机构的储蓄存款及其他短期流动资产是潜在的购买力，容易变现，因而主张以流动性（指各种货币转化为现金所需的时间和成本）为标准，划分更为广义的货币概念层次，从而形成了广义的货币供应量指标 M2、M3、M4 等。综合世界各国情况，货币供应量层次大致划分如下：

M1＝流通中的现金＋支票存款（以及转账信用卡存款）；

M2＝M1＋储蓄存款（包括活期和定期储蓄存款）；

M3＝M2＋其他短期流动资产（如国库券、银行承兑汇票、商业票据等）。

在实际中，各国的中央银行根据本国的具体情况和货币政策要求，规定了各自的货币层次划分标准，各国做法不尽相同。从 1994 年第三季度起中国人民银行定期公布货币供应量的统计监测指标。按照货币流动性的强弱，中国人民银行确定的具体划分方式为：

M0＝流通中的现金；

M1＝M0＋企业活期存款＋机关团体部队存款＋农村存款＋个人持有的信用卡类存款；

M2＝M1＋城乡居民储蓄存款＋企业存款中具有定期性质的存款＋信托类存款＋其他存款；

M3＝M2＋金融债券＋商业票据＋大额可转让定期存单等。

其中，M1 为狭义货币供应量，M2 为广义货币供应量，M2 减 M1 为准货币，M3 是根据金融工具的不断创新而设置的。

（三）货币的职能

货币的职能主要有交易媒介、价值尺度、延期支付手段、储藏手段。

1. **交易媒介**

货币是商品交换发展的产物。在自然经济条件下，人们自给自足，商品交换并不重要。在商品经济下，每个人都专门生产一种商品又需要多种商品，于是交换就成为必然。要使交换有效率，就需要在商品中独立出一种成为“货币”的特殊商品。作为商品交换的媒介，货币的出现大大增加了交易机会。交易的增加可以使人们更容易进行分工与专业化生产，而分工与专业化生产正是人类社会经济发展最主要的前提和基础。

2. **价值尺度**

货币可以作为价值尺度，也就是说，所有商品都以货币来作为其价值的标准。在没有货币的物物交换社会中，任何两种商品都有一个交换比例，如一头牛换两只羊、一只羊换五只鸡等。因此在有 N 种商品时，至少有 $N（N-1）/2$ 个两两交换比例存在。此时每个人在市场上都必须知道所有交换比例，以便在交易时使自己达到最佳的商品选择或组合。但如果有货币存在，则任何商品只要有一个单一的货币价值即可。所以，在有货币及 N 种商品存在时，只需有 N 种对货币的交换比例（价格）即可。人们只需知道这 N 种商品的价格，就可作出他们最适当的选择。

3. **延期支付手段**

货币的另一个重要功能是作为延期支付的手段。在经济行为中，借贷是经常出现的。如果没有货币，借贷该如何规范呢？当某甲借一头牛给某乙，一年后某乙除归还该头牛之外，如何支付利息？比方说，他们可以事先约定以一只小羊为利息。但这只小羊该多大呢？万一是只生病的羊呢？在延期支付的情况下，契约双方很难确定到时候彼此是否能满足契约的规定。由于货币的价值确定，因此双方之前的约定很容易被遵循。比方说，某甲借给某乙 1 万元，并约定一年利息为 10%，明年到期时某乙付给某甲本金 1 万元，再加上 1 000 元的利息。在有货币的情况下，双方对于未来的情形都能掌握，借贷行为更容易进行。

4. **储藏手段**

货币是有价值的。某人想要取得货币以交换商品，则他自己必须先提供某种商品来交换货币，因此他等于是先把自己商品的价值存放在货币中，然后再用该货币去交换其他物品。当然可以作为价值储藏的商品很多，如房子、古董等，但是把货币作为价值储藏的好处是随时可以使用。我们将一种资产随时被接受供交易使用的程度称为流动性。货币可以说是流动性最高的一种资产。因此，为应付不时之需，一般人都会把其资产中的一部分以货币形式保有。在此种情况下，货币的价值储藏手段的功能就会充分显示出来。用货币作为储藏手段最怕的就是通货膨胀，无论是手头的现金，还是银行存款都会在通货膨胀中受到损失。通货膨胀使货币贬值，同样数量的货币能够买的东西变少了，因此使用货币作为储藏手段的人们在经济上受到损失。

二、银行制度与存款创造

（一）中央银行

在现代国家，除了银行和其他非银行金融机构以外，还有一种金融机构，它是一种官方或半官方的机构，即中央银行，其主要职能是借助各种金融工具以执行国家的货币金融政策，而不是在资金融通中经营谋利。这种机构，有的以国家名义存在，如英格兰银行、日本银行；有的称储备银行，如美国联邦储备银行和印度联邦储备银行；而我国则称中国人民银行。

一个国家中央银行的业务主要有三种：一是垄断发行本国的法偿货币，故称发行银行；二是以债务方式接收存款机构缴存的存款准备金，以垫款或票据再贴现方式对存款机构发放贷款，承担金融机构之间的票据交换和结算业务，并为各方面提供有关金融信息，故称“银行的银行”；三是代理国库，即经办政府的收支，管理国家的外汇，制定和推行国家的金融政策，故又称“政府的银行”。

（二）存款创造

货币供给是指在一定时点上经济中所拥有的货币存量。根据统计口径的不同，货币供给可以划分为不同的层次，如M0、M1、M2、M3等。货币的创造主要是分析构成货币存量M1主要部分的交易性存款是怎样通过银行系统实现其扩张与收缩的。

1. 存款创造条件

存款的初始增加会引起多倍的存款创造，但必须具备两个基本条件：部分准备金制度和部分现金提取。

（1）部分准备金制度。在此情形下，当你在银行存入一笔现金或支票后，银行不必将这笔金额全部放入保险柜或者存入中央银行以等着你来提取，而只需保留一定比例作为准备金就可以了，其余的可以贷出或用来购买证券。正是在银行将存款的一部分用于贷款或者购买证券的过程中，新的存款被创造出来了。

（2）部分现金提取。现在假定法定准备金率为20%，于是银行在收到1 000元存款之后，就可将其中的800元贷出去。但是如果借款人在获得这笔贷款之后，立即以现金形式从银行全部提出，而且在归还之前这笔现金始终在公众手中流通，而不被存入银行，这时候就不会有存款创造。这样整个银行系统存款和贷款的增加都是一次性的，不存在多倍的存款创造。

2. 存款创造的简单情形

我们先来考察一个最简单的支票存款多倍扩张的例子。首先假定支票存款的法定准备率为20%，为了方便我们还假定：

第一，所有银行都将其超额准备金用于发放贷款或者购买证券，而不持有任何数量的超额准备金；

第二，没有现金从银行系统漏出，即公众不从他们的存款账户上提现，或一旦提取现金

用于支付之后，收款的一方又立即将它存入银行；

第三，没有从支票存款向定期存款或储蓄存款的转化。

现在假定某人将向中央银行出售支付债券所得的1 000元现金以支票形式存入，从而使A银行的准备金资产和支票存款负债都增加1 000元，用T形账户来表示就是：

A银行

资产	负债
准备金+1 000	支票存款+1 000

由于A银行相对于20%的法定准备金还有800元的剩余，所以可以用来发放贷款或者购买证券。假定A银行发放800元的贷款，并且借款人用于向某供货商购买商品，供货商收到货款之后，将它以支票形式存入B银行，因此A、B两家银行的T形账户变为：

A银行

资产	负债
准备金+200 存款+800	支票存款+1 000

B银行

资产	负债
准备金+800	支票存款+800

根据20%的法定准备率，B银行只需对它新增的800元存款保留160元的准备金，而可将其余640元贷放出去。假定这贷出去的640元最后被以支票形式存入C银行，则B、C两家银行的T形账户变为：

B银行

资产	负债
准备金+160 存款+640	支票存款+800

C银行

资产	负债
准备金+640	支票存款+640

根据同样的道理，C银行也可把多余的准备金贷出去，从而形成D银行的支票存款。这一过程一直继续下去，直到整个银行系统都没有超额准备金存在。我们将这一过程用表5-1表示。

表5-1　存款创造简表　　单位：元

银行	支票存款增加额	贷款增加额	准备金增加额
A	1 000	800	200
B	800	640	160
C	640	512	128
D	512	409.6	102.4
……	……	……	……
合计	5 000	4 000	1 000

显然，各银行的支票存款增加额构成一个无穷递减等比数列，通过求和可知整个银行系统的支票存款增加总额为：

$$1\,000+1\,000\times(1-20\%)+1\,000\times(1-20\%)^2+1\,000(1-20)^3+\cdots$$

$$=1\,000\times 1/[1-(1-20\%)]=1\,000\times 1/20=5\,000$$

更一般地，银行的初始准备金增加为 ΔR，则在前面给出的三个假定条件下，整个银行系统的支票存款增加额 ΔD 将为：$\Delta D=\Delta R\times 1/r$。

假定支票存款的法定准备率为 r，式中的 $1/r$ 被称为简单存款乘数。存款乘数表示的是每1元的准备金变动所引起的银行系统总存款额的变动，我们用 d 来表示它。

简单存款创造过程表明，对于整个银行系统来说，通过贷款和存款之间的相互转化，某个银行新增的准备金最终被完全转化为整个银行系统的法定准备金，也就是说，新增的超额准备金被银行系统的新增存款完全消化了。与多倍存款创造对应的是多倍存款收缩，原理相同，只不过变化的方向相反。假定A银行的客户在公开市场上买进了1 000元的政府债券，从而使A银行的支票存款及准备金减少了1 000元。假定A银行在此之前只对这1 000元支票存款保有200元的法定准备金，而没有任何超额准备金，那么1 000元准备金的减少就会使它面临800元的准备金短缺。为了弥补这一短缺，A银行必须催还发放出去的800元贷款或者出售800元证券，而这又会引起别的银行的准备金减少。经过这一系列的连锁反应，整个银行系统的支票存款额将减少法定准备率的倒数倍。

3. 存款创造的复杂情形

前面讲的存款创造的情形显然过于简单，其中的几个假定并不完全符合实际。下面依次放弃这些假定，从而得出更为现实的存款乘数。

首先，我们在前面假定任何存款机构都不持有超额准备金，但事实上存款机构为避免因客户提款而准备金不足，通常要持有一定比例的超额准备金，虽然这个比例一般是比较小的。银行一旦决定要持有一定比例的超额准备金，那么这部分超额准备金在存款创造过程中所起的作用就和法定准备金是完全一样的，都代表一部分资金的漏出。因此，若支票存款的法定准备率为 r，而银行自愿持有的超额准备金率为 e，存款乘数为 d，则有：$d=1/(r+e)$。显然，它小于简单存款乘数 $1/r$。

其次，我们前面还假定在存款创造过程中没有现金从银行系统漏出，但实际上随着支票存款规模的扩大，肯定有一部分新增的支票存款会被以现金的形式提取出来，并且继续在公众手中流通。由于这部分现金从银行系统流出后，银行就不可能利用它们来进一步扩张贷款，所以它们也就从存款创造过程中退出了。一般地，若漏出现金同支票存款的比率为 c，支票存款的法定准备率为 r，超额准备金率为 e，则存款乘数为：$d=l/(r+e+c)$。

最后，还必须考虑到新增的交易存款向其他存款的转化。如果非交易存款同支票存款的比率为 t，非交易存款的法定准备率为 r_t，则存款乘数为：$d=l/(r+e+c+r_t\times t)$。

根据上述存款创造模型可知，银行系统的每1元初始准备金将创造出 d 元的支票存款、$c\times d$元的流通中现金以及 $t\times d$ 元的非交易存款。

4. 基础货币与货币乘数

我们知道，银行准备金变动额同支票存款变动额间的关系为：$\Delta D=d\Delta R$，其中 d 为存款乘数。可以看出，支票存款的变动取决于存款乘数的变动和银行准备金的变动。因此，中央银行可以通过控制存款乘数和银行准备金来控制货币供应中最重要的部分支票存款。但是中

央银行很难单独控制银行准备金的数量，而只能大致地控制流通中现金和银行准备金的总额。而我们希望找出货币供给同一个比较容易被中央银行控制的变量之间的联系。因此，可以将比较容易被中央银行控制的流通中现金 C 与银行准备金 R 之和定义为一个新的变量，即基础货币 B，也就是

$$B = C + R$$

然后，通过一个乘数（货币乘数）将它与货币供应 M 联系起来，即

$$M = m \times B$$

其中，m 即货币乘数，它表示的是每 1 元基础货币的变动所能够引起的货币供给的变动。

（1）基础货币。基础货币即流通中现金和银行准备金的总和，通常又被称为“货币基础”。由于基础货币中的银行准备金具有存款创造的功能，所以货币乘数一般大于 1，也就是说，每 1 元基础货币的增加，将导致数倍的货币供给的增加。因此，基础货币又被称为“高能货币”。在发达国家，中央银行影响基础货币变动的主要方式是在公开市场上买卖政府债券。如果中央银行买卖政府债券的对象是一家银行，那么结果将只影响银行的准备金，而不影响流通中的现金；如果中央银行买卖政府债券的对象是非银行公众，就有可能对银行的准备金和流通中的现金都产生影响。但总的来说，中央银行的公开市场业务对基础货币的影响是确定的，它每买入或卖出一定数量的政府债券，将会使基础货币发生等量的增加或减少。公开市场业务对基础货币的影响，可以只表现为银行准备金的变动，也可以只表现为流通中现金的变动，还可以表现为两者的同时变动。基础货币是一个较银行准备金更易为中央银行控制的变量。

（2）货币乘数。有了基础货币的概念，就可以来推导货币乘数。为此，我们必须作一些假定。

第一，流通中现金 C 和支票存款 D 保持固定的比率：$C/D=c$；

第二，非交易存款 TD 和支票存款 D 也保持固定的比率：$TD/D=t$；

第三，支票存款的法定准备金率为 r，非交易存款的法定准备金率为 r_t；

第四，银行持有的总准备金为 R，其中超额准备金占支票存款的比率为 e。

根据 $M=m\times B$，我们要计算货币乘数 m，只需分别写出货币供给 M 和基础货币 B 的表达式，再令两者相除就可以了。根据定义，有

$$B = R + C$$

$$M = D + C$$

显然，总准备金 R 等于支票存款的法定准备金 $r\times D$ 和非交易存款的法定准备金 $r_t\times TD$ 以及超额准备金 $e\times D$ 之和，即

$$R = r \times D + r_t \times TD + e \times D$$

因为 $TD=t\times D$，所以

$$R = (r + r_t t + e)D$$

又因为 $C=c\times D$，所以

$$m=M/B=(D+C)/(R+C)=(1+c)D/(r+r_t t+e+c)D$$
$$=(1+c)/(r+r_t t+e+c)$$

这样就推导出了货币供给 M1 的乘数 m。依此类推，我们还可以推导出 M2 的乘数。

第二节 货币需求

在商品经济中，人们对货币的需求无所不在、无时不在。国家财政的收支和银行的借贷需要借助货币来完成，企业的生产和流通需要货币作为媒介，个人的消费和储蓄需要通过货币来实现。为了满足这些货币需求，在当代信用货币制度下，就要求一国货币当局能够提供充足而又适量的货币。但是，货币在市场上是经常处于流动状态的，进出市场的货币数量也在不断地变化，影响货币数量变化的因素也是多方面的、错综复杂的，这就需要货币当局认真探求和掌握货币供求规律，从而采取相应措施，保持市场货币量的适度，以满足社会的要求。对货币供求规律的研究，主要是从货币的需求、货币的供应和货币供求均衡三个方面进行的。究竟提供多少货币才为适量，必须研究人们对货币需求的动机及需求数量。经济学家正是通过研究人们对货币需求的动机和货币需求量与社会经济运行之间的关系，为货币当局提供操纵货币量和实施某项货币政策的理论基础和依据。

一、货币的需求

货币的需求，简单地说，就是人们在不同条件下出于各种考虑对持有货币的需要。货币的需求又称“流动性偏好”，它是指人们喜欢持有货币的一种心理。

（一）货币需求动机

西方学者认为，人们在一定时期所拥有的财富的数量总是有限的，人们都必须决定自己以何种形式来拥有财富。人们以货币形式拥有财富的比率越大，则他们以其他形式拥有的资产越少；拥有其他资产形式预计能带来较高的收益，会使他们减少对持有货币的需要。因此人们在决定持有多少货币时，肯定会考虑持有货币所花费的机会成本。对一个想借款的人来说，利息就是他为获得一定量的货币所必须支付的价格，而对一个货币持有者来说，利息则表示他持有货币的机会成本，即持有货币就得不到利息。如果市场的年利率为 5%，则持有 1 000 美元而未买债券的人每年就会失去 50 美元的利息收入；如果年利率降低到 2.5%，则他 1000 美元货币的机会成本就会降低到 25 美元。既然持有货币就会失去利息，那么人们为什么还要把不能生息的货币留在手中呢？凯恩斯认为，人们需要货币是出于以下三种动机。

第一，交易动机，指个人和企业需要货币是为了进行正常的交易活动。由于收入和支出在时间上不是同步的，因而个人和企业必须有足够的货币资金来应付日常的开支。个人和企业出于这种交易动机所需要的货币量，决定收入水平以及惯例和商业制度，而惯例和商业制

度在短期内一般可假定为固定不变。于是，凯恩斯指出，出于交易动机的货币量主要决定于收入，收入水平越高，交易数量越大，从而日常开支所需要的货币量也越大。

第二，谨慎动机或预防性动机，指为预防意外支出而持有一部分货币的动机，如个人或企业为应付事故、失业、疾病等意外事件而需要事先持有一定数量的货币。因此，如果说货币的交易需求产生于收入和支出之间缺乏同步性，则货币的预防动机产生于未来收入和支出的不确定性。西方经济学家认为，个人对货币的预防需求量主要决定于他对意外事件的看法，但从全社会来看，这一货币需求量大体也和收入成正比，是收入的函数。

因此，如果用 L_1 表示交易动机和谨慎动机所产生的全部实际货币需求量，用 Y 表示实际收入，则这种货币需要量和收入的关系可表示为

$$L_1 = L_1 \ (Y) \tag{5-1}$$

或

$$L_1 = kY \tag{5-2}$$

式中，k 为出于上述两种动机需要的货币量同实际收入的比率；Y 为具有不变购买力的实际收入。例如，若实际收入 Y＝1 000 万美元，交易和谨慎动机需要的货币量占实际收入的 20%，则 L_1＝1 000×0.2＝200 万美元。

第三，投机动机，指人们为了抓住有利的购买有价证券的机会而持有一部分货币的动机。假定人们一时不用的财富只能用货币形式或债券形式来保存，债券能带来收益，而闲置货币没有收益，那人们为什么不全用来购买债券呢？原来是人们想利用利率水平或有价证券价格水平的变化进行投机。在实际生活中，债券价格高低以反比例关系表现利率的高低。假定一张债券一年可获利息 10 美元，而利率若为 10%，则这张债券的市价就为 100 美元，若市场利率为 5%，则这张债券的市价就为 200 美元，因为 200 美元在利率为 5%时，若存放在银行也可得到 10 美元，由此可见，债券价格一般随利率变动而变动。由于债券市场价格是经常波动的，凡预计债券价格上涨的人，就会用货币买进债券以备日后用更高的价格卖出；反之，亦然。这种预计债券价格将下跌而需要将货币保留在手中的情况，就是对货币的投机性需要。可见债券价格的未来不确定性是对货币投资需要的必要前提，这一需要与利率呈反方向变化，即有价债券价格越低，人们若认为这一价格已降低到正常水平以下，预计很快会回升，就会抓住机会及时买进有价证券，于是，人们手中出于投机动机而持有的货币量就会越少。相反，利率越低，即有价证券价格越高，人们若认为这一价格已涨到正常水平以上，预计就要回跌，于是，他们就会抓住机会卖出有价证券。这样，人们手中出于投机动机而持有的货币量就会越多。

总之，对货币的投机性需要取决于利率，如果用 L_2 表示货币的投机需要，用 r 表示利率，则这一货币需求量和利率的关系可表示为

$$L_2 = L_2(r)$$

（二）货币需求函数

对货币的总需求是人们对货币的交易需求、预防需求和投机需求的总和，货币的交易需求和预防需求取决于收入，而货币的投机需求取决于利率，因此对货币的总需求函数可描

述为

$$L = L_1 + L_2 = L_1(Y) + L_2(r) = kY - hr \tag{5-3}$$

式中，L、L_1、L_2 都代表对货币的实际需求，即具有不变购买力的实际货币需求量。名义货币量和实际货币量是有区别的。名义货币量是不问货币购买力如何而仅计算其票面价的货币量。把名义货币量折算成具有不变购买力的实际货币量，必须用价格指数加以调整。如用 M、m 和 P 依次代表名义货币量、实际货币量和价格指数，则

$$m = M/P \quad 或 \quad M = m \times P \tag{5-4}$$

$L=kY-hr$ 代表名义货币需求函数，而（5-4）式则代表实际货币需求函数，式中 k 和 h 是常数，衡量收入增加时货币需求减少多少，这是货币需求关于收入变动的系数；h 衡量利率提高时货币需求增加多少，这是货币需求关于利率变动的系数。如果知道了 k、h、Y、r、p 的值，就不难求出货币需求量，货币需求量可用图 5-1 表示。

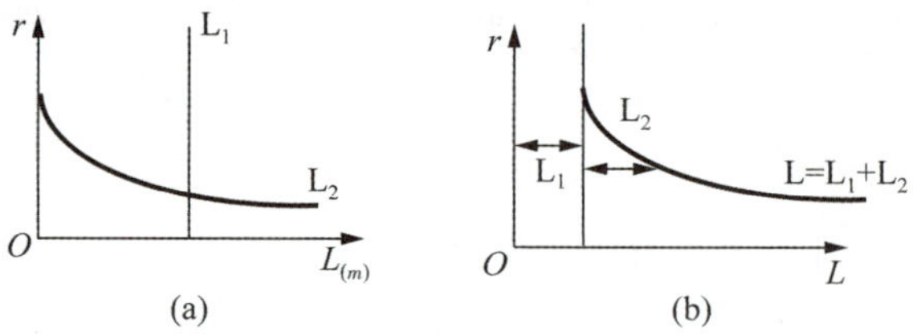

图 5-1　货币需求曲线

图 5-1（a）的中垂线 L_1 表示为满足交易动机和谨慎动机的货币需求曲线，它和利率无关，因而垂直于横轴；L_2 表示满足投机动机的货币需求曲线，它起初向右下方倾斜，表示货币的投机需求量随利率下降而增加，最后为水平状，表示流动性偏好。图 5-1（b）中的 L 线包括 L_1 和 L_2 在内的全部货币需求曲线，其纵轴表示利率，横轴表示货币需求量，具有不变购买力的实际货币一般用 m 表示，因此横轴也可用 m 表示。这条货币需求曲线表示一定收入水平上货币需要量和利率的关系，利率上升时，货币需要量减少，利率下降时，货币需要量增加。

总之，凯恩斯的货币需求理论的突出特点是注重对各种货币需求动机的分析，尤其是对投机性货币需求动机的分析，这种分析将投机性货币需求（或称资产性货币需求）和利率引入货币需求观察范围，并进而强调了利率在货币需求中的重要作用，因而又被称为货币资产需求理论。它的政策意义在于：在社会有效需求不足的情况下，可以通过扩大货币供应量来降低利率，通过利率的降低吸引投资的扩大，进而增加就业，增加产出。但是，通过扩大货币供应量、降低利率能在多大程度上发挥拉动总需求的作用，要受到货币需求状况的影响。当货币需求对利率变化非常敏感时，增加的货币供给大多会被增加的货币需求吸收，而很难刺激投资，使总需求扩大。当出现“流动性陷阱”时，增加的货币供给则完全被货币需求所吸收，导致货币政策失效。

二、货币数量论

（一）费雪的现金交易货币数量学说

美国经济学家、耶鲁大学经济学教授欧文·费雪在其1911年出版的《货币的购买力》一书中详尽阐述了他的货币理论。费雪的现金交易货币数量学说的中心思想就是解释总的物价水平发生变化的原因。他用一个方程式将影响物价水平的因素表现出来，后人将这个数学方程式称为费雪方程式或交易方程式。费雪方程式的基本形式是

$$MV = PT$$

或

$$P=MV/T$$

式中，M表示流通的货币平均数量；V表示流通货币的效率（流通速度）；P表示加权平均后的一般物价水平；T表示用货币进行交易的社会商品量。

费雪对他的交易方程式作了如下的解释。① 在一年内所有交易的总值中，所有付出的货币在价值上等于所购买商品的总值。这样，方程式有货币这一方和商品另一方。货币这一方指支付出去的全部货币，即货币数量与货币流通速度的乘积。② 不仅是买与卖在价值上必须相等（因为每一个人所买的必然是另一人所卖的），而且销售出去的商品的总值必须等于做交易用的货币总值。③ 通过对交易方程式的各个变数进一步赋予特定的内容及阐明它们之间的相互关系和因果关系，使交易方程式从恒等式上升为一种理论。

费雪认为，在交易方程式的四个因素中，从长期来看，商品价格P是一个被决定的因素，被其他三个因素决定。其中，V和T两个因素虽然也经常发生变动，但程度甚少，因而对物价的影响甚微；M是最活跃、最变化无常的一个因素，因而它是最主要的因素。决定M的因素主要有：① 在金属货币制度下，取决于金属的生产和消费以及金属的输出和输入；② 在纸币本位制度下，取决于政府的货币政策，即中央银行信用的扩大或收缩。

费雪还通过进一步阐明M、V和T这三个直接决定因素中每一个因素的变化对其余两个因素会产生什么样的影响，得出M的变化不影响V和T而直接决定P这个至为重要的结论，这个结论为货币数量学说打下了基础。在费雪的货币理论中，他强调的是货币在社会经济活动中充当交易媒介的重要性，因此，他的理论又被称为“现金交易学说”。

（二）剑桥学派的现金余额货币数量学说

现金余额货币数量学说是古典理论的又一重要代表，它在考察货币的职能时采用了与现金交易货币数量学说不同的角度。费雪的现金交易货币数量学说着眼于货币的交易媒介职能，得出了交易方程式；现金余额货币数量学说则着眼于货币的储藏职能，得出了现金余额方程式。由于主张此学说的经济学家大多曾执教于剑桥大学，因此现金余额方程式又称“剑桥方程式”。其主要代表人物是马歇尔和庇古。

1. 马歇尔的现金余额数量学说

马歇尔是剑桥学派的创始人，是凯恩斯之前最有影响的英国经济学家。他在1923年所著

的《货币、信用与商业》一书中，系统地提出了现金余额数量学说。马歇尔在货币理论上得出了与费雪迥然不同的结论。他不承认商品的价格变化主要由货币流通量的变化来决定。马歇尔认为，货币流通速度和商品总量对于价格的变化并不占主导地位，而是在决定价格变化这个问题上，其他因素的变化比货币数量的变化更为重要，并且特别指出了人们以货币形式持有财产和收入比例的重要性。他还认为，交易方程式并未说明支配货币流通速度的原因，而要说明这个原因，必须考察社会上的现金余额量，即人们以通货形式持有的收入和财富。另外，货币的价值与其他商品的价值一样，是由供给与需求所决定的，即货币的价值决定于信用货币的数量与全国居民以通货形式保持的实物价值的比例。如果流通中的货币数量增加，由于不论社会状况如何，社会各阶层人们用通货形态保存财富以备购买的数额总是一定的，那么，必然会引起物价上涨。马歇尔特别强调货币的信用，即货币价值的稳定性对现金余额的影响以及对价格的影响。“货币的信用越低，则人们愿意持有的货币占他们收入的比重越小。所以，货币将贬值得更多，价格也将上涨得更多。”

2. 庇古的剑桥方程式

庇古在其导师马歇尔对现金余额数量分析的基础上，用数学公式解释了现金余额数量学说。其公式为

$$P = KY/M$$

其中，P 代表货币购买力，M 代表货币供应数量，Y 代表一定时期的收入，K 为货币数量与收入的比例。KY 则为货币需求量。

按照该公式，如果 Y 与 M 不变，则 P 必然随 K 的增大而增大，随 K 的减小而减小。由于物价与货币购买力互为倒数，因此，随着 K 的增大，物价必然要下跌。由此可以得出结论：货币的购买力或一般物价水平决定于现金余额系数 K。

庇古认为影响现金余额系数 K 的因素有两个。① 人们对持有货币的利弊所作的衡量。庇古运用新古典主义的边际分析，明确指出，人们拥有的财产与收入是用于从事生产，还是直接用于消费，或者还是以货币形态保持而形成现金余额，会依照“使他们的收入的最后一个单位用于生产或用于持有货币都会产生同一数量的满足”来进行安排。② 人们的价格预期。对总的商品价格将会下降的预期，加强了人们持有货币的愿望；预期价格上涨则会产生相反的结果。庇古还提出货币流通速度是现金余额变化引起物价变化的中介。他认为，现金余额增加，意味着货币流通速度减慢，如果这时货币数量没有增加，则货币价值就要上涨，从而使物价下跌。

第三节 均衡利率的决定及变动

一、均衡利率的决定

凯恩斯主义认为，利率是人们对流动性的偏好，即不愿将货币贷放出去的程度的衡量。利率是一种价格，是使公众愿意以货币的形式持有的财富量（货币需求）恰等于现有货币存量（货币供给）的价格。当利率过低时，公众愿意持有的货币量将超过现有的货币供应量；反之，利率若高于均衡水平，则有一部分货币会成为多余，没有人会愿意持有它。所以，利率纯粹是一种货币现象，它是由货币市场上的供求决定的。使货币供求均衡的利率即均衡利率。

货币供给量主要由中央银行决定，取决于国家的经济政策，是一个外生变量，与利率的大小无关，所以货币供给曲线为一条垂线，如图 5-2 所示。货币需求为人们愿意持有的货币，分为交易需求和投机需求。假设收入既定，货币需求曲线 L 为一条负斜率的曲线。货币供给曲线 M_s 和货币需求曲线 L 的交点 E 所对应的利率，即为均衡利率。

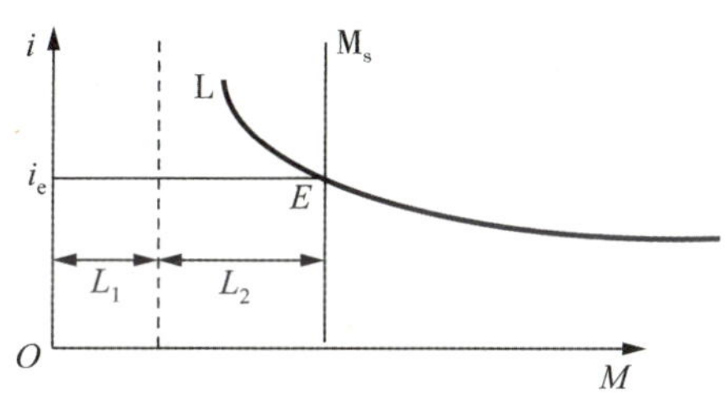

图 5-2 均衡利率的决定

由于货币供给既定，因此均衡利率由货币需求决定。货币供求由失衡到均衡，只通过货币需求的变化决定。当货币需求大于供给，人们感到手持货币过少，将售出债券而持有货币，由此引起债券价格下降、利率上升。反之，若货币需求小于供给，人们会用多余的货币购进债券，由此引起债券价格上升、利率下降。只有货币市场供求相等时，利率才能达到均衡。

二、均衡利率的变动

上述决定为货币供给、收入水平等因素不变时均衡利率的决定。若这些因素发生变化，均衡利率也会随之变化。

（一）货币供给变动的影响

当货币市场已经处于均衡时，如果货币需求和名义收入不变，中央银行决定增加货币供给，货币市场上的货币供给量将通过货币乘数成倍增加，使货币供给曲线右移。此时，人们将以多余的货币换成债券，由此导致债券价格上涨、利率下跌，直至债券收益减少，人们持有货币的愿望恢复，最终形成低于原始均衡利率的新的均衡利率。如果中央银行决定减少货币供给，则会形成一个高于原始均衡利率的新的均衡利率。货币供给是一个存量概念，它是一个国家在某一时点上所保持的不属于政府和银行存款的货币总和。西方经济学家认为，货币供给量是由国家用货币政策来调节的，因而是一个外生变量，其大小与利率高低无关。但利率的高低却与货币供给量的大小密切相连。

当货币供给和货币需求给定时，均衡的利率就确定了。当货币供给改变时，均衡的利息率必定随之改变。在图 5-3 中，设货币需求曲线为 L，货币供应量为 M_0。根据以上的讨论可知，货币需求曲线 L 和货币供给曲线 M 的交点决定了均衡利率 i_0。假设货币供给量由 OM_0 减少为 OM_1。若利率仍然维持在 i_0 水平，则导致货币供给量小于货币需求量，即愿意货币持有量大于实际货币持有量。这种情况促使利率上升，当利率上升至 i_1 时，货币需求量等于货币供给量时即达到均衡。

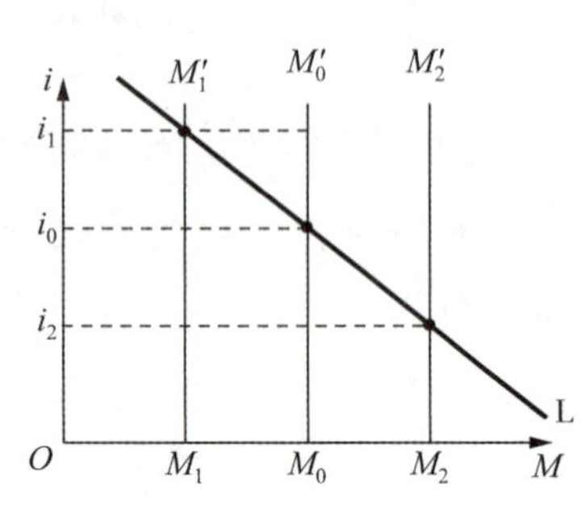

图 5-3　货币供给变动

假设货币供给量由 OM_0 增加为 OM_2，这样在原先的利率水平上，货币需求量小于货币供给量，即愿意货币持有量小于实际货币持有量。这一情况促使利率下降，当利率降至 i_1 时，货币需求量等于货币供给量，达到均衡。

由此得到一个一般性认识：在其他条件不变的情况下，货币供给量增加促使利率下降，货币供给量减少促使利息率提高。

现讨论一个与此连带的问题：前面已经指出，为了获得最大利益，证券投资者总是积极进行金融资产结构的选择，努力使实际货币持有量与意愿货币持有量一致。这种行为的后果就是货币需求量与货币供给量的均衡。换言之，在市场经济中，货币需求量与货币供给量的均衡是自动达到的。

另外，众所周知，货币供给量是一个极其重要的经济变量，其多寡会对经济产生显著的影响。这样就产生了一个适度货币供给量的问题，适度货币供给量就是与货币需求量一致的货币供给量。上面已经说明了这种一致是自动达到的，那么中央银行怎样才能实现适度货币供给量呢？

下面利用图形来解释这个问题。在图 5-4 中，假设政府掌握货币供应量 M_0，市场利息率为 i_0。根据货币需求量与货币供应量自动趋于一致的观点，可以判断：货币需求曲线必定通过 E 点。图中画出通过 E 点的两条货币需求曲线 L_1 和 L_2，但政府并不一定十分清楚，货币需求曲线究竟是哪一条。假设政府认为现行的市场利率 i_0 偏低，对经济不利；利率若能上升到 i_1，则对经济有利。政府试图通过减少货币供应量来达到这一目的。政府将货币供应量减少为 M_1，货币供应量减少促进利率上升。若货币需求曲线为 L_1，则利率上升到 i_1；如果货币需求曲线为 L_2，则利率上升到 i_2。在这两个场合，货币供应量和货币需求量的一致都实现了，但效果却大不一样。在 L_1 场合，政府减少货币供应量的目标完全实现；而在 L_2 场合，政府减少货币供应量的效果偏离了预定目标，反而对经济产生了不利影响。如果货币需求曲线为

L_2，那么，货币供应量就不需要减少到 M_1，只要减少到 M_2 就够了。

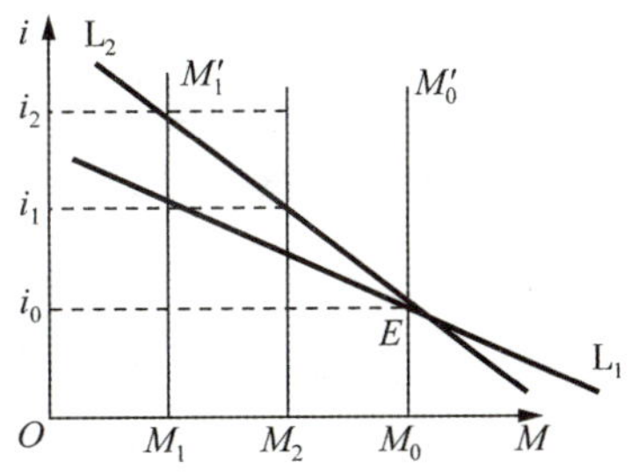

图 5-4　适度货币供应量的决定

根据以上讨论，可以认为：把适度货币供应量看成与货币需要量一致的货币供应量的说法通常是不确切的，因为在市场经济中两者的一致是自动达到的。实际上，适度货币供应量是市场利率趋于适度市场利息率的货币供应量。在图 5-4 中，i_1 就是适度市场利率。如果货币需求曲线是 L_1，则 M_1 为适度货币供应量；如果货币需求曲线为 L_2，则 M_2 为适度货币供应量。

整个问题也可以这样来理解：政府代表货币供给一方，公众代表货币需求一方，双方共同决定了货币的价格利息率。在这个利息率水平上，公众意愿货币持有量等于实际货币持有量，从而实现优化。当政府认为该利息率不当时，会通过改变货币供应量的方法来影响利息率，使之发生改变。货币供应量的改变使公众意愿货币持有量与实际货币持有量发生偏离，从而偏离了最优，这就促使公众重新选择金融资产结构。这种选择的普遍意愿，就会促使原有的利息率发生改变。当利率处于某一新的水平时，公众意愿货币持有量与实际货币持有量重新达到一致，从而重新达到最优，同时政府改变利息率的意图得到贯彻。由此可见，货币需求量与货币供给量一致或者说公众意愿货币持有量与实际货币持有量一致的努力，确实是政府通过改变货币供应量影响利息率水平的政策能够奏效的行为基础。

（二）名义收入水平变动的影响

当货币市场已经处于均衡时，货币供应不变；经济处于繁荣时期，名义收入增加，货币市场上的货币交易需求将增加，货币需求曲线右移，货币供不应求，人们将会抛售债券换得货币，以应付交易活动新增的货币需求，从而使债券价格下降，利率上升，以便减少因交易货币需求增加而相应减少的货币投机需求，最终形成高于原均衡利率的新的均衡利率。反之，如果经济处于萧条时期，则会出现相反的结果。

（三）利率预期的影响

当货币市场已经处于均衡时，如果预期利率将下降，预期债券价格将上涨，那么人们将按债券现行市场价格以货币换取债券，以便日后债券价格上涨时再抛售债券换回货币。这将导致货币的投机需求下降，货币的总需求下降，从而使货币需求曲线左移，最终形成低于原均衡利率的新的均衡利率。如果人们预期利率将上升，则会出现相反的结果。

第四节　货币政策工具

所谓货币政策是指调节整个经济社会的货币供给量的政策。货币政策的具体目标是：经济增长、充分就业、物价稳定以及国际收支平衡。中央银行一般通过三种主要的货币政策工具控制货币数量，以达到其货币政策的目标。当然，四个目标不可能同时实现，只能实现重点目标，同时兼顾其他。

一、公开市场操作

公开市场操作是货币政策的第一种重要工具，就是中央银行通过购买或抛售政府债券的方法，调节市场货币供给量。在美国，公开市场上政府债券的买卖工作大部分是由联邦储备当局的“公开市场委员会”在纽约进行的。政府的债券有若干种，如国库券、汇票、期票或票据以及债券等。债券的偿还期长短不一，短则一个月到一个季度，长可达十几年等。

公开市场操作过程大致如下：中央银行如果认为市场上货币供给量过多，已出现或预计可能会出现通货膨胀，便在公开市场上出售政府债券。承购政府债券的既可能是联邦储备银行、商业银行，也可能是私人或企业。当商业银行购买政府债券后，超额准备金会减少，可以贷款的数量也减少，通过货币乘数的作用，整个社会的货币供给量将会倍数减少。反之，如果市场上银根紧张，出现通货紧缩，一般的企业资金周转困难，这时中央银行可以通过公开市场买进债券，商业银行通过政府的购买增加了准备金，私人通过这种购买也会将现金存入银行。这样，各商业银行的超额准备金即可增加，银行的贷款能力也可以扩大，再通过货币乘数的作用，整个市场的货币供给量倍数增加。当中央银行在公开市场上出售政府债券时，这时的货币政策称为“紧缩货币政策”；当中央银行在公开市场上购进政府债券时，这时的货币政策称为“宽松货币政策”。

二、调整中央银行对商业银行的贴现率

这是货币政策的第二种主要工具。这种政策称为中央银行的“贴现率政策”“再贴现政策”“银行利率政策”。

贴现和再贴现是中央银行和商业银行的业务活动之一。一般商业银行的贴现是指客户持有没有到期的商业银行的各种合法票据，因急需使用现金，而将这些票据请求商业银行收购。商业银行则用现金买下票据，等到期时再向票据原发行单位兑现。商业银行这种现金购买未到期票据的活动可视为一种投资。投资自然要获利。当商业银行从私人手中将未到期票据买进时，按该票据到期值的一定百分比作为利息预先扣除，这个百分比就叫作贴现率。商业银行在购进这些票据后，一般保持到票据规定的时期自然兑现。但如果由于某种原因商业银行

急需现金，而这些票据尚未到期不能获得现金，则商业银行可以将这些已贴现了的票据到中央银行请求贴现。中央银行是政府银行，被称为“银行的银行”，对整个国家的金融市场负有最终保证的责任。中央银行从商业银行手中买进已贴现了的银行票据的活动称为“再贴现”。中央银行在购进这些票据时同样也要预先扣除一定百分比的利息作为代价，这种利息叫作中央银行对商业银行的“贴现率”，称为“再贴现率”。当然，通常中央银行的贴现率要比商业银行的贴现率低些，这样商业银行仍可获得两种贴现率之间的差额。

中央银行通过变动贴现率可以调节社会货币供给量。如果中央银行感到市场上资金不足，企业经营资金周转困难，可以降低贴现率。这时商业银行便会向中央银行贴现，因为贴现的代价较小。这样，商业银行的超额准备金增加，商业银行便可以将这些超额准备金贷出去，通过货币乘数的作用使整个社会的货币供给量数倍增加。同时，当商业银行超额准备金增加，现金较多，故一般也会相应地降低商业银行本身的贴现率，从而引起私人公众向商业银行的贴现增加，商业银行又可增加超额准备金，再通过货币乘数的作用，使整个社会货币供给量增多。反之，如果市场上银根松弛，货币供给量过多，中央银行可以提高再贴现率，商业银行就会减少向中央银行的贴现，于是商业银行的超额准备金便会减少，可贷出去的现金也减少，通过货币乘数的作用，社会上的货币供给量将倍数减少。同时，由于中央银行的再贴现率的提高，一般商业银行也会相应地提高对公众的贴现率，以保证其有限的准备金的安全。这样，公众也会减少向商业银行贴现，因而减少公众在银行的存款，商业银行的超额准备金也会因此而减少。总之，中央银行提高再贴现率，社会货币量收缩，此为紧缩性货币政策；中央银行降低再贴现率，社会货币量增加，此为宽松性货币政策。

三、改变法定准备率

这是货币政策的第三种主要工具。从货币乘数的公式可以看出，由于货币乘数是法定准备率的倒数，故货币乘数大小取决于法定准备率。法定准备率越小，货币乘数则越大；反之，法定准备率越大，货币乘数则越小。改变法定准备率对调节货币供给量作用的最大特点就是见效快。

如果社会货币供给量不足，企业出现银根紧的情况，企业的活动受到限制，中央银行则可以宣布降低法定准备率，刺激企业活动。这时，各商业银行立即可以减少存放在中央银行的准备金，而将这些多余的准备金借贷出去，同时货币乘数也增大，通过整个银行体系的作用，整个社会的货币供给量很快倍数增加。

反过来情况也是如此。假设整个银行体系的存款总额有100亿元，假定法定准备率是10%，如果这时通货膨胀很严重，市场上货币过多，中央银行可以决定将法定准备率提高到15%。那么，这一政策的实行最多可以收缩多少货币供给量？可以如以下这样计算。

按原法定准备率经扩张以后的货币总供给量为

$$100\times1/0.1=1\ 000\text{ 亿元}$$

按新法定准备率经扩张后的货币总供给量为

$$100\times1/0.15=666.67\text{ 亿元}$$

货币政策的实际效果为

$$666.67-1\ 000=-333.33\text{ 亿元}$$

社会上共收缩333.33亿元货币。

调整法定准备率对调节金融市场是一种有力的措施。以美国为例，据估计法定准备率每提高1%，就会吸收整个商业银行体系资金20亿美元；相反，法定准备率每降低1%，就能增加贷款20亿美元。这一增一减之间会使通货和银行贷款发生大幅度变化，从而引起国民经济的起伏。正是由于效果猛烈，改变法定准备率这一货币政策工具很少使用，一般4～5年才会变动1次。

以上就是中央银行货币政策的简要介绍。按这三种货币政策在实际使用方面的重要性，依次排出的顺序如下：① 公开市场操作，这是最常用的工具；② 变动贴现率，比第一种使用的频率要少；③ 改变法定准备率，效果最猛烈，因而不常使用。除了上述三种调节货币供给量的工具外，中央银行还有其他一些货币政策工具。例如，“道义上的劝告”就是采取“恳谈性控制”的方法。由中央银行官员出面，对商业银行在放款和投资等业务方面所应采取的措施加以指导、暗示或告诫，希望商业银行协助配合。当然，这种劝告并不具有法律上的约束力。

思考练习

1. 说明货币的主要职能。
2. “流动性陷阱”是怎么产生的？当货币需求处于“流动性陷阱”时会出现什么状态？
3. 说明货币需求的三种主要动机。
4. 说明货币政策的三种主要工具。

第六章

国民收入的均衡

学习目标

本章是宏观经济学核心内容。通过本章学习，掌握IS曲线的定义及形成，LM曲线的定义及形成；掌握IS－LM模型的均衡及非均衡特征；掌握AD曲线含义、AS曲线含义、AD－AS模型特征、宏观经济均衡；了解LM曲线的特殊情况及工资黏性模型解释总供给曲线。

第一节　产品市场均衡与IS曲线

一、产品市场均衡的条件

所谓产品市场均衡，是指产品市场上总供给与总需求相等时达到的状态。以两部门经济为例进行分析，根据简单国民收入决定的理论，产品市场的均衡条件是

$$Y=C+I$$

所有使消费函数变动从而使储蓄函数发生变动的因素和所有使投资函数发生变动的因素，都会影响国民收入均衡的决定。在凯恩斯宏观经济模型中产品市场的均衡包括三个方程，根据总量（$C+I$）分析法：

消费函数：$C=C(Y)=a+bY$

投资函数：$I=I(r)=e-dr$

均衡条件：$Y=C+I$

或者根据储蓄投资分析法：

储蓄函数：$S=S(Y)=-a+(1-b)Y$

投资函数：$I=I(r)=e-dr$

均衡条件：$S(Y)=I(r)$

二、IS曲线的推导

IS曲线表示与各个可能利息率相对应的均衡产出水平，可以用45°线图形得到。由于投资与储蓄相等是总产出均衡的条件，利用投资曲线和储蓄曲线的推演，也可以得到IS曲线（见图6-1）。在这里，储蓄曲线没有发生变化。但投资曲线不再是水平线，而是向右下方倾斜，表现为利率的递减函数。

在图6-1（a）中，有向右下方倾斜的投资曲线I，当$r=r_2$时，$I=I_1$；当$r=r_1$时，$I=I_2$。在图6-1（b）中有一条45°线，利用这条线可以示意产出均衡的条件$I=S$，可知当$r=r_1$时，$S=S_1$方能实现均衡；当$r=r_2$时，$S=S_2$方能实现均衡。在图6-1（c）中，有向右上方倾斜的曲线S，当$Y=Y_1$时，$S=S_1$；当$Y=Y_2$时，$S=S_2$。由此可知当$r=r_2$时，Y_1是均衡产出，于是得到图6-1（d）中的A点；当$r=r_1$，Y_2是均衡产出，于是得到B点，连接A、B两点，即得到IS的曲线。

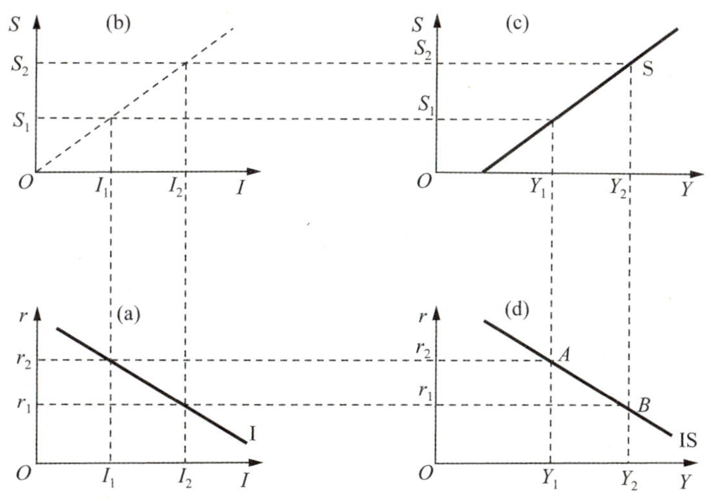

图 6-1　IS 曲线的推导

三、IS 曲线的斜率与移动

为了便于讨论，下面推导 IS 的函数表达式。在两部门经济中产品市场均衡模型可表示为

$$I=S \qquad (6\text{-}1)$$

$$I=e-dr \qquad (6\text{-}2)$$

$$S=Y-C=Y-(a+bY) \qquad (6\text{-}3)$$

由上式可得出

$$Y=[(a+e)/(1-b)]-[d/(1-b)]r$$

令 $1/(1-b)=k$，$(a+e)=A$，则

$$Y=k(A-dr),\ d>0 \qquad (6\text{-}4)$$

式（6-4）就是 IS 的函数表达式。其中，Y 为均衡产出，k 为乘数，A 为自发性支出，r 为利率，d 为投资对利率的反应程度。同样可推导三部门、四部门经济中的 IS 曲线。

当 $Y=0$ 时，$r=A/d$，所以 IS 曲线的纵截距为 A/d。当 $r=0$ 时，$Y=kA$，所以曲线的横截距为 kA。IS 曲线的斜率为 $dY/dr=-kd$。由于 $k>0$，$d>0$，所以 $-kd<0$。这说明 IS 曲线的切线斜率为负，曲线向右下方倾斜。曲线的这一性质表现了利率对均衡产出的影响，即均衡产出随着利率的下降而增加。因为利率下降使投资的成本降低，这将刺激投资的增加，通过乘数的作用，促使均衡产出的增加。

当参数 k、A、d 给定时，IS 曲线的空间位置就确定了。确定的 IS 曲线反映了在这种情况下均衡产出与利率之间的相互对应关系。当参数 k、A、d 变化时，IS 曲线的空间位置随之发生变化。现分别叙述如下。

（一）自发性支出（A）的变化

自发性支出（如政府购买）增加，不影响 IS 曲线的斜率，而使曲线的截距增加，即使 IS 曲线向右平移。在图 6-2 中，自发性支出增加使曲线由 IS_0 右移到 IS_1。这表明在各个利率水

平上均衡的产出都提高了。例如，若利率为 r_0，则自发性支出增加使产出由 Y_0 增加到 Y_1。解释为：利息率不变，则投资量不变。自发性支出的增加使各个利息率水平上的总需求量增加了，从而引起均衡产出的增加。

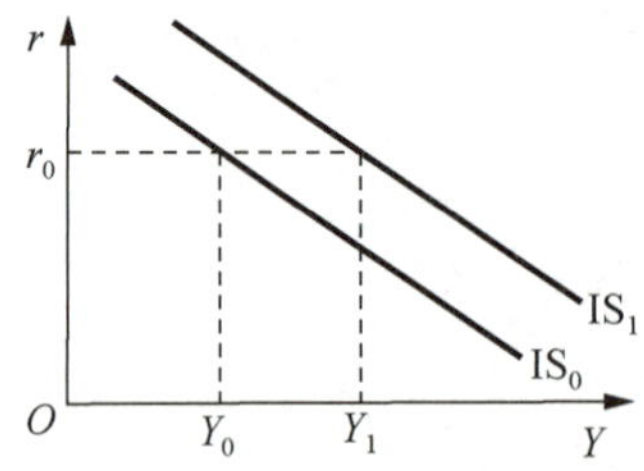

图 6-2　自发性支出（A）的变化对 IS 曲线的影响

（二）参数（k）的变化

参数的取值既影响 IS 曲线的横截距，又影响曲线的斜率。参数增大使曲线的横截距增加，同时使曲线的斜率增加，使曲线趋于平缓。

横截距增加表明，参数增大导致与各个利率对应的均衡产出较前增加了。在图 6-3 中，若 $r=r_0$，则利率下降使均衡产出由 Y_0 增加到 Y_1，曲线较前平缓表明利率下降同样的程度，参数增大使产出较前有更大的增加。在图 6-3 中，利率从 r_0 降到 r_1。在原来情况下，产出由 Y_0 增至 Y_1；而在参数增大的情况下，产出由 Y_1 增至 Y_2。显然，$(Y_2-Y_1)>(Y_1-Y_0)$。

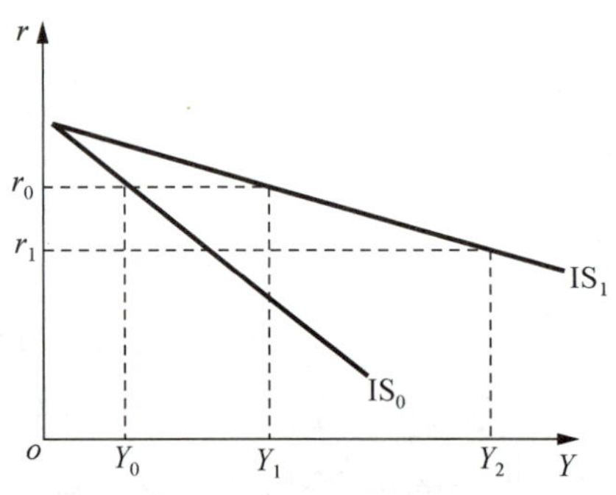

图 6-3　参数（k）对 IS 曲线的影响

（三）投资对利率的反应程度（d）的变化

IS 曲线的纵截距是 $r=A/d$，横截距是 $Y=kA$。所以，投资对利率的反应程度增大，使纵截距减少，而横截距不变。在图 6-4 中，IS 曲线的初始位置是 IS_0。投资对利率的反应程度增大使 IS_0 曲线向下转动至 IS_1 位置。由此可见，投资对利率的反应程度增大，一方面使同一利率对应较少的均衡产出，另一方面使利率下降刺激产生较前更大的产出。当 $r=r_0$ 时，初始情况下产出为 Y_1，投资对利率的反应程度增大时产出为 Y_0。当利率从 r_0 下降到 r_1 时，初始情况下产出由 Y_0 增加到 Y_1。显然，$(Y_1-Y_0)>(Y_2-Y_1)$。

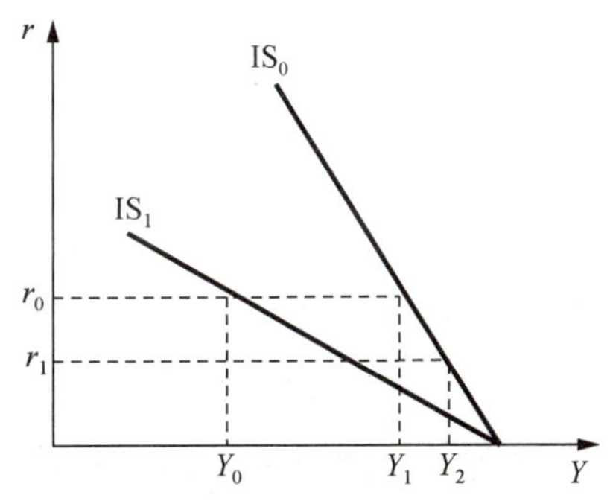

图 6-4　投资对利率的反应程度（*d*）对 IS 曲线的影响

在现实的经济生活中还有两个因素对 IS 曲线的变动产生很大的影响。

（1）税收的变动。与其他直接影响总需求函数的因素不同，在任意给定利率水平上，税收的减少通过增加消费支出使总需求函数向上移动。税收的减少提高了总产出的均衡水平。不过，由于改变税收对总需求产生的作用小于自发性支出的同额变化对总需求产生的作用，所以对一定数额的税收变动而言，IS 曲线位移幅度小于自发性支出作等额变动时 IS 曲线位移的幅度。

增加税收则降低了总需求函数，从而在任意给定利率水平上，降低了总产出的均衡水平。因此税收增加，IS 曲线左移。

（2）与利率无关的净出口的变动。与计划投资支出一样，由利率变动而引起的净出口变动仅导致总产量沿着 IS 曲线移动而并非位移。与利率无关的净出口的自主性增加使总需求函数上移，从而使 IS 曲线向右发生位移。相反，净出口的自主性下降使总需求函数向下移动，产出的均衡水平下降，使 IS 曲线左移。

第二节　货币市场均衡与 LM 曲线

利率决定理论在假定收入不变、交易货币需求量为一常量的条件下，说明了货币市场上利率的决定和变动。实际上，收入经常发生变动，从而交易货币需求也经常变动。交易货币需求的变动引起总的货币需求变动，最终引起利率变动。本节在利率决定模型中引入收入变量，讨论在其他因素不变的情况下，收入的变动将引起利率怎样的变动。

一、货币市场均衡的条件

前面的分析已经表明，利率决定投资，并进而影响国民收入。然而，利率本身又是怎样决定的呢？凯恩斯以前的古典学派认为，投资与储蓄都只与利率相关，投资是利率的减函数，储蓄是利率的增函数。

凯恩斯否定了这个观点。他认为，储蓄不仅决定于利率，更重要的是受收入水平的影响：

收入是消费和储蓄的源泉，只有收入增加了，消费和储蓄才能增加。收入不增加，即使提高利率，储蓄也无从增加。如若不知道收入水平高低，就无法确立储蓄与利率的函数关系，而如果不能确立储蓄函数，也就不能确定利率，也就不能确定投资水平和国民收入水平。凯恩斯提出，如果利率不是由投资和储蓄的对比关系决定，而是由别的因素决定，则投资和收入的决定问题就有可能得到解决。他认为，利率不是由储蓄与投资决定的，而是由货币的供给量和对货币的需求量所决定的。货币供给量一般由国家加以控制，是一个外生变量。在货币供给量既定的情况下，货币市场的均衡只能通过调节对货币的需求来实现。

按照凯恩斯货币需求理论，货币市场的均衡包括三个方程：

货币需求：$L=L_1+L_2=kY-hr$

货币供给：$m=M/P$

均衡条件：$L=m=M/P$

其中：L_1 为交易性货币需求（由交易动机和谨慎动机引起），它随收入增加而增加；L_2 为投机性货币需求，它随利率上升而减少；m 为实际货币供给；M 为名义货币供给；P 为一般物价水平（用物价指数衡量）。因此，国民收入增加使货币交易需求增加时，利率必须相应提高，从而使货币投机需求减少，才能维持货币市场的均衡。反之，收入减少时，利率必须相应下降。否则，货币市场就不能保持均衡。

二、LM 曲线及其推导

根据前述的分析，我们已经得到以下的结论。

第一，货币市场的均衡条件为货币需求量等于货币供给量。如果以 L 表示货币需求，M 表示货币供给，则均衡条件可表示为 $L=M$。

第二，货币需求函数可表示为 $L=L_1\ (Y)\ +L_2\ (r)$。其中，$L_1\ (Y)$ 称为货币的交易需求函数，表示为满足人们对货币的交易需求和预防性需求而引起的对货币的需求量，它依存于国民收入水平，是国民收入的增函数；$L_2\ (r)$ 称为货币的投机需求函数，表示为满足人们对货币的投机需求而引起的对货币的需求量，它依存于利率，是利率的减函数。

第三，在一定的价格水平下，一定时期内的货币供应量 M 是由政府的货币政策决定的，因此，M 为既定的常数，与利率无关。价格水平不变（$P=1$）时，名义货币量 M 和实际货币量 M/P 相等。在这样的情况下，货币市场的均衡模型可表示为

$$M=L=L_1(Y)+L_2(r)$$

在图 6-5 中，LM 为货币供给曲线，收入为 Y_1 时的货币需求曲线为 L_1（$L_1=kY_1-hr$）。两曲线的交点指示了均衡利率为 r_1。现假设收入由 Y_1 提高至 Y_2，于是货币需求曲线向右上方移至 L_2（$L_2=kY_2-hr$）。这样均衡利息提高为 r_2。在这里看到了收入水平对均衡利息率的影响。

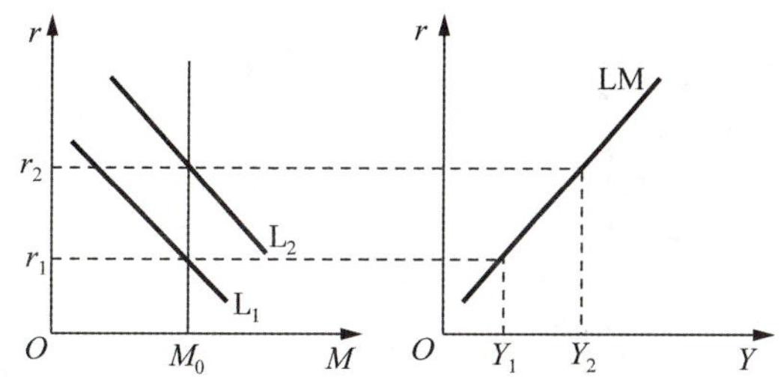

图 6-5 LM 曲线的推导

在 rOY 平面上，把这种关系用图形描绘出来，就得到 LM 曲线。LM 曲线表示在货币供应量等因素给定时，与各个可能的收入（产出）对应的均衡利率。用函数形式表示为

$$M = L = L_1 + L_2 = kY - hr, (k > 0, M > 0, h > 0)$$

其中，Y 为实际产出，M 为名义货币供应量，k 是交易货币占总收入的比例，h 是货币需求对利率的反应程度，r 是均衡利率。

三、LM 曲线的斜率与移动

当 M、L_1、L_2 变动时，LM 曲线发生移动。

第一，货币供给 M 变动。如果其他条件不变，货币供给量的变动将导致 LM 曲线的同方向移动，即货币供给增加使 LM 向右下移动，货币供给减少使 LM 向左上移动。

第二，货币投机需求 L_2 变动。如果其他情况不变，货币投机需求增加，LM 曲线将向左上移动；投机需求减少，LM 曲线则向右下移动。这是因为货币供给不变时，货币投机需求增加，货币市场上将出现供不应求。这导致利率上升，同时收入下降，从而 LM 曲线向左上移动；反之，货币投机需求减少，则 LM 曲线向右下移动。

第三，货币交易需求 L_1 变动。如果其他条件不变，货币交易需求增加，货币市场上也会供不应求，同样会导致利率上升，收入下降，LM 曲线向左上移动。反之，则向右下移动。

需要指出的是，在使 LM 曲线移动的三个因素中，应该特别重视货币供给量变动这个因素。因为，货币政策的内容正是通过货币当局根据货币需求情况调节货币供给量，从而调节利率和国民收入，来达到货币政策的目标。

（一）凯恩斯陷阱区的 LM 曲线

在图 6-6 左边有三条货币需求曲线，分别是 $L_1=kY_1-hr$，$L_2=kY_2-hr$，$L_3=kY_3-hr$，其中 $Y_1<Y_2<Y_3$。收入水平较低的货币需求曲线 L_1 靠左，收入水平较高的货币需求曲线 L_3 靠右，收入水平居中的货币需求曲线 L_2 居中。当利率降至 r_0 时，货币需求对利率的弹性无限大，三条货币需求曲线呈水平状，且部分地重合起来。

假设货币供给曲线为 M，货币供应量为 M_0，货币供给曲线 M 与货币需求曲线 L_1 交于 A 点，表示当收入为 Y_1 时均衡的利率水平 r_0；货币供给曲线 M 与货币需求曲线 L_2 也交于 A 点，表示当收入为 Y_2 时均衡的利率水平仍为 r_0；货币供给曲线 M 与货币需求曲线 L_3 交于 B

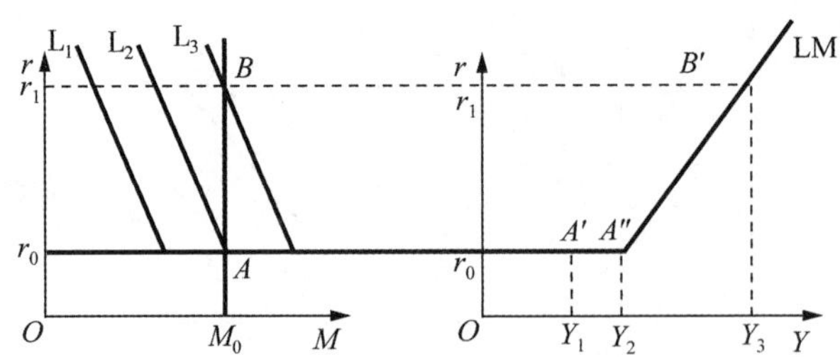

图 6-6 凯恩斯陷阱区的 LM 曲线

点，这表示当收入为 Y_3 时均衡的利率水平为 r_1。

在 rOY 平面上，可以清楚地把这种收入对利率的制约作用表现出来。曲线 M 与曲线 L_1 的交点 A 在图 6-6 右边 rOY 平面上表现为 A'点，意为收入为 Y_1 时的均衡利率为 r_0，曲线 M 与曲线 L_2 的交点 A 在 rOY 平面上表现为 A''，意为收入为 Y_2 时的均衡利率为 r_0；曲线 M 与 L_3 的交点 B 在 rOY 平面上表现为 B'点，意为收入为 Y_3 时的均衡利率为 r_1。把 A、A''、B'各点连接起来就得到了 LM 曲线。LM 曲线下部水平段反映了凯恩斯陷阱区收入对均衡利率的影响。

（二）古典区域的 LM 曲线

凯恩斯认为货币需求既取决于收入水平，又取决于利率水平，因此货币需求函数为 $L=kY-hr$。而在传统理论来看，货币需求仅与收入有关，即货币需求函数为 $L=kY$。根据货币需求函数就可以得到古典区域的 LM 曲线。在图 6-7 左边有三条货币需求曲线，曲线的上部为垂线，即 $L_1=kY_1$，$L_2=kY_2$，$L_3=kY_3$，其中 $Y_1<Y_2<Y_3$。货币需求曲线的下部向右下方倾斜，即 $L=kY-hr$。但我们关注的是曲线 M（货币供应量为 M_0），它恰恰与货币需求曲线 L_2 的垂直段重合，并与货币需求曲线 L_1 相交。把货币供给曲线的利率一产出组合移至右边 rOY 平面上，可知：当收入为 Y_1 时，均衡的利率为 r_1；当收入为 Y_2 时，均衡的利率为 r_2 及高于 r_2 的各个利率；当收入为 Y_3 时，货币市场的供给不能均衡，没有均衡利率，这样就得到了图 6-7 右边中的 LM 曲线。其特征是：① 当收入小于 Y_2 时，LM 曲线向右上方倾斜；② 当收入等于 Y_2 时，LM 曲线垂直。垂直段的 LM 曲线即为古典区域的 LM 曲线。

为了便于理解，可以设想一条近乎垂直的向右方倾斜的货币需求曲线。由此可以得到一条近乎垂直的向右上方倾斜的 LM 曲线。在图 6-8 中，左边有两条货币需求曲线 $L_1=kY_1-hr$，$L_2=kY_2-hr$，$Y_1<Y_2$。当利率为 r_3 时，货币需求量为 M_1，当利率大幅降至 r_1 时，货币需求量仅较少增加，增量为 M_0M_1，这说明货币需求量对利率变化的反应程度很小。利率 r_3 对应曲线 L_1 的顶点，因此可将 M_1 视为收入为 Y_1 时交易货币需要量。投机货币需要量的最大限度为 M_0M_1。当收入从 Y_1 增加为 Y_2 时，交易货币需求量增加，在初始均衡利率 r_1 水平上形成货币需求大于货币供给，导致利息率提高，而利息率的提高可以排挤出一部分投机货币需要量，使之补充到交易货币需求量当中。由于货币需求对利率变化的反应程度很小，利息率上升很多（至 r_3）时才能满足交易货币需求量的要求。这种情况在图 6-8 右边中反映为近乎垂直的 LM 曲线，它表示当收入有较少的提高（从 Y_1 增至 Y_2）时，均衡利率有大幅提高

（从 r_1 上升至 r_2）。货币需求量对利率变化的反应程度越小，货币需求曲线越陡峭；与此对应，LM 曲线越陡峭。极端的情况是：货币需求对利率变化的反应程度为零。货币需求曲线呈垂直状态，LM 曲线也呈垂直状态，这就是 LM 曲线的古典区域段。

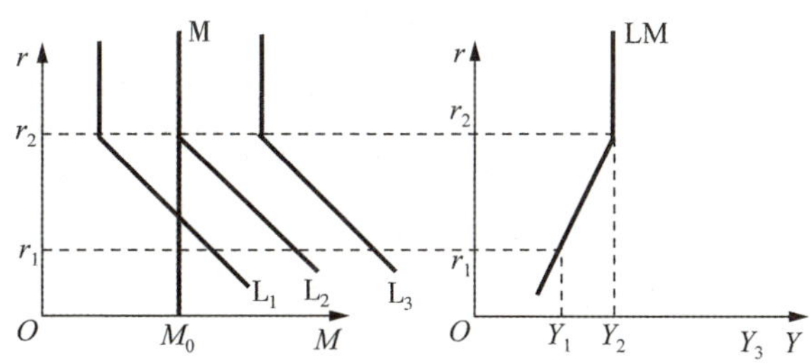

图 6-7　古典区域的 LM 曲线

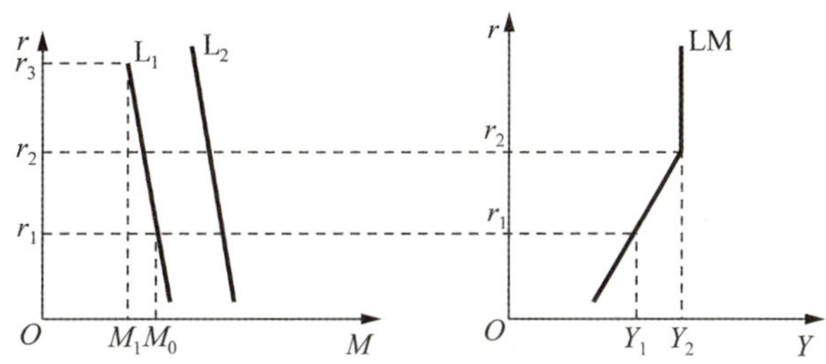

图 6-8　古典区域的 LM 曲线的形成

第三节　产品市场和货币市场的同时均衡：IS－LM 模型

一、两个市场同时均衡的利率和收入

IS 曲线表示在各个可能的利率水平上的均衡产出水平。在这里，利率是外生变量，均衡产出是内生变量，利率决定了，均衡产出就随后决定了。但是，IS 曲线不能决定利率水平，因此均衡产出也无法确定。IS 曲线所表示的也只是各个可能的均衡产出。

类似地，LM 曲线表示在各个可能的产出水平上的均衡利率水平。在这里，产出是外生变量，均衡利率是内生变量，产出决定了，均衡利率水平也就决定了。但是 LM 曲线不能决定产出水平，因此均衡利率水平也就不能最终被决定。LM 曲线所表示的也只可能是各个可能的均衡利率。

产品市场和货币市场是相互影响的。从产品市场上看，均衡产出受到总需求的影响。总需求受到利率的影响，而利率是由货币市场的供给与需求决定的。从货币市场看，均衡利率受到货币供给与货币需求的影响，货币需求受到收入水平的影响，而收入水平受到总需求的影响。

由于产品市场和货币市场是相互影响的，单独考察产品市场不能最终解决均衡产出的问题，单独考察货币市场也不能最终解决均衡利率的决定问题，只有把产品市场和货币市场联系起来，即把 IS 曲线与 LM 曲线放在一起考察，才能最终解决均衡利率和均衡产出的问题。

在图 6-9 中，IS 曲线和 LM 曲线交于 E 点，E 点就是产品市场和货币市场的一般均衡点。

IS 曲线上除 E 点外的其余各点表示与各个利率对应的均衡产出水平，但因为这些都是非均衡利率，产出也没达到最终均衡水平，其将倾向于变动。

LM 曲线上除 E 点外的其余各点表示与各个产出对应的均衡利率水平，但因为这些产出是非均衡的，利率也没有最终达到均衡水平，其将倾向于变动。

既不在 IS 曲线上，也不在 LM 曲线上的点（利率与产出的组合）表示在这个利率水平上，产出是非均衡产出；在这个产出水平上，利率是非均衡利率。也就是说，这些点表示产品市场和货币市场都处于非均衡状态。把整个坐标平面分成Ⅰ、Ⅱ、Ⅲ、Ⅳ四个区域，每个区域的点分别处于图中所描述的非均衡状态。

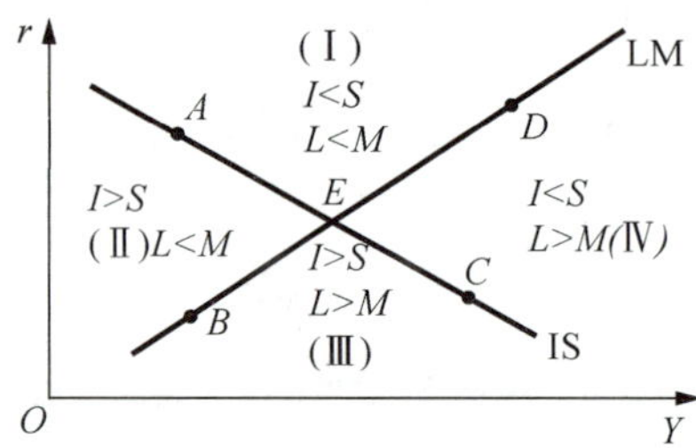

图 6-9　产品市场和货币市场的均衡和非均衡区域

二、两个市场均衡的变动

如果利率或产出处于非均衡状态，这样的利率和产出就会变动，直到处于均衡状态为止。在图 6-10 中，假设经济初始状态为 A 点，即当利率为 r_2 时，均衡产出为 Y_1。由于 A 点在 IS 曲线上，Y_1 倾向于保持不变。但是对于货币市场而言，A 点表示非均衡状态，即 A 点表示较高的利率、较低的产出的一个组合。较高的利率使投机货币需求量较小，较低的产出使交易货币需求量较小，因此 A 点表示愿意货币持有量小于实际货币持有量。这意味着公众当前的金融资产结构未能使其利益最大化，从而产生将持有的多余货币转化为有价证券的普遍意愿，于是导致利率水平的降低，r_2 的利率水平不可能维持下去。利率和产出的组合从 A 点沿着直线降低到 B 点。B 点使较低的利率 r_1 与 Y_1 组合，B 点在 LM 曲线上，这意味着当产出维持 Y_1 水平时，一个较低的利率 r_1 是均衡利率。r_1 是货币市场供给等于需求的利率，因此当产出为 Y_1 时，r_1 将倾向于维持不变。但是对产品市场而言，由于利率 r_1 较低，投资需求旺盛，通过乘数的作用，总需求进一步扩张。而 Y_1 是一个较低的产出水平，当年生产不能满足当年需求，未满足的需求只有通过存货来补充，这就造成存货非意愿减少。这一数量信号指示企业增大生产，以适应需求，于是 Y_1 倾向于增大，在货币供给量不变的情况下，引起利率水平提高，利率和产出由 C 点运动至 D 点。但 D 点并不是一般均衡点，利率和产出还要继续变动。利率和产出的每一次变动，不是缓解了商品市场的非均衡状态，就是缓解了货币市场的非均衡状态。均衡状态逐渐向一般状态收敛，最后达到 E 点，在 E 点实现了商品市场和货币市场的一般均衡。

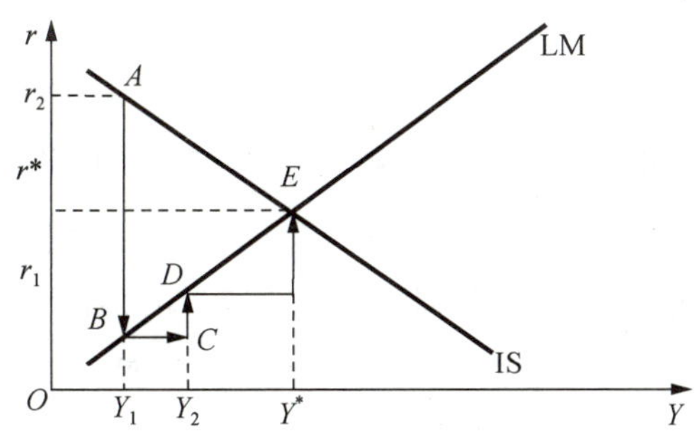

图 6-10　均衡的变动

上面的分析实际上已经指出，产品市场和货币市场一般均衡的实现具有一种自动机制。在商品市场上有净存货机制，产品供给大于产品需求或者产品供给小于产品需求都使非愿意净存货不为零。这说明企业当前的生产决策与社会需求不协调，从而造成企业利润的损失。为了实现利润最大化的目标，企业势必调整当前的生产决策。企业追求利润最大化行为的后果是商品市场供求均衡的实现。在货币市场上有货币持有量的机制，货币市场上供给大于需求或者供给小于需求都意味着公众愿意货币持有量与实际货币持有量不一致，同时也意味着公众当前的金融资产结构未能实现利益最大化。这种情况迫使公众改变当前的金融资产结构，以追求利益最大化。公众追求利益最大化的金融资产结构选择的行为的后果是货币市场供应均衡的实现。

由此可见，产品市场和货币市场的一般均衡是由微观主体追求自利的行为推动的。这就是所谓的自动机制的含义。需要说明的是，均衡本身不代表“好”或者“坏”的含义。均衡最重要的含义是：该利率或该产出倾向于维持原有水平。

第四节　总需求与总供给模型

一、总需求曲线

在微观经济学中，市场对某商品的需求是指在每一价格水平上对该商品的需求量。宏观经济学中的总需求是指整个社会在每一总体价格水平上对商品和劳务的需求总量。在三部门经济模型中，经济社会的总需求是指在价格总体水平、国民收入水平和其他经济变量不变的条件下，全社会的居民户、厂商和政府所有支出的总量。因此，总需求衡量的是经济中各经济部门的总支出。总需求函数是指物价总水平与经济社会的均衡支出或均衡收入之间的相互依存关系。总需求函数可以用总需求曲线直观地表示出来。总需求曲线可以用两种方法推导，即可用两种国民收入决定的均衡模型来推导总需求曲线。

（一）由 IS－LM 模型推导总需求曲线

从 IS－LM 模型的变化中推导总需求曲线，见图 6-11。

假定初始的价格水平为 P_0，与此相应的货币市场均衡曲线为 LM_0，它与既定的商品市场均衡曲线 IS 相交所确定的均衡国民收入为 Y_0。当价格水平由 P_0 上升到 P_1 时，在名义货币供给量不变的情况下，实际货币供给量（MS）或者货币供给的实际价值下降，会导致货币市场均衡曲线向左上方移动，即从 LM_0 移动到 LM_1 的位置。这样在商品市场和货币市场同时达到均衡时，均衡利率相对于初始状态上升到 r_1。由于市场利率水平上升，导致投资需求下降，最终引起均衡国民收入下降，从 Y_0 下降到 Y_1。这样就得到不同价格水平与其相对应的国民收入水平的不同组合。将这些组合在价格—国民收入的坐标图中表示出来，就能得到一条总需求曲线 AD。

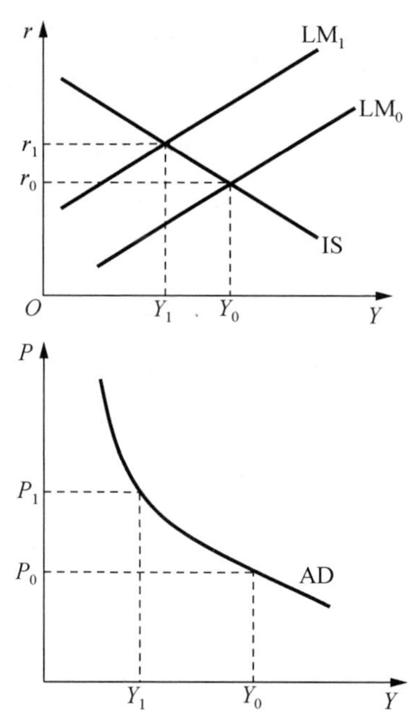

图 6-11　IS－LM 模型推导总需求曲线

我们还可以用一个具体的例子说明如何推导总需求曲线。假设在一个两部门经济中存在一些关系：

$$C=80+0.9Y，I=720-2\,000r，MD=(0.2Y-4\,000r)P，MS=500$$

首先，推导产品市场均衡方程为

$$Y=C+I$$

$$Y=80+0.9Y+720-2\,000r$$

得 IS 方程　　$Y=8\,000-20\,000r$

其次，推导货币市场均衡方程为

$$MD=MS$$

$$500=(0.2Y-4\,000r)P$$

得 LM 方程　　　　　　　$Y=2\,500/P+20\,000r$

由 IS 方程与 LM 方程联立，求得

$$Y=4\,000+1\,250/P$$

即总需求 AD 方程。

（二）由收入-支出模型推导总需求曲线

图 6-12 中的总支出曲线 AE_0，表示当价格水平为 P_0 时，每个收入水平上所对应的总支出状况。这条总支出曲线与 45°线的交点即为均衡点，当价格水平为 P_0 时所对应的均衡国民收入水平为 Y_0。图中的另外一条总支出曲线 AE_1 表示当价格水平为 P_1 时，每个收入水平上所对应的总支出状况。这条总支出曲线与 45°线的交点亦为均衡点，当价格水平为 P_1 时所对应的均衡国民收入水平为 Y_1。

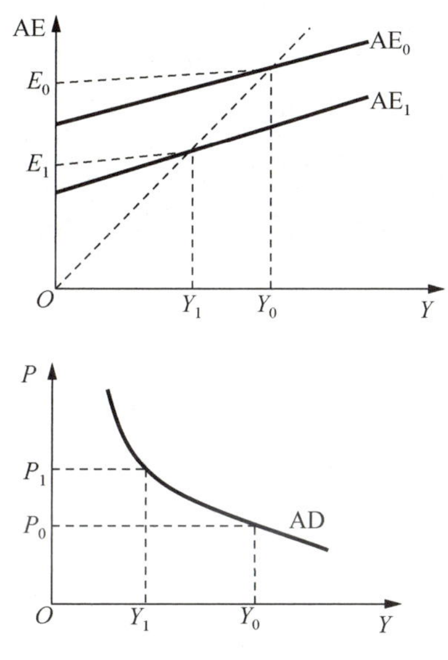

图 6-12　收入-支出模型推导总需求曲线

首先，从消费需求来看，消费需求取决于收入，同时也取决于财产。如果用货币来表示财产就是名义财产，用货币的购买力来表示就是实际财产。两者的关系是：名义财产除以货币的购买力即为实际财产。人们关心的是实际财产，因为影响消费需求的是实际财产而不是名义财产。一般价格水平发生变动，实际财产也会随之变化，进而影响到消费需求。如果物价水平上升，人们的实际财产减少，消费需求减少，进而影响到总需求。这样，物价水平就通过影响实际财产而影响总需求，这种影响称为实际财产效应，因其由新古典经济学家庇古提出，故也称为庇古效应。

其次，从投资需求来看，投资需求是利率的函数，而货币量的变动要影响利率。影响利率的是实际货币量，即名义货币量除以物价水平的货币量。根据货币市场均衡的分析，利率决定于实际货币量的供求，当货币需求不变时，利率主要取决于实际货币供给量。在名义货币供给量不变时，如果物价水平上升，实际货币供给量减少，会引起利率上升。利率上升导致投资需求减少，进而导致总需求减少。这样，物价水平就通过对利率的影响而影响总需求。这种

影响称为利率效应，它是由宏观经济学的创立者凯恩斯首先提出的，故也称为凯恩斯利率效应。

在开放经济中，物价变动引起的利率变动不仅会影响投资需求，而且会通过汇率的变动而影响出口，从而影响净出口。具体途径是这样的：当一国物价水平上升，实际货币供给量相应减少，利率上升，高于其他国家的利率水平，吸引外国资本流入；外国资本的流入就需要在该国进行直接投资或金融投资，需要把这些外国资本兑换成该国货币；在该国外汇市场上，对本国货币的需求明显增加，在外汇供给不变的情况下，会导致汇率水平上升，该国货币升值；而该国货币的升值使该国商品在世界市场上的相对价格上升，从而削弱其竞争能力，商品的出口会受到不利的影响。物价上升引起的利率与汇率上升使出口减少称为汇率效应。这种情形是由英国经济学家弗莱明和1997年诺贝尔经济学奖得主蒙代尔共同提出，因而也称为弗莱明—蒙代尔效应。

谁推动了20世纪90年代美国的总需求

克林顿总统把1996年美国经济的明显回升和活跃归功于自己，但分析家则认为应主要归功于消费者。在1996年的大部分时间里，美国人慷慨地支出于住房、汽车、电冰箱和外出吃饭，这使在1月时看来有停止危险的经济扩张又得以持续下去。在这一过程中，消费者基本上没理会过分扩大支出的警示信号。经济学家说，在星期五公布惊人强劲的数据中，消费者的无节制支出是主要力量。劳工部估算，经济创造了23.9万个就业计划，远远大于预期水平，使这个月成为连续第5个强有力的就业增加月份。现在的失业率为5.3%，是6年来的最低水平，而且经济增长如此迅速，以至于又开始担心通货膨胀。

在各个行业中，就业增加最大的是零售业，它在6月增加了7.5万个就业机会，其中有将近一半是餐饮业创造的。在汽车、中间商、加油站、旅馆和出售建筑材料及家具的商店中，工作岗位的增加也是强劲的。但是，消费者这种无节制的支出方式能够持续多长时间，仍然是一个有争议的问题，而且当联邦储备委员会的决策者在决定是否提高利率，以便使经济的加速不至于引起通货膨胀加剧时，这也是个至关重要的问题。一些经济学家认为，消费者已经积累了如此巨大的债务，以至于他们被迫在随后的几年里放慢支出，这会引起经济增长放慢。在1996年第一季度，信用卡逾期不能付款的情况已达到1981年以来的最高水平，而且个人破产从1995年前3个月以来已达到15%。大多数经济学家还一致认为，1996年支出迅速增加主要是由暂时的因素引起的，如低利率、高于预期水平的退税以及汽车制造商的回扣等，而这些因素已经改变或不存在。确定消费者支出过程中的一个无法预料的事是股票市场，股票市场使较多消费者感到可以有持续的高涨。经济学家多年一直在解决市场投资的纸面获益能在多大程度上引起消费者支出更多这个问题，而且他们仍然没有得出一个一致的答案。但是，他们说，近年来的牛市给消费者更多地支出提供了某种刺激。

案例点评：

在微观经济部分我们学过，需求是与价格相联系的一个变量，它与价格呈负相关关系。需求的这一规律表现在总需求这一变量上，就是整个社会对商品的总需求量随价格总水平的上升而下降。所以，总需求曲线也是一条向右下方倾斜的曲线。在价格不变的情况下消费、投资、政府支出以及净出口需求增加时，社会的总需求将增加。案例中分析了美国经济繁荣的主要原因是，老百姓的强劲消费拉动了美国的经济增长。由于消费增加，必须增加总供给，使企业投资增加，劳动者就业增加；就业增加又使收入增加，而收入增加又促进消费的增加，形成一种良性的循环。当然克林顿政府也采用扩张性的宏观经济政策，使消费或投资等增加。

二、总供给曲线

总供给是指经济社会在每一价格水平上提供的商品和劳务的总量。总供给曲线是根据生产函数和劳动力市场的均衡推导而得。当资本存量一定时，总产量水平随就业量的增加而增加，而边际产出递减；就业量取决于劳动力市场的均衡。由于供给物品与劳务的企业在长期中价格有弹性，但在短期中是黏性的，所以总供给关系取决于时间范围。故我们必须分别讨论两种不同的供给曲线：短期总供给曲线 SAS 和长期总供给曲线 LAS。

（一）短期总供给曲线

总供给理论是宏观经济学最有争议的领域之一，各个学派提出了不同的理论模型，比较著名的有工资黏性模型、价格黏性模型、工人错觉模型和不完全信息模型。这里，我们着重介绍工资黏性模型。

在一个理想化的古典世界中，名义工资完全能自由调整，因此产量能够保持在充分就业的水平上。但是，现实中市场机制的调节会存在某些障碍，如短期内工资、价格的变动是缓慢的。这种现象，经济学家把它定义为工资、价格黏性。

名义货币工资黏性的原因之一是长期劳动合同的存在。在许多经济部门尤其是工会势力比较强大的部门，工资不是当期决定的，而是预先就某一时期以明确的（或隐含的）合同确定。长期劳动合同关系的确立，对劳资双方都是有利的。通过这种方式，可以有效降低工资谈判的交易成本，避免谈判破裂对双方的伤害。工资合同一旦确立，货币工资就会在合同所规定的期间（一般为 2～3 年）内保持相对稳定，也就导致了工资黏性的出现。

为了分析名义工资黏性的情况下，价格总水平对总供给的影响，必须作如下的假定：

（1）名义工资保持不变，价格水平的上升降低了实际工资，使劳动成本降低；

（2）实际工资下降刺激企业增加雇佣工人的数量；

（3）劳动力投入的增加提高了产出水平。

假定企业和工人通过预先谈判签订了未来的工资合同，确定了名义工资，此时双方都不知道合同生效时的价格水平，仅仅是对未来价格水平有一个预期值 P^e，谈判双方确定的名义

工资取决于他们的目标实际工资和预期价格 P^e，即 $W=w\times P^e$。其中，目标实际工资可能是劳动力市场供求均衡时的实际工资水平，也可能由于诸多因素的影响，像工会力量、效率工资、内部人控制等，使实际工资高于劳动力市场均衡水平。名义工资确定后，企业真正雇佣工人时的价格水平为 P，因此实际工资可以表示为

$$\frac{W}{P}=w\times\frac{P^e}{P}$$

这个公式表明当实际价格水平与预期价格水平不一致时，实际工资就偏离了企业和工人签订合同时的目标工资。很显然，当实际价格水平高于预期价格水平，实际工资就小于其目标；当实际价格水平低于预期价格水平时，实际工资大于其目标。

黏性工资模型的最后一个假设：就业由企业需求的劳动量决定。也就是说，工人和企业之间的谈判并没有事先决定就业水平；相反，工人同意按事先决定的工资提供企业希望购买的劳动量。企业的劳动需求量是实际工资的递减函数，即实际工资越低，企业雇佣的劳动越多。产出由生产函数决定，它是劳动的递增函数。由劳动需求函数和生产函数，我们就可以推导出短期总供给曲线。

图 6-13（a）表示劳动需求曲线，图 6-13（b）表示整个社会总生产函数，图 6-13（c）表示总供给曲线。由于名义工资是黏性的，故未预期到的价格水平的变动使实际工资背离目标工资，而且实际工资的这种变动影响所雇佣的劳动量及总产出。

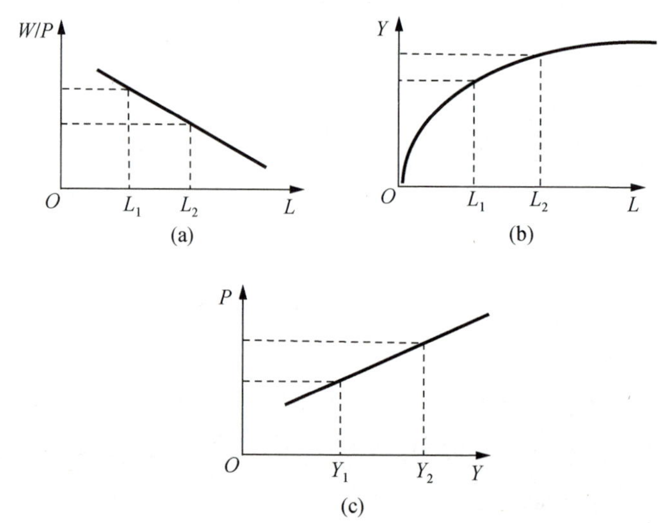

图 6-13　工资黏性工资模型

总供给曲线的方程可以表示为 $Y=y+k(P-P^e)$。其中，Y 是实际产出，y 是潜在的产出，k 是产出对未预期到价格水平变动的反应程度，$1/k$ 是总供给曲线的斜率。这个方程表明，并非所有价格水平的变动都会影响产量的变动，只有当实际价格水平与预期价格水平相背离时，产出与其自然水平（充分就业水平）背离。预期到的价格变动并不带来产出的变化。

如果考虑一种极端的情况，就是名义工资完全缺乏伸缩性，也就意味着无论价格水平如何变动，工人的工资始终保持不变，那么短期供给曲线就变成了一条与横轴平行的或者接近与横轴平行的水平线。水平的短期总供给曲线是凯恩斯理论的极端情况，它表明由于名义货

币工资保持不变，当价格水平上升时，企业可以在成本完全不变的情况下，生产社会所需要的任一水平的产量，或者说，企业可以在现行工资水平下获得它们所需要的任意数量的劳动力。

一个经济的短期总供给主要受工资、原材料价格的影响，工资水平和原材料价格的上涨会带动成本上升，从而导致短期供给减少，而工资和原材料价格的下降则会造成短期总供给增加。假定工会的成立增强了工人集体谈判的能力，使工人的工资水平增加，在产品价格不变的情况下，企业的利润减少，因此企业会减少总供给水平，使短期总供给曲线向左上方移动。如图 6-14 所示，短期总供给曲线 SAS_1 向左移动至 SAS_2，表示在既定的价格水平下，成本的上升使厂商所愿意提供的总产量下降。

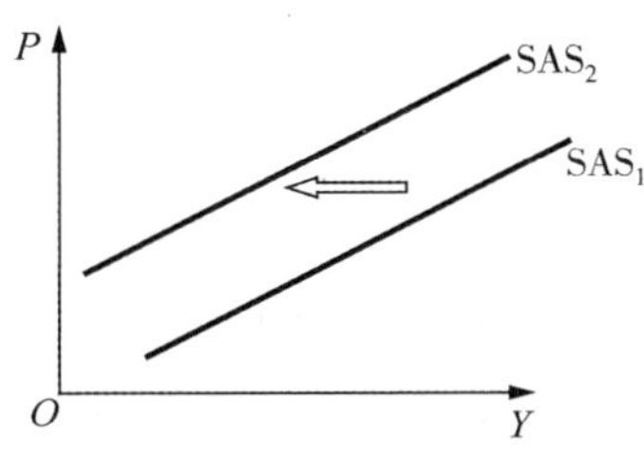

图 6-14 短期总供给曲线

（二）长期总供给曲线

总供给曲线的斜率取决于劳动力市场对货币工资变动能作何种反应的假定。对企业或劳动者来讲，重要的是实际工资而不是名义工资。实际工资是名义工资与价格水平的比率，当名义工资上升的幅度低于价格上升的幅度时，实际工资就会下降；反之，实际工资就会上升。如果工资和物价可以自由变化，那么就业量的决定就完全独立于价格水平的变化之外。因为物价上升时，名义工资水平就会等比例上升，劳动力市场将恢复到原来的均衡，就业量也恢复到原来的水平。这样，就业量就不随物价水平的变化而变化，从而总产出也不随价格水平的变化而变化。因此，当价格水平具有完全的伸缩性时，实际产出量主要由潜在产出决定，而不受价格水平的影响。供给曲线是一条位于充分就业产出水平的垂直线，可称它为长期总供给曲线或古典总供给曲线。

由于古典模型描述了经济在长期中的行为，故我们从古典模型得出长期总供给曲线。古典供给曲线成立的前提条件：货币工资具有完全的弹性，工资随劳动关系变动而变化。当劳动市场存在超额劳动供给时，货币工资率就会降低；反之，存在超额劳动需求时，货币工资率就会提高。古典经济学家认为，生产的产出取决于固定的资本与劳动量以及可获得的技术。

根据古典模型，产出并不取决于物价水平。为了说明产出在任何物价水平都是相同的，我们可以画一条垂直的总供给曲线。长期产出水平为产出的充分就业或自然水平，更准确地说，为其处于自然失业率时的产出水平。

图 6-15（a）表示劳动市场，横轴为就业量，纵轴为名义货币工资率；图 6-15（b）表示生产函数 $Y=f(N)$；图 6-15（c）中为一条把纵轴数字转换成横轴数字的 45°线，两个坐标

都代表产出量；图 6-15（d）为长期总供给曲线。

在图 6-15（a）中，初始的名义工资和价格水平为 W_1 和 P_1，从而实际工资为 W_1/P_1，劳动需求曲线为 $N_d=W_1/P_1$。假定价格水平 P_1 上升到 P_2，货币工资仍然为 W_1，则实际工资减低为 W_1/P_2，从而使劳动需求曲线从 $N_d=W_1/P_1$ 移动到 $N_d=W_1/P_2$ 的位置。在短期内，名义工资由于工人信息不畅不会发生变动，故劳动供给曲线不变，社会就业水平便会从 N_1 增加到 N_2。但是根据长期供给曲线的假设，随着时间的推移，工人完全可以掌握社会价格水平上升的信息，工资具有完全的伸缩性。在价格由 P_1 上升到 P_2 的过程中，工人会意识到实际工资水平下降，会要求增加名义工资水平，从而导致劳动供给曲线向左上方移动，由 $N_s=W_1/P_1$ 移动到 $N_s=W_2/P_2$。移动后的劳动供给曲线与移动后的需求曲线相交在新的均衡点 E 上，厂商所雇佣的工人人数依然是初始均衡点 E 所对应的就业水平 N_1。因此，在长期条件下，社会存在一个自然就业水平 N_1。

在图 6-15（b）中，把图 6-15（a）中的充分就业 N_1 代入全社会的生产函数 $Y=f(N)$，可以得到相应的国民收入 Y_1。通过图 6-15（c）的 45°线，把 Y_1 转换到图 6-15（d）上，再结合与图 6-15（a）的工资水平上升相适应的价格水平 P_1 和 P_2，就会得到一条垂直的总供给曲线 AS。它意味着无论价格水平如何变化，国民收入始终处于 Y_1 上。

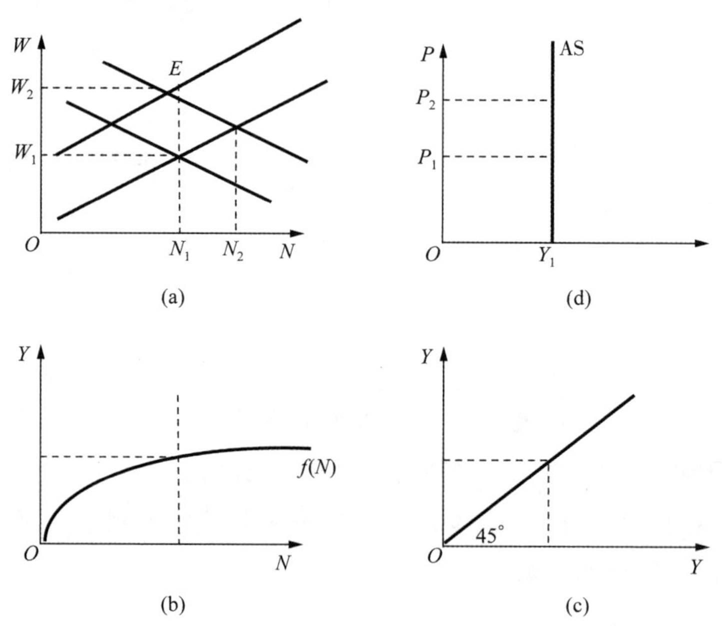

图 6-15　长期总供给曲线

促使总供给曲线移动的主要因素大致有以下几个。① 天灾人祸。严重的自然灾害或战争会减少经济中的资本数量，从而使任意数量的劳动能够生产的产量减少了，于是总供给曲线会左移。② 技术变化。例如，技术进步会使既定的资源生产出更多的产量从而使总供给曲线右移。③ 风险承担意愿的变化。如果经济生活中风险增加，厂商愿意供给的数量会减少，从而总供给曲线会左移。④ 进口商品价格变化。如进口商品价格上升，厂商生产成本上升，从而使厂商在原有产品价格水平上生产减少，从而使总供给曲线左移。⑤ 劳动意愿的变化。如果人们更偏好闲暇，在既定工资水平上劳动供给会减少，从而使总供给曲线左移。

三、总供给—总需求模型

在宏观经济领域，产品市场、货币市场与劳动市场能否同时达到均衡，可以用总供给—总需求模型予以说明。总供给函数表明劳动市场均衡或失衡时的价格水平和产量（或收入）之间的关系；总需求函数表明产品市场和货币市场综合均衡时的价格水平和产量之间的关系。将总供给函数和总需求函数结合起来所构成的总供给—总需求模型（AS-AD模型），既可以反映三个市场的均衡和失衡情况，又可以反映在共同均衡状态时价格水平与产量之间的关系。宏观均衡条件为总需求等于总供给，此时经济体系达到短期宏观均衡。只有当均衡产出等于充分就业的产出水平时，即均衡点落在长期总供给曲线上，短期宏观均衡也是长期宏观均衡。除非有外在因素的变动影响，否则经济体系将永远维持在此充分就业的均衡状况。

（一）凯恩斯主义总供给—总需求模型

根据凯恩斯总供给曲线呈现水平状的特征，我们可以知道价格保持不变。那么，在凯恩斯总供给情况下总需求的变动如何影响国民收入和价格水平呢？在这种情况下，总需求的增加会使国民收入增加，而价格水平不变；总需求的减少会使国民收入减少，而价格水平不变；即总需求的变动不会引起价格水平的变动，只会引起国民收入的同方向变动。

（二）短期总供给—总需求模型

短期总供给曲线是向右上方倾斜的，即价格水平和产量同方向变动。结合总需求曲线的特点，可以分析短期总供给—总需求模型对国民收入和价格水平的影响。总供给曲线和总需求曲线的交点，代表商品市场、货币市场和劳动力市场同时达到均衡时的状况，标志着宏观经济达到短期均衡。

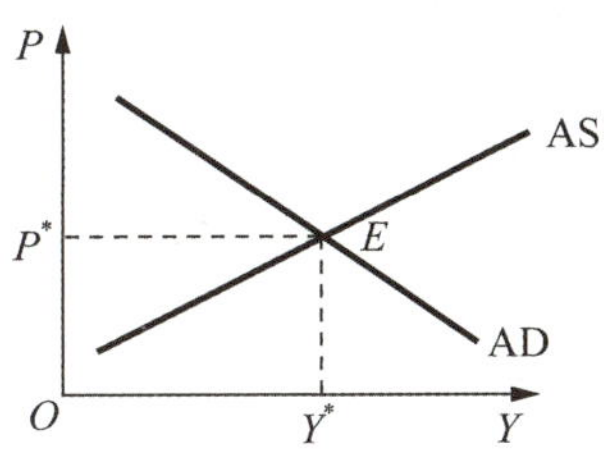

图 6-16 总供给—总需求模型

在图 6-16 中，总需求曲线 AD 与短期总供给曲线 AS 在 E 点相交，此时从短期来看，社会总需求量恰好等于这个社会能够提供的总供给量，也就意味着，社会所愿意购买的产品和服务的总量恰好与所有厂商愿意提供的产品和服务的总量相等，宏观经济达到了短期均衡。与均衡点 E 相对应的均衡价格水平是 P^*，均衡总产出是 Y^*。如果价格水平大于 P^*，总供给大于总需求，这就意味着，企业所愿意提供的产品和服务的总量超过了全社会对这些产品和服务的需求总量，此时整个经济会出现总量过剩，厂商之间的竞争导致价格水平的下降。随着价格水平的下降，一方面人们持有的实际资产的数量会上升，从而会增加对商品和服务

的需求总量；另一方面，在成本不变的情况下企业的利润必然会减少，企业就会主动地缩减生产从而减少商品和服务的总供给量，这个过程一直持续到商品市场重新达到均衡时为止，从而总供给与总需求又重新相等。相反，如果价格水平低于 P^*，总需求大于总供给，这就意味着全部企业所愿意提供的产品和服务的总量不足以满足全社会对这些商品和服务的总需求量。此时经济就会出现总量短缺的状况，需求者之间的竞争促使价格水平不断上升。随着价格水平的上升，企业愿意提供的产品和服务的总供给量不断增加，人们也会调整对产品和服务的需求总量，这个过程也会持续到总供给与总需求重新相等时为止。

从长期均衡的角度来看，宏观经济的短期均衡会出现以下三种情况。

（1）失业均衡，是指短期均衡产量低于长期潜在产量的均衡状态。图 6-17（a）中，由总需求曲线 AD_0 和短期总供给曲线 SAS_0 的交点 A 决定了宏观经济的短期均衡。在 A 点，从短期来看，一个社会的总需求量正好等于总供给量，此时均衡价格水平为 P_0，均衡总产量为 Y_0，从长期来看，A 点并不在长期总供给曲线 LAS 上。经济虽然处在短期均衡状态，但尚未达到长期均衡状态。从图 6-17（a）可以看到，短期均衡点 A 在长期总供给曲线的左边，由此决定的短期均衡产量要低于长期的潜在产出水平 Y，这表明整个社会的生产资源没有得到充分利用，劳动和资本出现闲置，失业率要大于自然失业率，故实际的均衡产量低于长期潜在产量的短期均衡，也称为失业均衡。

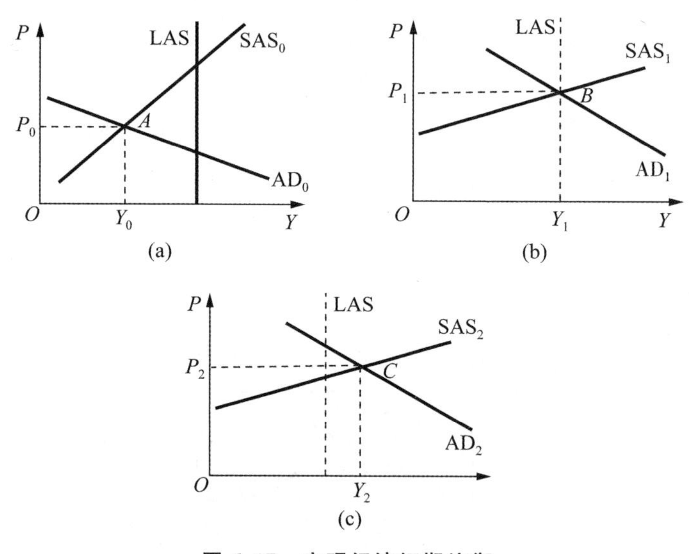

图 6-17　宏观经济短期均衡

（2）充分就业均衡，是指短期均衡产量正好等于长期潜在产量的均衡状态。图 6-17（b）中，总需求曲线 AD_1 和短期总供给曲线 SAS_1 的交点 B，正好处于长期总供给曲线上，因此 B 点也是长期均衡点，这就意味着宏观经济在达到短期均衡的同时也实现了长期均衡，此时均衡价格为 P_1，均衡产量就是长期潜在产量 Y_1。在长期均衡状态下，整个社会的生产资源得到充分利用，失业率等于自然率，故现实的均衡产量等于长期潜在产量的均衡，也称为充分就业均衡。

（3）超充分就业均衡，是指短期均衡产量大于长期潜在产量的均衡状态。如图 6-17（c）所示，总需求曲线 AD_2 和短期总供给曲线 SAS_2 在 C 点相交，此时均衡价格水平为 P_2，均衡

产量为 Y_2。由于 C 点并不处在长期总供给曲线上，故 C 点不是长期均衡点。C 点位于长期总供给曲线的右边，此时的短期均衡产量要高于长期潜在产量 Y，这表明全社会生产资源得到了超充分就业水平的利用，失业率小于自然率，故现实均衡产量大于长期潜在产量的均衡，也可称为超充分就业均衡。

需要指出的是，超充分就业均衡对宏观经济来说未必是一件好事。因为，一方面经济过热会刺激总需求导致通货膨胀的产生；另一方面劳动者的劳动时间过长和生产设备的过度使用都会影响企业生产的正常运行，不利于经济的长期持续增长。宏观经济的运行在某些方面与一个生命体存在是相似的，如果一个人长期吃得过饱，就会导致能量过剩，很容易引发多种疾病。

宏观经济短期均衡的三种状态并不是一个随机的过程，而是由三种均衡状态依次不断转化构成的、有一定规律的过程。一般而言，一个社会会由失业均衡转为充分就业均衡，再由充分就业均衡转化为超充分就业均衡，这一过程构成了经济的扩张期，超充分就业均衡处于经济扩张期的顶峰阶段。然而，经济过热不可能持续，超充分就业均衡要转化为充分就业均衡，而经济运行趋势改变之后还会继续下去，经济将会由充分就业均衡进一步转化为失业均衡，这个过程就构成了经济的收缩期。总之，短期均衡围绕着长期均衡波动形成了一个周而复始的过程。

（三）长期总供给—总需求模型

长期总供给曲线是一条位于经济的潜在产量或充分就业水平之上的垂直线，即在长期中，经济的就业水平或产量并不随着价格水平的变动而变动，而是始终处于充分就业状态。因此，在分析长期总需求—总供给模型对经济的影响时，主要考虑长期总供给曲线情况下总需求变动对国民收入与价格水平的影响。在经济处于长期总供给曲线时，由于资源已得到了充分利用，所以总需求的增加只会使价格水平上升，而国民收入不会变动；同样，总需求的减少也只会使价格水平下降，而国民收入不会变动；即总需求的变动会引起价格水平的同方向变动，而不会引起国民收入的变动。

四、总供给—总需求模型对现实的解释

（一）总需求冲击

宏观经济的短期均衡经常处于偏离长期均衡的状态，究竟是什么力量致使宏观经济出现这种局面？我们可以从总需求和总供给两方面的变化找到答案。经济学家把使总需求曲线移动的冲击称为总需求冲击，把使总供给曲线移动的冲击称为供给冲击。所谓冲击就是指曲线的外生变动。总供给—总需求模型的一个目的就是说明这些冲击如何引起经济波动。

影响总需求变动的因素很多，在这里仅仅考察货币政策变化所产生的影响。假定政府认为宏观经济存在着进入衰退阶段的可能性，决定采用扩张性的货币政策，来刺激总需求的增加，使总需求曲线向右移动。

假定在政府实施扩张性货币政策之前，宏观经济处于长期均衡状态。如图 6-18 所示，由总需求曲线 AD_0 和短期总供给曲线 SAS_0 决定的长期均衡点恰好处于长期总供给曲线上，A 点即长期均衡点，均衡价格水平 P_0，均衡产量为潜在产量 Y。在政府突然增加货币供给量，总需求曲线由 AD_0 移动到 AD_1，与短期总供给曲线 SAS_0 相交于 B 点，与均衡点 B 相对应的均衡价格水平和均衡产量分别为 P_1 和 Y_1，此时实际产出大于潜在产出，整个社会处于超充分就业均衡状态。

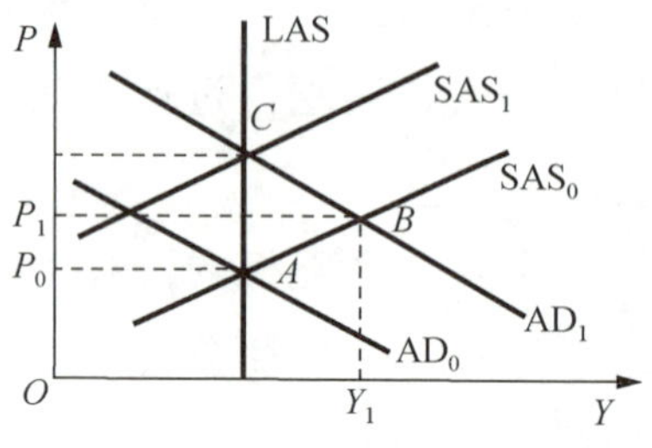

图 6-18　总需求冲击

一个经济不可能长期处于超充分就业均衡状态，因为随着时间的推移，工资、价格会对总需求的变动作出反应，将经济调整到长期均衡状态。在价格上升的情况下，工人会意识到实际工资下降，于是会向厂商提出增加工资的要求。实际工资水平的增加意味着厂商生产成本的增加，企业就会缩减生产从而减少总供给，短期总供给曲线向左移动至 SAS_1。当然，工资的调整不可能一步到位，在没有外部其他因素干预的情况下，宏观经济回到长期均衡将是一个缓慢的过程。移动后的短期总供给曲线 SAS_1 与总需求曲线 AD_1 相交于 C 点。而此点又恰好处在长期总供给曲线上，宏观经济重新达到了长期均衡，此时均衡价格水平为 P，高于初始的水平，但均衡总产量保持不变。通过以上的分析可以得出这样的结论：货币政策并不能改变一国潜在的长期总产量，只会带来价格水平的上升，导致通货膨胀的发生。进一步延伸这个结论：总需求的冲击无论是正向还是反向的，在长期中都不能改变长期潜在总产出，因为它主要取决于技术、人口、资本存量等实际因素，而能够改变的仅仅是价格水平。

（二）总供给冲击

总供给冲击是宏观经济的短期均衡偏离长期均衡的另一重要因素。影响总供给波动的因素也是多方面的，在此着重考察影响短期总供给的因素。最典型和最具有影响力的总供给冲击莫过于 20 世纪 70 年代初的石油冲击，石油输出国组织实施了限产提价政策，在这个政策的支配下，世界石油市场的石油供给急剧减少，油价大幅度上升，如 1971—1974 年的石油实际价格上涨了 4 倍。石油作为现代工业的重要燃料和原材料，它的价格上升不可避免地导致全社会生产成本的增加，使短期总供给曲线发生移动。首先假定在石油价格发生变动之前宏观经济处于长期均衡状态。在图 6-9（a）中用 A 点表示，此时均衡价格水平为 P_0，均衡产量为 Y。现在假设石油价格突然上涨，短期总供给曲线由 SAS_0 移动到 SAS_1，短期均衡点从 A 点移动到 B 点，相应的均衡价格水平和均衡产量分别变为 P_1 和 Y_1。石油价格变化前后的均衡状态相比，价格水平上升，实际产出下降，失业率大于自然率，整个社会处于失业均衡状态。这种通货膨胀与经济衰退并存的现象，被称为“滞胀”。政府在面临总供给冲击而出现的滞胀局面时，一般有两种选择。第一种选择是保持总需求曲线不变，依靠市场机制进行自发调节，如图 6-19（a）所示。石油价格上升促使人们采取节能措施和寻找替代能源，以减少对石油的依赖。这样，人们对石油的需求会不断减少，从而促使世界石油价格的下降。石油价格的下降导致企业生产成本的下降，刺激企业增加商品的生产，使短期总供给曲线由 SAS_1 逐步向初始的 SAS_0 移动。但是这个过程非常漫长，整个经济会面临较长时间的衰退。第二种选择就是政府主动出击，采取扩张性的宏观经济政策来扩大总需求。假设政府采取扩张性的财政政策，将会使总需求曲线由 AD_0 移动到 AD_1［见图 6-19（b)］，均衡点随之从 B 点变为 C 点。在均衡点 C 处，均衡价格上升到 P_2，但均衡产量重新回到了长期潜在的水平。与第一种选择相比，该选择可以避免长期衰退的痛苦，但必须接受通货膨胀的痛苦。以上的分析表明，没有一种选择既可以维持充分就业又可以保持物价水平的稳定。

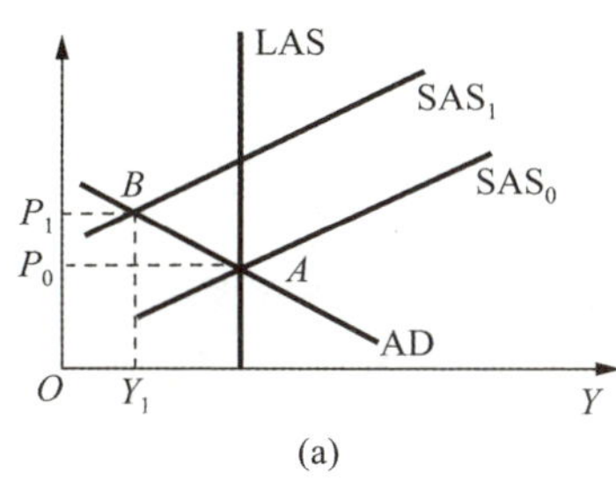

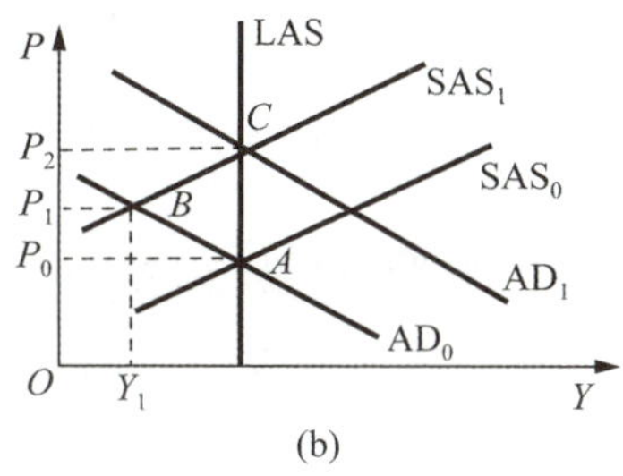

图 6-19　总供给冲击

第五节　开放经济中的国民收入均衡与调节

在封闭经济中，国民收入均衡只考虑国内充分就业与价格稳定问题，即只分析国内总需求与总供给对国民收入与价格水平的影响。而在开放经济中，与封闭经济有以下重要的差别。第一，国民收入的均衡不仅要考虑内在均衡，而且要考虑外在均衡。内在均衡是指充分就业和物价稳定的实现，而外在均衡是指国际收支均衡。对国民收入的调节既要实现内在均衡又要实现外在均衡。第二，国内各种经济变量（总需求、价格、利息率等）的变动，不仅会影响内在均衡，而且会影响外在均衡。第三，各国之间的贸易如资本流动、汇率变动等，不仅影响一国的外在均衡，而且影响该国的内在均衡。这样，就要把国内经济与国外经济作为一个整体进行分析。本节正是从这种开放经济的角度来分析一国的国民收入决定与调整的。

一、开放经济中的国民收入均衡

在开放经济中，国民收入的均衡仍然是由总需求与总供给决定。这里我们主要分析总需求在开放经济中如何决定一国的国民收入与国际收支状况。

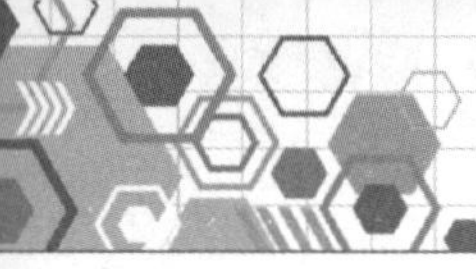

(一)开放经济中的总需求

开放经济中的总需求与封闭经济中的总需求不同。在开放经济中,一部分国内产品要卖给外国人(出口),国内居民的一部分支出主要用于购买外国产品(进口)。因此,在开放经济中,要区分国内支出(国内总需求)与对国内产品支出(对国内产品总需求)这两个概念。国内支出指国内居民、厂商与政府的支出,其中部分用于国内产品,部分用于进口产品。对国内产品的支出包括了本国对国内产品的支出与国外对本国产品的支出。国内支出中减去进口,是本国对国内产品的支出,国外对本国产品的支出就是出口。所以,有如下关系:

对国内产品的支出=国内支出-进口+出口=国内支出+(出口-进口)

=国内支出+净出口

这时决定国内国民收入水平的总需求不是国内总需求,而是对国内产品的总需求。在分析开放经济中国民收入均衡时,我们仍然用IS-LM模型。

(二)开放经济中的IS-LM模型与国民收入均衡

在运用IS-LM模型分析开放经济中的均衡时有以下几点假设。第一,不考虑价格变动对均衡的影响,即假设价格是不变的。第二,不考虑资本项目对均衡的影响,即只分析经常项目对均衡的影响,而且用贸易收支状况来代表外在均衡。第三,假定出口不变,进口取决于国民收入,与国民收入同方向变动,即进口随国民收入的增加而增加,随国民收入的减少而减少。可用图6-20来说明开放经济中的国民收入均衡。

在图6-20中,IS曲线与LM曲线相交于E,决定了利息率为r_0,国民收入为Y_0。NX=0代表外在均衡,即贸易收支均衡。在假定出口不变时,进口由国民收入决定,当国民收入为Y_B时,所决定的进口与出口相等,从而贸易收支均衡,即净出口为零(NX=0)。如果国民收入小于Y_B(在图中Y_B之左),这时进口小于Y_B时的进口,因此,出口大于进口,贸易收支有盈余(NX>0)。如果国民收入大于Y_B(在图中Y_B之右),这时进口大于Y_B时的进口,因此,出口小于进口,贸易收支有赤字(NX<0)。图6-20中的情况是$Y_0<Y_B$,所以贸易收支有盈余。

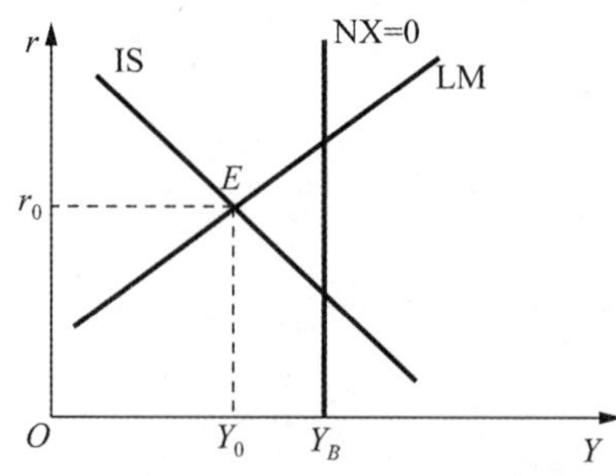

图6-20 国内总需求与国民收入均衡

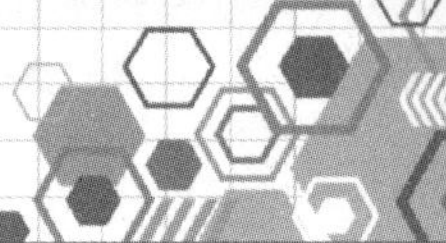

二、开放经济中的国民收入均衡的变动

这里是运用 IS－LM 模型分析总需求（对国内商品的总需求）变动对内在均衡与外在均衡的影响。

（一）国内总需求的增加

国内总需求的增加会使 IS 曲线向右上方移动，这就会使均衡的国民收入增加，同时也会使贸易收支状况恶化，出现贸易收支盈余减少或赤字增加。

在图 6-21 中，由于国内总需求增加，使 IS 曲线从 IS_0 移动到 IS_1，这时 IS_1 与 LM 曲线相交于 E_1，决定了国民收入为 Y_1，即国民收入从 Y_0 增加到了 Y_1。由于国民收入增加、进口增加，因此就会使贸易收支盈余减少，贸易收支状况恶化。应该注意的是，这时国内总需求是增加的。

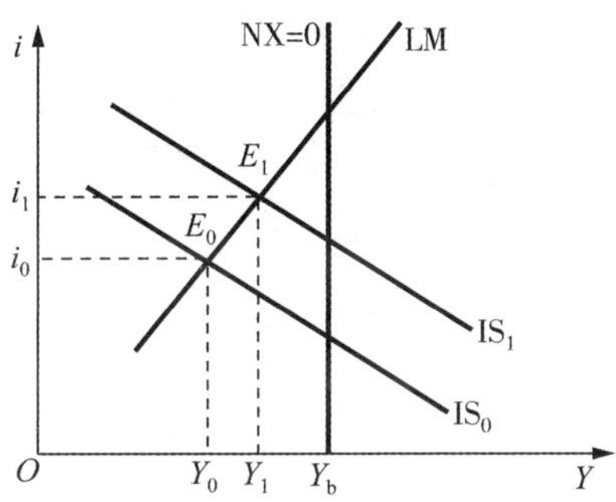

图21　国内总需求增加与国民收入均衡

对国民收入增加的影响大小，即国内总需求增加所引起的国民收入增加量，取决于乘数的大小。但开放经济中的乘数要考虑到进口增加在国民收入增加中所占的比例。进口增加在国民收入增加中所占的比例，称为边际进口倾向。开放经济中的乘数称为对外贸易乘数。对外贸易乘数的公式为

$$\text{对外贸易乘数}=\frac{1}{1-\text{边际消费倾向}+\text{边际进口倾向}}$$

这一乘数小于封闭经济中的乘数。

根据上述论述可以推出：国内总需求的减少会使国民收入减少，并使贸易收支状况改善（贸易收支盈余增加或赤字减少）。可见这时国内总需求的增加（如政府支出的增加），不仅会影响国内的国民收入、贸易收支状况，而且国内总需求增加所引起的国民收入增加量也与封闭经济时不一样。

（二）出口的增加

出口的增加提高了对国内产品的需求，从而总需求增加，并使国民收入增加。国民收入的增加会使进口增加，但由于这时国民收入的增加是由出口增加引起的，而一般情况下，出口增加所引起的国民收入增加不会全用于进口（边际进口倾向是小于 1 的），所以贸易收支状

况改善（贸易盈余增加或赤字减少）。可用图 6-22 来说明这一点。

在图 6-22 中，出口增加使总需求增加，从而 IS 曲线从 IS_0 移动到 IS_1，IS_1 与 LM 曲线相交，决定了国民收入为 Y_1，即国民收入从 Y_0 增加到 Y_1。由于出口增加，贸易收支均衡水平由原来的 Y_{b1} 变为 Y_{b2}，即在 Y_{b2} 时实现了贸易收支均衡（$NX_2=0$）。国民收入增加中进口的增加小于出口的增加，贸易收支状况改善。

当国内总需求中由对进口商品的需求变为对国内产品的需求时，也同样会增加对国内产品的总需求，从而与出口增加的影响相同，即国民收入增加，贸易收支状况得以改善。

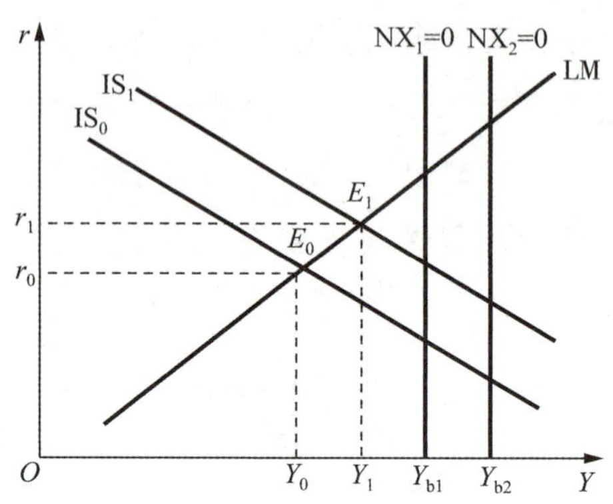

图 6-22　出口增加与国民收入均衡

三、开放经济中的国民收入均衡调节

开放经济中，各国的国民收入决定与变动是相互影响的。一国的失业与通货膨胀会通过不同的渠道传递到其他国家。各国之间的这种相互依赖性，是我们分析开放经济中一国国民收入调节的出发点。

（一）开放经济中国民收入经济调节的原则——最优政策配合

内在均衡与外在均衡的矛盾要求经济学家寻找出最优政策配合的方案。最优政策配合的含义是：在国内外需要不同调节政策的情况下，所采用的政策应使其中一种政策的积极作用超过另一种政策的消极作用。在选择最优政策时，首先应该注意各种政策对内与对外的不同影响。货币政策对外的影响往往要大于对内的影响。例如，货币量增加通过利息率下降产生对国内总需求的刺激作用，比利息率下降对资本流入的影响要小。财政政策对内的影响往往要大于对外的影响。例如，增加政府支出引起的国民收入增加的作用要大于增加进口的作用。其次应该确定政策所要解决的主要问题。例如，如果在国内经济衰退与国际收支盈余的情况下，主要是解决国内经济衰退问题，那就要把政策重点放在刺激国内经济上。最后要把各种政策配合作用，用一种政策去抵消另一种政策的副作用。

加拿大经济学家 R. 蒙德尔提出了解决最优政策配合的有效市场分类原理。这一原理认为，每一种政策手段应当用于其能产生最大的有利影响的市场或经济环境。其对另一种市场或经济环境所必然产生的某种副作用，可用性质相反的另一种经济手段加以抵消，两种经济政策的相互配合就可以达到这一目的。例如，在第三种情况，即国内通货膨胀与国际收支盈余的情况下，应该采用紧缩性财政政策以制止通货膨胀，同时采用扩张性货币政策增加货币量，降低利息率，以使资本流出，克服国际收支盈余。在第四种情况，即国内经济衰退与国际收支赤字的情况下，则可用扩张性财政政策与紧缩性货币政策相结合，以摆脱国内经济衰退，同时又吸引外资克服国际收支赤字。此外，还可以用对外经济政策来配合国内经济政策。例如，在第五种情况，即国内经济均衡与国际收支赤字时，可以通过支出转换政策来调节。支出转换是在对国内产品总需求保持不变的情况下，改变总需求的构成，即通过保护贸易政策或汇率贬值政策来减少进口，以使国内经济仍保持均衡，而国际收支赤字得以消除。

最优政策配合是一个很复杂的问题，不仅要考虑到国内外的经济状况、政策目标、政策效应等问题，还要考虑到各种复杂的政治因素、国际关系、一国的历史传统等问题。例如，在通过增加进口来消除国际收支盈余时，应考虑到本国的边际进口倾向有多大。边际进口倾向是由许多经济与非经济因素决定的，在一定的时期内有相对稳定性。如果一国由于历史原因边际进口倾向较低，那么增加进口消除国际收支盈余的作用就有限。此外，在通过扩张性货币政策降低利息率，以吸引资本流入、消除国际收支赤字时，还要考虑资本流动对本国利息率变动的反应程度，这种反应程度在相当程度上取决于一国的政局是否稳定、投资环境与政策是否足以吸引外资等。在通过出口来增加国民收入、消除国际收支赤字时，应考虑到国际经济形势及世界市场对本国出口产品的需求弹性。如果国际经济处于衰退时期，而且本国出口产品在世界市场上的需求弹性低，那么这一政策就很难奏效。

（二）国际资本流动与各国经济的相互依赖性

在当前世界上，除了国际贸易之外，国际资本流动也把各国经济紧紧联系在一起。

这种联系可能是短期资本的流动，也可能是利率的变动。在前一种情况下，如果一国发生了衰退而引起资金周转不灵，从各国抽回资本或减少对外投资，就会引起其他国家由于资本外流而产生总需求减少，从而也发生经济衰退。在后一种情况下则是一国经济变动引起利率变动，而利率变动引起国际短期资本流动，从而影响其他国家的经济。这一点我们就不详细分析了。

（三）国际贸易与各国经济的相互依赖性

各国经济的相互依赖性，即失业与通货膨胀的相互传递，主要是通过国际贸易的渠道发生的。

在开放经济中，各国国民收入的决定与变动是相互影响的。一国国内总需求与国民收入的增加会通过进口的增加而影响对国外产品的需求，从而使与之有贸易关系的国家的国民收入也增加。这种一国总需求与国民收入增加对别国的影响，称为“溢出效应”。反过来，别国由于溢出效应所引起的国民收入增加，又会通过进口的增加使最初引起溢出效应的国家的国民收入再增加，这种影响称为“回波效应”。这两种效应概括了各国间国民收入变动的相互影响。

各国之间相互影响的程度并不一样，大体取决于以下几个因素。第一，国家的大小。一般来说，大国对小国的影响大，小国对大国的影响小。第二，开放程度。开放程度高的国家对别国的影响与受别国的影响都大；相反，开放程度低的国家对别国的影响与受别国的影响都小。第三，边际进口倾向的大小。一国的边际进口倾向越高，对别国的影响与受别国的影响越大；反之，一国的边际进口倾向越低，对别国的影响与受到别国的影响越小。

各国间的这种影响是很重要的。根据经济合作与发展组织的估算，美国的总需求增加1%，使德国的国民收入增加0.23%，即美国对德国的溢出效应为0.23%。而德国国民收入增加0.23%，又会使美国的国民收入增加0.011 5%，即德国对美国的回波效应为0.011 5%。这种影响对经济的作用相当大。例如，德国1981—1982年的经济衰退就是依靠美国的复兴而得以摆脱的。也就是说，因为美国经济复兴引起的国民收入增加提高了进口水平，而美国的进口中有相当一部分来自德国，这就增加了德国的出口，使其经济摆脱衰退。

总之，通过溢出效应与回波效应，国际贸易将各种经济紧紧联系在一起，既可以由一国的繁荣带动其他国家的繁荣，也可以由一国的萧条引起其他国家的萧条。

（四）开放经济中经济调节的困境

在开放经济中，进行经济调节时，一方面要考虑到各国经济的相互关系，另一方面又要同时实现内在均衡与外在均衡。我们这里重点分析同时实现内在均衡与外在均衡的困难。

如前所述，内在均衡是充分就业与物价稳定，外在均衡是国际收支平衡。这三者之间的关系在现实中则有不同的情况。可以把这三种关系组合的情况归纳如下：

国内通货膨胀与国际收支赤字；

国内经济衰退与国际收支盈余；

国内通货膨胀与国际收支盈余；

国内经济衰退与国际收支赤字；

国内经济均衡与国际收支赤字；

国内经济均衡与国际收支盈余；

国内通货膨胀与国际收支均衡；

国内经济衰退与国际收支均衡；

国内经济均衡与国际收支均衡。

在上述九种情况中，第九种实现了内在均衡与外在均衡，不用进行任何调节，是最优状态。但这种情况毕竟是少的，大量存在的还是其他八种情况。在这八种情况中，第一种与第二种情况很好解决。在第一种情况下，采取紧缩性的政策，就可以使总需求得到抑制，国民收入减少，抑制通货膨胀；国民收入的减少又会使进口减少，从而消除国际收入赤字。第二种情况采取扩张性政策，就可以刺激总需求，使国民收入增加，经济摆脱衰退；国民收入的增加又会增加进口，从而消除国际收支盈余。但从第三种到第八种情况，则存在着政策上的矛盾。例如，第三种情况，如采用紧缩性政策，可以制止国内的通货膨胀，但国民收入的减少则会减少进口，使国际收支盈余更多；而采取扩张性政策，增加国民收入固然可以增加进口，减少国际收支盈余，但又加剧了国内的通货膨胀。第四种情况与此相反，采用扩张性政策可以摆脱国内经济衰退，但加重了国际收支赤字；采用紧缩性政策可以减少国际收支赤字，但加剧了经济衰退。第五与第六种情况是国内实现了均衡，而国际收支不平衡，采取任何解决国际收支不平衡的政策，都会破坏国内的均衡。第七与第八种情况是国际收支均衡，但国内不均衡，采取任何解决国内问题的政策，都会破坏国际收支的均衡。这些矛盾的情况，使经济政策面临着进退维谷的困境，这就是同时实现内在均衡与外在均衡的困难。

第六节　凯恩斯的基本理论框架

前面几节介绍的产品市场均衡、货币市场均衡及两个市场的同时均衡，实际上是西方经济学家对凯恩斯经济理论整个体系所作的标准阐释。凯恩斯经济理论奠定了现代西方宏观经济学的基础，这一理论发表于他的《就业、利息和货币通论》中，其经济理论纲要如下。

第一，国民收入决定于消费与投资。

第二，消费由消费倾向和收入决定。消费倾向分为平均消费倾向和边际消费倾向。边际消费倾向大于0而小于1，因此，收入增加时，消费也在增加。但在增加的收入中，用来增加消费的部分所占比例可能越来越小，用于增加储蓄的部分所占比例可能越来越大。

第三，消费倾向比较稳定。因此，国民收入波动主要来自投资的变动。投资增加或减少会通过投资乘数引起国民收入的多倍增加或减少。投资乘数与边际消费倾向有关。由于边际消费倾向大于0而小于1，因此投资乘数大于1。

第四，投资由利率和资本边际效率决定。投资与利率呈反方向变动关系，与资本边际效率呈正方向变动关系。

第五，利率决定于流动偏好与货币数量。流动偏好是货币需求，由 L_1 和 L_2 组成，其中 L_1 来自交易动机和谨慎动机，L_2 来自投机动机。货币数量 M 是货币供给，由满足交易动机和谨慎动机的货币和满足投机动机的货币组成。

第六，资本边际效率由预期收益和资本的供给价格或者说重置成本决定。凯恩斯认为，形成资本主义经济萧条的根源是消费需求和投资需求所构成的总需求不足以实现充分就业。消费需求不足是由于边际消费倾向小于1，即人们不会把增加的收入全用来增加消费，而投资需求不足来自资本边际效率在长期内递减。为解决有效需求不足，必须发挥政府作用，用财政政策和货币政策来实现充分就业。财政政策就是用政府增加支出或减少税收以增加总需求；通过乘数原理引起收入多倍增加。货币政策是用增加货币供给量以降低利率，刺激投资从而增加收入。由于存在“流动性陷阱”，所以货币政策效果有限，增加收入主要靠财政政策。

思考练习

1. 什么是货币需求？人们需要货币的动机有哪些？
2. 什么叫“流动性陷阱”？
3. 简述 IS－LM 模型。
4. 运用 IS－LM 模型分析产品市场和货币市场失衡的调整过程。
5. 总需求曲线为什么向右下方倾斜？
6. 降低工资对总需求和总供给有何影响？
7. 导致总供给曲线移动的主要因素有哪些？

第七章

失业与通货膨胀理论

学习目标

通过对通货膨胀理论、失业理论以及通货膨胀与失业关系理论的学习，学会初步分析现实经济生活中的通货膨胀现象、失业现象以及通货膨胀与失业存在交替关系的现象，对经济生活中出现的新现象有一定的分析能力。

第一节　失业理论

一、失业的含义及类型

（一）失业的含义

一般说来，失业是劳动力供给大于劳动力需求导致的结果。所谓失业者并不是指所有没有工作的人，而是指在规定的年龄范围内，愿意工作并积极寻找工作却没有找到工作的人。在规定的年龄之外的，包括已退休、丧失工作能力、在校学习以及不愿寻找工作的自愿失业者都不应计入失业人数，也不计入劳动者人数。

计量失业有两个指标：失业人数和失业率。失业率是失业人数占全部劳动者人数的百分比。

各国对失业的计算都有明确的规定。例如，在美国，凡年满 16 周岁、愿意工作而没有工作的人，都计入失业人数；而在有些国家，则只把领取失业救济金的人算作失业者。可见，各国的失业率统计数字并不完全可比。美国的失业统计数字是通过对大约 6 万个家庭的随机抽样调查得出的。

（二）失业的类型

按失业产生的原因可将失业分为摩擦性失业、结构性失业和周期性失业。

(1) 摩擦性失业。摩擦性失业是劳动者正常流动过程中产生的失业。这种失业是市场制度本身决定的，与劳动力供求状态无关，即使充分就业也要有摩擦性失业。这里所说的劳动者流动过程包括劳动者的新老交替、人们出于资源配置优化和判断的原因而转移就业职位等。只要人们改变工作态度，都需要花费一定的时间寻找工作，就必然会有摩擦性失业的存在，它是市场对人力资源进行配置不可缺少的条件和代价。

摩擦性失业量的大小取决于劳动力流动性的大小和寻找工作需要的时间长短。劳动力流动性是由制度性因素、社会文化因素、经济结构和劳动力结构所决定的；寻找工作所需要的时间则主要取决于获取工作的信息难易程度和速度以及失业的代价和失业者承担这种代价的能力。信息越不充分，寻找工作时间越长，摩擦性失业率越高。

(2) 结构性失业。结构性失业是由经济结构的变化，劳动力的供给和需求在职业、技能、产业、地区分布等方面的不协调所引起的失业。经济发展、技术进步、人口规模和构成的变化以及消费者偏好的改变都会引起经济结构的变化，并引起对劳动力的需求结构改变。劳动力供给结构往往会滞后于劳动力需求结构变化，从而产生结构性失业。结构性失业的最大特点是劳动力供求总量大体相当，但存在着结构性的供求矛盾，即存在失业的同时，也存在劳

动力的供给不足。结构性失业也是经济发展不可缺少的必要条件和代价，结构性失业多伴随着经济结构的升级和调整，而这又恰好是经济发展的重要前提。

(3) 周期性失业。周期性失业是指因劳动力总需求不足引起的失业，因而常常又称为"需求不足型失业"。在局部地区和个别行业中出现的劳动力需求不足属于结构性失业。在经济周期性波动中，当国民经济总需求或总产出下降时，对商品和劳务的需求也会减少，这种需求变化又会引起对劳动力这种派生性需求的变化。在工资刚性条件下，国民经济有效需求不足会排斥就业，形成周期性失业。

(三) 自然失业率

在充分就业条件下，除自愿性失业以外，依然会存在一定程度的失业，即由摩擦性失业和结构性失业组成的失业，这种情况下的失业率又被称为自然失业率。

显然，如果经济处在自然失业率水平，则意味着经济在潜在国民收入水平上运行。但实际的失业率一般要高于自然失业率，因此实际国民收入要小于潜在国民收入水平。

自然失业率是劳动力市场和商品市场处于均衡状态的失业率，也是经济稳定运行的失业率，是能够长期持续存在的最低失业率。当实际失业率低于自然失业率时，表明劳动力市场出现了供不应求的现象，这时的工资和物价水平将呈上升趋势，引起通货膨胀；而实际的失业率高于自然失业率时，表明劳动力市场出现了供大于求的现象，使国民收入低于潜在国民收入水平，形成产出上的损失。

由于摩擦性失业和结构性失业是市场经济中不可缺少的条件，因此，自然失业率也不可能降至零，任何政府企图消除全部失业，只能带来经济运行的扭曲，形成通货膨胀和资源配置效率的下降。但是，听任自然失业率提高或让经济政策引起自然失业率提高，也会给经济带来损失。

在西方国家，自然失业率呈上升趋势，20 世纪 50 年代为 4%，70 年代为 5%，80 年代上升到 6%，目前以 5%作为自然失业率的参考值。一般认为，自然失业率上升主要有下列三个方面的原因。第一，劳动力结构的变化。在近 30 年中，黑人和妇女的劳动参与率大大提高，使这部分劳动力的比重上升，成年白人劳动力的比重下降。这部分劳动力的比重下降必然会引起总体自然失业率的上升。第二，政府政策的影响。西方国家普遍实行的高福利政策，鼓励了人们对工作的挑剔，刺激了人们增加寻找工作的时间，加重了摩擦性失业。第三，结构性因素的影响。进入 20 世纪 70 年代，新技术革命和世界性石油危机给西方各国经济结构带来了巨大变化，结构性升级不断加速，企业进入退出频繁，这必然会提高结构性失业率。

总之，自然失业率是一个与制度因素有关的重要经济范畴，也是政府进行经济调控的重要参考依据，它不是一成不变的，也不是将人力资源作为对象进行优化配置的最优失业率。毫无疑问，进行制度创新可以降低自然失业率，增加国民收入，提高社会福利。

二、失业的影响与奥肯定律

一般来说，失业的存在对个人和社会都会造成不良的影响。对个人来说，如果自愿失业，

在一定意义上会给其带来闲暇的享受；但如果是非自愿失业，则会使其收入减少，从而使生活水平下降。

对社会来说，失业增加了社会福利支出，造成财政困难；同时，失业率过高又会影响社会安定，带来其他社会问题。从整个经济看，失业对经济造成的最大损失就是实际国民收入的减少。

失业会引起增长率多大的损失？20 世纪 60 年代美国经济学家阿瑟·奥肯根据美国的数据估算出失业率与实际 GDP 之间的经济关系，这就是经济学中所说的奥肯定律。

奥肯定律的内容是：失业率每高于自然失业率 1 个百分点，实际 GDP 将低于潜在 GDP2 个百分点。换一种方式说，相对于潜在 GDP，实际 GDP 每下降 2 个百分点，实际失业率就会比自然失业率上升 1 个百分点。

假设潜在 GDP 为 3%，这时奥肯定律可写为

$$失业变动率=-1/2\times（实际\ GDP\ 增长率-3\%）$$

当实际 GDP 增长率为 3%时，失业率不变，这时的失业率是自然失业率。假设实际 GDP 增长率为 5%，则有

$$失业变动率=-1/2\times（5\%-3\%）=-1\%$$

这就说明，当实际 GDP 增长高于 3%时，失业率下降；如果实际 GDP 增长率高于潜在 GDP 增长率 2 个百分点，则失业率下降 1 个百分点。

假设实际 GDP 增长率为 1%，则有

$$失业变动率=-1/2\times（1\%-3\%）=1\%$$

这时，失业率提高 1%。

奥肯定律揭示了产品市场与劳动市场之间极为重要的关系，它描述了实际 GDP 的短期变动与失业率变动的联系。根据这个定律，可以通过失业率的变动推测或估计 GDP 的变动，也可以通过 GDP 的变动预测失业率的变动。

奥肯定律的一个重要结论是：实际 GDP 必须保持与潜在 GDP 同样快的增速，以防止失业率的上升。如果政府想让失业率下降，那么，该经济社会的实际 GDP 的增速必须快于潜在 GDP 的增速。奥肯定律是根据美国 20 世纪 60 年代的统计资料得出的，是一个经验统计公式，不一定适用于其他国家，也不一定适用于美国的其他时期，但它指出的失业率与实际 GDP 增长率呈反方向变动的关系是普遍存在的。

失业的利与弊

从利的方面看，一定量的失业人员是市场经济下劳动力的“蓄水池”，它有利于企业根据生产经营状况及时吞吐劳动力；它还有利于用人单位选择合格的或高素质的劳动力；对失业人员的就业引入竞争机制，又可以促使失业人员努力提高自己的素质；有失业问题存在也使在业人员产生“可能失去饭碗”的危机感，从而努力做好本职工作，争取职业的稳定和收入的提高。这些无疑是社会进步所需要的。

从弊的方面看，失业使部分劳动力失去了工作也就失去了生活费的来源，生活水平会降低，其社会地位也会下降。长期失业还会带来婚姻家庭等方面的问题，也会引起失业人员对政府的不满等。失业人员无工作还会在社会上游荡，成为社会不稳定的一个因素。大批人员的失业会降低社会消费水平，从而影响经济的发展速度。因此，不少市场经济国家把失业问题作为社会发展的“头号敌人”，把降低过高的失业率作为政府工作的重要内容。

第二节 通货膨胀理论

一、通货膨胀的定义

通货膨胀是宏观经济运行中经常出现的一种现象，也是宏观经济运行中的一种病态。通货膨胀是指一个经济体中的大多数商品和服务的价格在一定时期内持续、显著、普遍的上升过程，或者说货币实际购买力在一定时期内持续的下降过程。对这一定义的理解应把握以下几点。第一，强调把商品和服务的价格作为考察对象，目的在于与股票、债券以及其他金融资产的价格相区别。第二，强调“货币价格”，即每单位商品、服务用货币数量标出的价格。需要指出的是，通货膨胀分析中关注的是商品、服务与货币的关系，而不是商品、服务与商品、服务之间的对比关系。第三，强调“总水平”，说明这里关注的是普遍的物价水平波动，而不仅仅是地区性的或某类商品及服务的价格波动。第四，关于“持续上涨”，是强调通货膨胀并非偶然的价格跳动，而是一个“过程”，并且这个过程有着向上的趋势。

二、通货膨胀的衡量

衡量通货膨胀的程度，从世界各国的实际做法来看，主要有三个标准：消费价格指数（Consumer Price Index，CPI）、生产者价格指数（Producer Price Index，PPI）和 GDP 折算指数。

CPI 说的是，对普通家庭的支出来说，购买具有代表性的一组商品，在今天要比在过去某一时间多花费多少。具体计算方法是，人们有选择地选取一组（相对固定）商品和劳务，然后用当期价格购买的花费与按基期价格购买的花费进行比较。用公式表示，就是

CPI＝（一组固定商品按当期价格计算的价值÷
一组固定商品按基期价格计算的价值）×100

例如，如果把 2010 年定为基年，某国普通家庭在 2010 年每个月购买一组商品的费用为 857 元，2011 年购买同样一组商品的费用是 1 174 元，那么该国 2011 年 CPI 就为 CPI_{2011}＝（1 174÷857）×100＝137。

作为衡量生产原料和中间投入品等价格水平的价格指数，PPI是对给定的一组商品的成本的度量。它与CPI的一个不同之处在于，它包括原料和中间产品。

GDP折算指数是指名义GDP与实际GDP的比值，其公式为

$$\text{GDP 折算指数} = \text{名义 GDP} \div \text{实际 GDP}$$

其中，名义GDP是用生产物品和劳务的当年价格计算的全部最终产品的市场价值，实际GDP是用从前某一年作为基期的价格计算出来的全部最终产品的市场价值。

以CPI度量通货膨胀，其优点在于消费品的价格变动能够及时反映消费品供给与需求的对比关系，直接与公众的日常生活相联系，在检验通货膨胀效应方面有其他指标难以比拟的优越性，因此多数国家度量通货膨胀采用这种指标；其局限性在于消费品只是社会最终产品的一部分，不足以说明全局的情况。

PPI旨在对销售过程开始阶段的价格的度量，这使PPI成为表示一般价格水平变化的一个信号，被当作经济周期的指示性指标之一，受到政策制定者的密切关注。但是，这个指标的变动规律同消费品物价的变动规律有显著区别。在一般情况下，即使存在过度需求，其波动幅度也常常小于零售商品价格波动幅度。因而，在使用它判断总供给与总需求对比关系时，可能会出现信号失真的现象。

GDP折算指数是一个能反映综合物价水准变动情况的指标。它的优点是覆盖范围全面，能度量各种商品价格变动对价格总水平的影响。但它容易受价格结构因素的影响。例如，虽然与公众生活密切相关的消费品价格上涨幅度已经很高，但其他商品价格却变动幅度不大，就会出现GDP折算指数虽然不高但公众的日常消费支出已明显增加的状况。它的主要用途是对国民经济的综合指标进行名义值与实际值的换算。

三、通货膨胀的类型

对于通货膨胀，可以从三个不同的角度来进行划分。

（一）按照价格上升的速度划分

（1）温和的通货膨胀，指年通货膨胀率在10%以内。一般认为这种温和的通货膨胀不会对经济造成巨大的恶性影响，甚至还有经济学家认为这种缓慢而持续的价格上升能对经济和收入的增长有积极的刺激作用。

（2）奔腾的通货膨胀，指年通货膨胀率在10%以上、100%以下。这时，货币流通速度提高而货币的实际购买力下降。这种通货膨胀对经济具有较大的破坏作用，因为当这种通货膨胀发生以后，由于价格上涨速度快、上涨幅度大，公众预期价格还会进一步上涨，因而会采取各种手段来保持自己，如将货币换成房产、汽车、黄金和珠宝等保值商品或者大量囤积商品，从而使产品市场和劳动市场的均衡遭到破坏，正常的经济运行秩序被破坏，经济体系受损。

（3）超级通货膨胀，指年通货膨胀率在100%以上。发生这种通货膨胀时，价格持续猛涨，人们都尽快地使货币脱手，从而大大加快了货币流通速度。其结果使货币完全失去了人

们的信任，货币的购买力大幅下降，各种正常的经济联系遭到破坏，以致货币的价格体系最后完全崩溃，在严重的情况下，还会出现社会动乱。

（二）按照对不同商品的价格影响程度划分

（1）平衡的通货膨胀，即各种商品的价格都按相同的比例上升。这里所指的商品价格包括生产要素以及各种劳动的价格，如工资、租金、利息等。

（2）非平衡的通货膨胀，即各种商品价格上升的比例并不完全相同。例如，近年来我国房地产价格上升迅速，而一般日用消费品如家电、计算机、汽车等商品的价格反而有下降的趋势。

（三）按照人们的预期程度划分

（1）未预期到的通货膨胀，即人们没有预料到价格会上涨或者价格上涨的速度超过了人们的预计。

（2）预期到的通货膨胀，即人们预料到价格会上涨。

这两种通货膨胀对人们正常生活的影响是不同的。未被预期的通货膨胀可能导致货币工资率的上升滞后于物价的上涨，从而使利润上升，至少暂时会有一种扩大就业、扩大总产出水平的效应。如果通货膨胀事先已经被完全预料到，那么各经济主体将按预期来调整其经济行为，从而使通货膨胀的短期扩张效应不会产生。

四、通货膨胀的成因

通货膨胀的成因理论是关于通货膨胀形成机理的假说。下面介绍西方经济学家提出的几种主要假说。

（一）需求拉动型通货膨胀

需求拉动型通货膨胀，是指总需求超过总供给所引起的一般价格水平的持续、显著的上涨。需求拉动型通货膨胀理论可简述为“过多的货币追逐过少的商品”。图 7-1 常被用来说明需求拉动型通货膨胀。

图 7-1 中，横轴 Y 表示总产出（国民收入），纵轴 P 表示一般价格水平。AD 为总需求曲线，AS 为总供给曲线。总供给曲线起初呈水平状。这表示，当总产量较低时，总需求的增加不会引起价格水平的上涨。在图 7-1 中，产量从零增加到 Y_1，价格水平始终稳定。总需求曲线 AD_1 与总供给曲线 AS 的交点 E_1 决定的价格水平为 P_1，总产量水平为 Y_1。当总产量达到 Y_1 以后，继续增加总供给，就会遇到生产过程中所谓“瓶颈”，即由于劳动、原料、生产设备等的不足而使成本提高，从而引起价格水平的上涨。图中总需求曲线 AD 继续提高时，总供给曲线 AS 便开始逐渐向右上方倾斜，价格水平逐渐上涨。总需求曲线 AD_2 与总供给曲线 AS 的交点决定的价格水平为 P_2，总产量为 Y_2。当总产量达到最大，即为充分就业的产量 Y_f 时，整个社会的经济资源全部得到利用。图 7-1 中总需求曲线 AD_3 同总供给曲线 AS 的交点

E_3 决定的价格水平为 P_3，总产量水平为 Y_f。价格水平从 P_1 上涨到 P_2 和 P_3 的现象被称作“瓶颈式的通货膨胀”。在达到充分就业的产量 Y_f 以后，如果总需求继续增加，总供给就不再增加，因而总供给曲线 AS 呈垂直状。这时总需求的增加只会引起价格水平的上涨。例如，图 7-1 中总需求曲线从 AD_3 提高到 AD_4 时，它同总供给曲线的交点所决定的总产量并没有增加，仍然为 Y_f，但价格水平已从 P_3 上涨到 P_4，这就是需求拉动型通货膨胀。

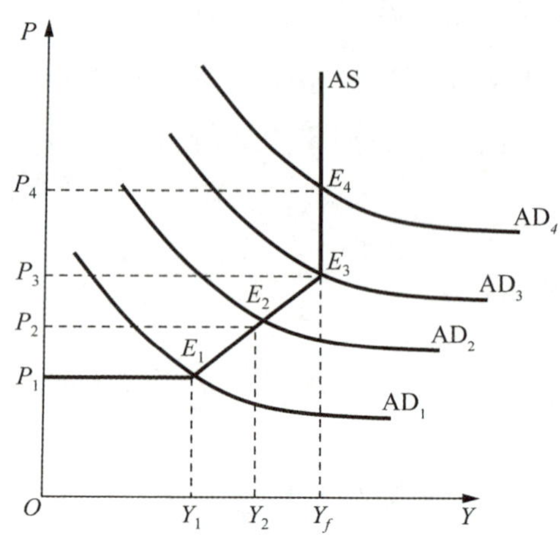

图 7-1　需求拉动型通货膨胀

经济学家认为，不论总需求的过度增长是来自消费需求、投资需求，还是来自政府需求、国外需求，都会导致需求拉动型通货膨胀。需求方面的原因或冲击主要包括财政政策、货币政策、消费习惯的突然改变、国际市场的需求变动等。

（二）成本推动型通货膨胀

成本推动型通货膨胀侧重从供给或成本方面分析通货膨胀形成的机理，是指在没有超额需求的情况下由于供给方面成本的提高所引起的一般价格水平持续和显著的上涨。由供给因素变动形成的通货膨胀可以归结为两个原因：一是工会的力量对工资的提高要求；二是垄断行业中企业为追求利润制定的垄断价格。因此，供给和成本推动型通货膨胀也应当从工资推进和利润推进两个方面来考察。

（1）工资推进型通货膨胀。这种理论是以“存在强大的工会组织，从而存在不完全竞争的劳动市场”为假定前提的。在完全竞争的劳动市场条件下，工资率取决于劳动的供求，而当工资是由工会和雇主集体议定时，这种工资则会高于竞争的工资。并且由于工资的增长率超过劳动生产率，企业就会因为人力资本的加大而提高产品价格，以维持盈利水平，这就是从工资提高开始而引发的物价上涨。工资提高引发物价上涨，价格上涨又引起工资提高，这在西方经济学中，称为工资—价格螺旋。需要指出的是，尽管货币工资率的提高有可能成为物价上涨的原因，但绝不能由此认为，任何工资率的提高都会导致工资推进型通货膨胀。如果货币工资率的增长没有超过边际劳动生产率的增长，那么因工资推进通货膨胀就不会发生。而且，即使货币工资率的增长超过了劳动生产率的增长，如果这种结果并不是由于工会发挥作用，而是由于市场对劳动力的过度需求，那么，也不是通货膨胀的推进原因，其原因是需

求的拉动。

（2）利润推进型通货膨胀。该类通货膨胀的成因是利润的推进，其前提条件是存在着物品和服务销售的不完全竞争市场。在完全竞争市场上，商品价格由供求双方共同决定，没有哪一方能任意操纵价格。但在垄断存在的条件下，卖主就有可能操纵价格，使价格的上涨速度超过成本支出的增加速度，以赚取垄断利润。如果这种行为的作用达到一定程度，就会形成利润推进型通货膨胀。

无论是工资推进型还是利润推进型，提出这类理论模型的目的都在于解释：在不存在需求拉动的条件下也能产生物价上涨。所以，总需求给定是假设前提。既然存在这样的前提，当物价水平上涨时，取得供求均衡的条件只能是实际产出的下降，相应地则必然是就业率的降低，因而这种条件下的均衡是非充分就业的均衡。成本推动型通货膨胀可用图 7-2 表示。

在图 7-2 中，横轴同样代表总产出或国民收入（Y），纵轴代表物价水平（P），Y_f 为充分就业条件下的国民收入。最初，社会总供给曲线为 A_1S，在总需求不变的条件下，由于生产要素价格提高，生产成本上升，使总供给曲线从 A_1S 上移至 A_2S 和 A_3S。结果，在国民收入由 Y_f 下降到 Y_2 和 Y_1 的同时（国民收入之所以下降是因为生产成本提高以后会导致失业增加，从而引致产量的损失），物价水平却由 P_0 上升到 P_1 和 P_2。

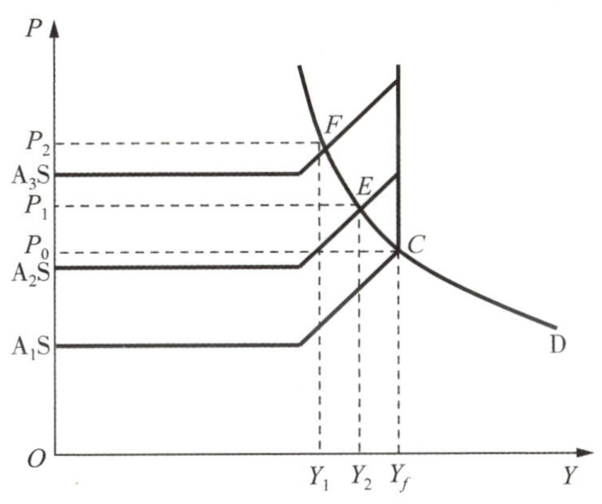

图 7-2　成本推动型通货膨胀

成本推动型通货膨胀旨在说明在整个经济还未达到充分就业的情况下物价上涨的原因，这种理论也试图被用来解释“滞胀”的成因。

（三）供求混合推进型通货膨胀

供求混合推进型通货膨胀的论点是将供求两个方面的因素综合起来，认为通货膨胀是由需求拉上和成本推进共同作用而引发的。这种观点认为，在现实经济社会中形成通货膨胀的原因究竟是由需求拉上还是成本推进很难分清：既有来自需求方面的因素，又有来自供给方面的因素，即所谓“拉中有推、推中有拉”。例如，一方面，通货膨胀可能从过度需求开始，而由于需求过度所引起的物价上涨会促使工会要求提高工资，因而转化为成本（工资）推进的因素。另一方面，通货膨胀也可能从成本方面开始，如迫于工会的压力而提高工资等。但如果不存在需求和货币收入的增加，这种通货膨胀过程是不可能持续下去的。因为工资上升会使失业增加或产量减少，结果将会使成本推进的通货膨胀过程终止。可见，成本推进只有

加上需求拉上才有可能产生一个持续的通货膨胀。现实经济中，这样的论点也得到论证：当非充分就业均衡严重存在时，则往往会引出政府的需求扩张政策，以期缓解矛盾。这样，成本推进与需求拉上并存的混合型通货膨胀就会成为经济生活的现实。供求混合推进型通货膨胀可用图 7-3 表示。

图 7-3 实际上是将前面所示两图综合在一起所得的结果。由于需求拉上（需求曲线从 D_1 上升至 D_2、D_3）和成本推进（供给曲线从 A_1S 上升至 A_2S、A_3S）的共同作用，物价则沿 CEFGI 呈螺旋式上升。

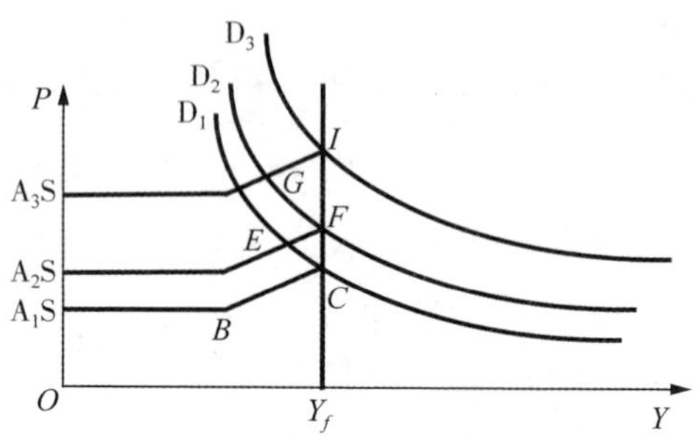

图 7-3 供求混合推进型通货膨胀

（四）结构性通货膨胀

结构性通货膨胀是指在没有需求拉动和成本推动的情况下，由于经济结构因素的变动，也会引起一般价格水平的持续上涨，这种原因导致的一般价格水平持续上涨被称为结构性通货膨胀。这个理论是由北欧学派提出的，它以实行开放经济的小国为探讨背景。这一学说认为，货币供应的超额增加只是通货膨胀的必要条件，因为通货膨胀总是与货币超额供给联系在一起的。从统计角度看，既可以把货币变动看成自变量，也可以把通货膨胀看成自变量，两者是一对孪生姐妹。但在一定条件下，货币超额不是通货膨胀的初始根源，其根源是结构性因素。由于经济结构的变动跟不上经济快速发展的要求，变动慢的经济部门成为经济发展的瓶颈制约部门，其产量供给弹性不大，因而发生这些部门的产品价格水平同经济发展同步上升的趋势，这些产品的价格作为成本因素，会不断地推动整个物价的上升。例如，在所考察的发展中国家中，在工业化程度较低时，整个农业与整个经济发展的矛盾尚不突出，但随着工业化和城市化的加速发展，对农产品的需求就会不断上升，引起农产品价格的上涨，使城市居民生活费用上涨，结果导致工资成本的上涨，推动整个物价水平的上升。同样道理，某些中间投入品的价格上涨，也会带来同样的效应。当然，这些中间投入品，或者由于垄断因素的存在，或者由于进口需求等因素，使供给难以适应经济发展的需要而增长。但是，由结构性因素所引起的物价普遍上涨有一个收敛的均衡点，其本身一般不会发展成为持续的通货膨胀。

当然，通货膨胀是现代经济社会中常见的也是复杂的一个社会经济现象，其产生的根源往往不仅仅是上述原因中的某一种，而是由其中两种或多种原因共同交织在一起的，这就需要根据不同的情况进行具体分析。

通货膨胀与通货紧缩的关系

1. 联系

（1）两者都是由社会总需求与社会总供给不平衡造成的，亦即由流通中实际需要的货币量与发行的数量不平衡造成的。

（2）两者都会影响正常的经济生活和社会经济秩序，因此必须采取切实有效的措施予以抑制。

2. 区别

（1）含义及实质不同。通货膨胀是指纸币的发行量超过流通中所需要的数量，从而引起纸币贬值、物价上涨的经济现象，其实质是社会总需求大于社会总供给；通货紧缩是指物价总水平在较长时间内持续下降的经济现象，其实质是社会总需求小于社会总供给。

（2）表现不同。通货膨胀表现为纸币贬值、物价上涨、经济过热等现象；通货紧缩则表现为物价持续下降、市场疲软、经济萎缩等现象。

（3）原因不同。通货膨胀主要是由纸币的发行量大大超过流通中所需要的货币量引起的。另外，经济结构不合理、固定资产投资规模过大、生产资料价格大幅调整、需求膨胀等因素也是引发通货膨胀的重要原因。通货紧缩主要是宏观经济环境变化，由卖方市场转变为买方市场引起的。另外，货币供应增长乏力、金融危机等因素也是引发通货紧缩的重要原因。

（4）危害性不同。通货膨胀的出现，直接引起纸币贬值，物价上涨，如果人们的实际收入没有增长，生活水平就会出现下降，购买力降低，商品销售困难，造成社会经济生活秩序混乱。通货紧缩则会引起物价下降，虽在一定程度上对人民生活有好处，但物价总水平长时间、大范围下降，会影响企业生产和投资的积极性，导致市场销售不振，对经济的长远发展和人民的长远利益不利。

（5）解决办法不同。抑制通货膨胀主要是实行适度从紧的货币政策和量入为出的财政政策，控制货币供应量和信贷规模；抑制通货紧缩主要是采取积极的财政政策和稳健的货币政策，加大投资力度，扩大内需，调整出口结构，努力扩大出口。

五、通货膨胀对经济的影响

要说明通货膨胀的后果，首先分析通货膨胀带来的经济效应。通货膨胀是一个到处扩散其影响的经济过程，每一个公民和经济中的其他经济单位都在一定程度上受到它的影响。

（一）通货膨胀经济效应

通货膨胀的经济效应比较广泛，这里主要从两个方面来考察。

1. 收入分配效应

在通货膨胀时期，人们的名义货币收入与实际货币收入之间会产生差距，只有剔除物价的影响，才能看出人们实际收入的变化。由于社会各阶层收入来源极不相同，因此，当物价总水平上涨时，有些人的收入水平会下降，有些人的收入水平反而会提高。这种由于物价上涨造成的收入再分配，就是通货膨胀的收入分配效应。

在发达的工业化国家，大多数人依靠工资或薪金生活，工资差不多就是他们的全部收入。在物价持续上涨的时期，工资劳动者的收入只有每隔一段时间作一定幅度的调整，使之与物价上涨保持大体相同的比率，才能保证其收入水平不下降。但在通货膨胀条件下的定期工资调整，只有依靠强大的工会力量才能做到；否则，工资的增长常会落后于物价上涨，这是一种普遍的现象。货币工资的增长相对于物价上涨的滞后时间越长，遭受通货膨胀的损失相应地也就越大。此外，从利息和租金取得收入的人受到的损失也会比较严重。

但与此同时，只要存在着工资对于物价的调整滞后，企业的利润就会增加，那些从利润中分取收入的人都能得到好处。

2. 资产结构调整效应

资产结构调整效应也称为财富分配效应。一个家庭的财富或资产由两部分组成：实物资产和金融资产。许多家庭还有负债，如借有汽车抵押贷款、房屋抵押贷款和银行消费贷款等。因此，一个家庭的财产净值是它的资产价值与债务价值之差。

在通货膨胀环境下，实物资产的货币价值大体随通货膨胀率的变动而相应升降。当货币值增长的幅度高于通货膨胀率时，同一种实物资产在不同条件下货币值的升降，较之通货膨胀率也有时高时低的情况。金融资产则比较复杂，其中占相当大份额的股票，它的行市是可变的，在通货膨胀之下会呈上升趋势。但影响股市的因素极多，所以股票绝非通货膨胀中稳妥的资产保值形式，尽管有些股票在通货膨胀之中使其持有者获得大大超出保值的收益。至于货币债权债务的各种金融资产，其共同特征是有确定的货币金额，这样的名义货币金额并不会随通货膨胀的存在而变化。显然，物价上涨，实际的货币额减少；物价下跌，实际的货币额增多。在这一领域中，防止通货膨胀损失的办法通常是提高利息率或采用浮动利率。但在严重的通货膨胀条件下，这样的措施往往难以弥补损失。所以，一般说来，通货膨胀有利于债务人而不利于债权人。

正是由于以上原因，每个家庭的财产净值在通货膨胀之下往往会发生很大变化。一般来说，小额存款人和债券持有人最容易受通货膨胀的打击。至于大的债权人，不仅可以采取各种措施避免通货膨胀带来的损失，而且他们同时是大的债务人，有可能享有通货膨胀带来的巨大好处。

（二）恶性通货膨胀与经济社会危机

以上分析了通货膨胀的经济效应，当发生恶性通货膨胀时，还可能进一步引发社会经济危机。

恶性通货膨胀会使正常的生产经营难以进行——在物价飞涨时，产品销售收入往往不足以补进必要的原材料；在物价迅速上涨的过程中，地区之间上涨幅度不均衡是必然现象，这就会造成原有商路的破坏、流通秩序的紊乱；迅速上涨的物价，使债务的实际价值下降，如果利息率的调整难以弥补由物价上涨所造成的货币债权损失，正常的信用关系也会极度萎缩。恶性通货膨胀只是投机行为的温床，而投机是经济肌体的腐蚀剂。

恶性通货膨胀还会引发突发性的商品抢购和挤兑银行的风潮。它所造成的收入再分配和人民生活水准的急剧下降则会导致阶级冲突的加剧。这一切的最终结果往往是政治的动荡。

最严重的通货膨胀会危及货币流通自身：纸币流通制度不能维持；金银贵金属会重新成为流通手段和支付手段；经济不发达地区则会迅速向经济的实物化倒退。

所以，各国政府在未遇到特殊政治麻烦的情况下，总是把控制通货膨胀作为自己的施政目标。

通货膨胀与实际购买力

如果你问一个普通人为什么通货膨胀是坏事，他将告诉你，答案是显而易见的：通货膨胀剥夺了他辛苦赚来的钱的购买力。当物价上涨时，每1元收入能购买的物品和劳务都少了。由此看来，通货膨胀直接降低了生活水平。

但进一步思考会发现这个回答有一个谬误。当物价上涨时，物品与劳务的购买者为他们所买的东西支付得多了。但同时，物品与劳务的卖者为他们所卖的东西得到的也多了。由于大多数人通过出卖劳务，如劳动，而赚到收入，所以收入的膨胀与物价的膨胀是同步的。因此，通货膨胀本身并没有降低人们的实际购买力。

人们相信这个通货膨胀谬误是因为他们没有认识到货币中性的原理。每年收入增加10%的工人倾向于认为这是对他自己才能努力的奖励。当6%的通货膨胀率把这种收入增加降低为4%时，工人会感到他应该得到的收入被剥夺了。事实上，实际收入是由实际变量决定的。例如，物质资本、人力资本、自然资本和可以得到的生产技术。名义收入是由这些因素和物价总水平决定的。如果把通货膨胀从6%降到零，工人每年的收入增加也会从10%降到4%，他不会感到被通货膨胀剥夺了，但他的实际收入并没有更快地增加。

如果名义收入倾向于与物价上涨保持一致，为什么通货膨胀还是一个问题呢？结果是对回答这个问题并没有一个单一的答案。相反，经济学家确定了几种通货膨胀的成本。这些成本中的每一种都说明了，持续的货币供给增长事实上以某种方式对实际变量产生影响。

第三节 失业与通货膨胀的关系：菲利普斯曲线

通过之前的分析可以看出，失业与通货膨胀是短期宏观经济运行中存在的两个主要问题，经济决策者在解决这两个问题的时候，往往会碰到这样一个矛盾：降低通货膨胀与降低失业率这两个目标是互相冲突的。利用总供给—总需求模型来分析，当政府通过财政政策或货币政策扩大总需求来增加就业时，客观上导致产出增加、就业增加、一般价格水平上涨，也就是说就业的增加是以物价的上涨为代价的；相反，如果政府紧缩总需求，则会使通货膨胀程度降低、失业率增加。因此，有必要从理论上探讨失业和通货膨胀之间的关系。在宏观经济学中，失业和通货膨胀的关系主要是用菲利普斯曲线来说明的。

一、菲利普斯曲线的含义

关于通货膨胀与失业的关系，经济学家是通过菲利普斯曲线（见图 7-4）来解释的。

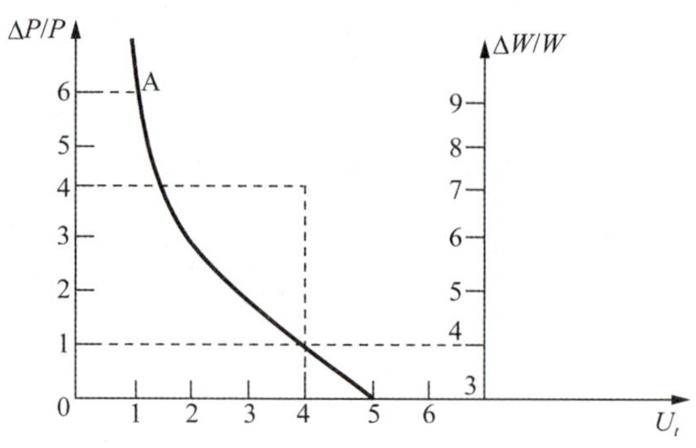

图 7-4 菲利普斯曲线

1958 年，当时在英国伦敦经济学院工作的新西兰经济学家菲利普斯，通过整理英国 1861—1957 年的统计资料，发现在货币工资增长率和失业率之间存在一种负相关的关系，这种关系可表示为

$$\Delta W_t = f\ (U_t)$$

式中，ΔW_t 表示 t 时期的货币工资增长率，U_t 表示 t 时期的失业率，两者具有负相关的函数关系。

把这样一种关系用曲线的形式反映出来就是菲利普斯曲线。

在图 7-4 中，横轴 U_t 表示失业率，左面的纵轴 $\Delta P/P$ 表示通货膨胀率，右面的纵轴 $\Delta W/W$ 表示货币工资增长率。

在图 7-4 中，菲利普斯曲线自左上方向右下方倾斜，表明货币工资上涨率或通货膨胀率越低，失业率越高，反之亦然。当失业率为 5%时，货币工资上涨率为 3%，通货膨胀率为 0。当失业率为 4%时，货币工资上涨率为 4%，通货膨胀率为 1%。

英国经济学家利普赛从理论上解释了失业率与货币工资上涨率之间的负相关。货币工资上涨率是与劳动市场超额需求程度相关的函数，而失业率是劳动市场超额需求的一个负指数。对劳动的需求越是超过供给，失业率越低，由于存在超额需求，雇主之间的竞争会驱使货币工资率上升；反之，失业率越高，劳动市场越是供过于求，货币工资率上涨就越少。

菲利普斯曲线本来只用于描述失业率与货币工资上涨率之间的关系，但西方经济学家认为，工资是成本的主要构成部分，从而也是产品价格的主要构成部分。因此，他们把菲利普斯曲线描述的那种关系延伸为失业率与通货膨胀率的替代关系：失业率高时，通货膨胀率就低；反之亦然。当然，通货膨胀率与货币工资上涨率并不是同一的，两者的差额即劳动生产率的增长率。假定劳动生产率的增长率为3%，货币工资也上涨3%，则不会引起物价上涨，所以菲利普斯曲线左纵轴上的刻度比右纵轴上的刻度少3个百分点。如果货币工资上涨率超过劳动生产率的增长率，则物价会随货币工资的上升而上涨。

菲利普斯曲线提供的失业率与通货膨胀之间的关系为实施政府干预、进行总需求管理提供了一份可供选择的菜单。它意味着可以用较高的通货膨胀率为代价，来降低失业率或实现充分就业；而要降低通货膨胀和稳定物价，就要以较高的失业率为代价。例如，假定政府认为失业率或通货膨胀率超过4%，社会就无法接受了，那么这4%的失业率或通货膨胀率就成为一定时期社会所能承受的最大极限，被称为“临界点”，图7-4中有斜线的区域就是临界点以内的区域。假定通货膨胀率高达6%，即位于图7-4中的A点，那么政府可以通过紧缩性的经济政策使失业率提高，从而使失业率和通货膨胀率都控制在临界区内；如失业率过高，政府也可以采取扩张性的政策使通货膨胀率提高，以换取较低的失业率，使两者都处于临界区之内。这就是相机抉择的做法。在20世纪70年代以前，西方国家奉行的就是这套做法。

二、菲利普斯曲线的移动

自20世纪70年代以来，在西方国家菲利普斯曲线所描述的失业率和通货膨胀率的交替关系发生了新的变化，即菲利普斯曲线向右上方移动了，表现为只有用比过去更高的通货膨胀率为代价，才能把失业率降到一定水平。假如以前用3%的通货膨胀率就能把失业率降到3%，那么，现在必须用7%的通货膨胀率才能做到这一点，这可以从图7-5中看出。在图7-5中有两条菲利普斯曲线，PC_2为移动之后的菲利普斯曲线，这条菲利普斯曲线与4%的临界点划出的区域已不能相交，这表明无论现在怎样调控，都不能把失业率和通货膨胀率同时控制在4%之内。

为什么菲利普斯曲线会向右上方移动呢？经济学家认为，原来的菲利普斯曲线PC_1反映的是通货膨胀预期为零时的失业率与通货膨胀率之间此消彼长的关系。如果通货膨胀连年上升，特别是政府利用菲利普斯曲线进行相机抉择，以高通货膨胀换取低失业率的话，人们就会形成一种通货膨胀预期。如果通货膨胀已被预期到了，工人就会要求提高工资以避免生活水平受通货膨胀的侵蚀。如果人们预期通货膨胀会以5%的速度增加，那么当货币工资率上升7%时，人们会认为实际工资只上升了2%。因此，如果以往货币工资率上涨2%便能使失业率下降到3%的话，那么现在达到3%的失业率必须使货币工资率上涨7%，即以往的货币工资上涨率2%加上5%的通货膨胀预期。

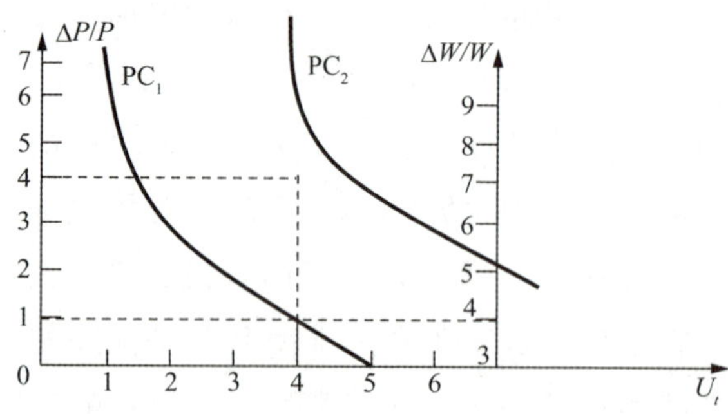

图 7-5 菲利普斯曲线的移动

凯恩斯主义者认为，移动之后的菲利普斯曲线依然表现出失业和通货膨胀之间的交替关系，只不过现在的交替关系表现为用更高的通货膨胀率来换取一定失业率。

货币主义者对凯恩斯主义者的观点持反对态度，他们认为，菲利普斯曲线所表示的失业与通货膨胀之间的此消彼长关系，只在短期内存在；在长期，菲利普斯曲线将变成一条垂线，通货膨胀率与失业率之间将不存在相关关系。

三、短期菲利普斯曲线与长期菲利普斯曲线

为什么短期内通货膨胀率与失业率之间会存在交替关系呢？货币主义者认为，如果工资契约是在不存在通货膨胀预期的情况下订立的，那么，物价上涨会导致实际工资下降，因而厂商愿意扩大产量、增加就业。当工人们发现实际工资下降时，他们会要求增加货币工资，但货币工资的增长总是滞后于物价上涨。弗里德曼用适应性预期的概念来解释人们的行为。所谓适应性预期，是指人们在形成价格预期时，会考虑到上一期预期的误差，当上一期预期价格高于实际价格时，对下一期预期价格要相应减少，反之则相应增加。

按照适应性预期的理论，当工人预期物价要涨5%时，便会要求增加货币工资，把5%的适应性预期放入工资合同。这样一来，厂商就不愿意增加产量和多雇佣工人了，失业率又回到原来水平。而政府为了降低失业率，采取了刺激性更强的、超过5%的通货膨胀政策，使工资的增长再次滞后于物价上涨，使厂商因实际工资提高慢于物价上涨而再次愿意增加产量和增雇工人，这样更高的通货膨胀率与失业率又存在交替关系，在图7-5中表现为菲利普斯曲线向右上方移动。这种过程如不断持续下去，换取一定失业率的通货膨胀率必然越来越高，菲利普斯曲线不断向右上方移动，最终演变成为一条垂直的菲利普斯曲线。这条垂直的菲利普斯曲线就是长期菲利普斯曲线，其形成过程可用图7-6表示。

假定起先通货膨胀率为0，人们没有通货膨胀预期，经济运行在图7-6中的a点。现在假定总需求突然增加（政府实行膨胀性政策等原因），使通货膨胀率上升到2%。由于人们事先没有预计到通货膨胀，因此经济运行沿菲利普斯曲线PC_0变动到b点，失业率从5%降到3%，通货膨胀率上升到2%。这就是通货膨胀率和失业率在短期中的交替关系。

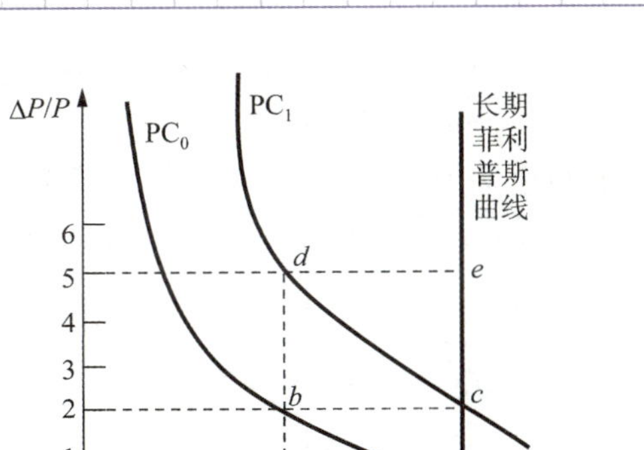

图 7-6　短期和长期菲利普斯曲线

假定通货膨胀率不是突然上升，而是经常上升，如是 2%，则人们就会形成 2%的通货膨胀预期。工人们会要求提高工资，假定要求名义工资上升与预期的通货膨胀率同步，则企业会感到物价上升时工人实际工资没有降低，因而企业的雇工数又回到原来水平，失业率恢复到原先的自然失业率 5%的水平上，从而经济运行到达 c 点。现在，这 2%的通货膨胀率就成为自然失业率水平上的通货膨胀率，而原先自然失业率水平上的通货膨胀率是 0（a 点）。如果政府再把失业率降到自然失业率以下 3%，则经济沿第二条菲利普斯曲线 PC_1 变动到 d 点，这时通货膨胀率为 5%。如果一再是 5%的通货膨胀率成为人们预期的通货膨胀率，人们就会把 5%的通货膨胀率放入下一轮工资谈判中。一旦这样做了，企业劳动使用量又会回到原先的自然失业率水平，经济到达 e 点。这样的过程不断重复，形成一条 a 点、c 点、e 点相连的垂直菲利普斯曲线。这就是长期菲利普斯曲线。这条长期菲利普斯曲线是连接每一条短期菲利普斯曲线上实际通货膨胀率和预期通货膨胀率相等之点的一条曲线。在短期，实际通货膨胀率高于预期通货膨胀率时，经济会沿着短期菲利普斯曲线向上移动到 b 点、d 点等，使失业率下降，因而通货膨胀率和失业率之间存在交替关系；而在长期，通货膨胀率和失业率之间并没有交替关系。

短期菲利普斯曲线不断向右上方移动，不仅会形成垂直的长期菲利普斯曲线，甚至可能形成向右上倾斜的正相关曲线。如果实际通货膨胀率为 3%，而人们的预期为 5%，并以这一预期要求提高工资，则企业就不会把雇工减到原先水平甚至低于原先水平。这样，就会产生通货膨胀与失业并发的“滞胀”局面。

拓展阅读

“新经济”使菲利普斯曲线失灵

传统经济学认为，经济增长会导致工资提高，工资提高会引起物价上涨，从而引起通货膨胀率上升。著名的菲利普斯曲线是一条向右下方倾斜的曲线，它显示了失业率和通货膨胀率之间存在的反向相关关系，即失业率较低，则通货膨胀率较高；通货膨胀率

较低，则失业率较高。因此，一个国家要保持较低的通货膨胀率，就必须接受较低的经济增长率。要保持较高的经济增长速度，就必须付出较高通货膨胀的代价。在20世纪70年代“滞胀”时期，高通货膨胀率和高失业率并存，这时的菲利普斯曲线变为一条垂直的曲线，这是菲利普斯曲线第一次失灵。而伴随西方国家缓慢脱离“滞胀”的泥潭，菲利普斯曲线又重新开始发挥作用。基于此，美国经济学家把2.5%的GDP年增长率和5%的失业率作为美国经济潜在的经济增长率和自然失业率，并作为国家进行宏观调控的一个临界点。而事实上，美国的经济增长率从2001年至今已连续18年位于4%以下的位置，失业率从1992年的7.5%降至2018年4.1%，而同期的通货膨胀率则在3%以下。“新经济”使高增长率、低失业率、低通货膨胀率三者之间的兼容度前所未有地增大，传统经济理论中的菲利普斯曲线又一次失灵了。

资料来源：经济学网站整理。

四、治理通货膨胀与失业的政策

任何一个政府在任何情况下都需要处理失业与通货膨胀这一组矛盾，尤其是高失业率与高通货膨胀率并存，政府要及时进行干预。具体的措施主要有如下几个方面。

（一）工资与物价管制

宏观财政政策和宏观货币政策被认为不足以应付成本推进的通货膨胀。因此，有些西方经济学家建议采取工资—物价管制政策。这种政策又称收入政策，主要指限制工资收入增长率的政策。

工资—物价管制政策旨在限制工资上升，其矛头是对准工会的。其理由是：只要工资不上升，物价就不会上升。但有时，政府为了不让工会提出增加工资的要求，也会采取管制物价的措施。但对物价的管制与对工资增长率的限制相比，前者是次要的，后者是主要的。

工资—物价管制的具体措施包括：第一，硬性冻结，即禁止工资和物价上涨；第二，工会和企业自愿议定，共同遵守限制工资增长率的措施；第三，以增税或减税作为惩罚或奖励以限制收入增长率上升，又称以税收为基础的收入政策。凡遵守规定的工资增长界限的企业和企业里的工人，可以得到减税优待；凡违背这一规定的，就对企业加重征税。由于企业不按规定给工人增加工资要受到惩罚，雇主就可以此为由来拒绝工人增加工资的要求。

（二）人力投资

由于劳工市场结构不协调而造成的失业，被称为结构性失业。它是失业与职位空缺并存条件下的失业。政府的人力投资（人力政策）被认为可以解决失业与职业空缺的矛盾，因为这使不适应雇主要求的工人和失业者有机会重受训练或迁移到适宜于他们就业的地点去。

（三）部门之间的协调

考虑到通货膨胀的结构性和失业的结构性，一些西方经济学家建议应使各部门之间保持一定的比例关系。这是因为，在经济波动过程中经常会出现有些部门兴起，有些部门衰落，这产生劳动力能否转移到新工作岗位去的问题，而劳动力的转移问题也是一个技术适应问题，如果部门比例不协调，将加剧失业状况。

不仅如此，为了避免因某些产品供求失调而推动的物价上涨，特别是为了避免某些关键性产品的供求失调，部门之间有必要保持一定的比例关系。

（四）实行微观财政政策和微观货币政策

微观财政政策包括税收结构政策和公共支出的微观化。税收结构政策并不是指变动税收总量，而是指在一定的税收总量前提下，调节各种税收的税率和实行的范围等。公共支出的微观化亦不是指变动财政支出的总量，而是指在一定的财政支出总量前提下，调节政府支出的项目和各种项目的支出数额。微观财政政策的用处在于影响需求和供给的结构，可缓和由于供求失调引起的经济波动。

微观货币政策包括利息率结构和信贷结构的调节。这一政策通过各种利息率差的调整以及通过各种信贷数额和条件的变动，来影响存款和贷款总额，以调节货币流通量。

尽管西方经济学家提出了上述多种可以缓和或消除通货膨胀和失业并发的措施，但实际效果十分有限，而且各个学派之间分歧较多。

思考练习

1. 简述通货膨胀的含义及经济效应。
2. 通货膨胀对收入和财富分配产生哪些影响？
3. 如何区分需求拉动的通货膨胀和成本推动的通货膨胀？
4. 什么是菲利普斯曲线？
5. 简述失业会给个人和社会带来的损失。

第八章

经济增长与经济周期理论

学习目标

通过本章的学习，要求掌握经济增长的概念、源泉与途径，了解新古典经济增长模型和内生增长理论的基本内容和结论，掌握经济周期概念、实质与原因。

第一节　经济增长理论

一、经济增长概述

（一）经济增长的含义

经济增长通常是指在一个较长的时间跨度上，一个国家总产出或人均产出（或人均收入）水平的持续增加。经济增长这一定义有以下三个含义。

第一，经济增长就是实际 GDP 的增加。如果考虑到人口的增加，经济增长就是人均实际 GDP 的增加。

第二，技术进步是实现经济增长的必要条件。在影响经济增长的诸因素中，技术进步是第一位的。

第三，制度与意识形态的调整或变革是经济增长的充分条件。一方面，社会制度与意识形态的变革是经济快速增长的前提。例如，产权制度的确立是市场经济增长的起点和基础。另一方面，新的经济制度的出现，使交易费用降低时，分工将进一步细化，促进经济增长，制度模仿对于后发国家来说比技术模仿重要得多。

（二）经济增长的源泉

对于经济增长的源泉，不同的经济学家常有不同的看法。亚当·斯密强调分工、专业化生产与国际贸易中的绝对优势；李嘉图强调了比较优势与自由贸易；马克思和恩格斯以及熊彼特强调了创新；而索洛等人强调生产要素；贝克尔和舒尔茨则强调了教育与人力资本；新经济增长理论中，罗默和卢卡斯强调内生性增长，特别是规模报酬递增在经济增长中的贡献，其实质是强调内生性技术创新；诺斯等人强调制度创新对经济增长的作用；鲍默尔则强调了自由市场机制是资本主义经济增长的关键。

一般来说，经济增长的源泉主要有四个：人力资源、自然资源、资本和技术进步。

可以根据总量生产函数来研究增长的源泉：$Y=A\times F(L, K, R)$。其中，Y 代表总产量，K 代表资本、L 代表劳动力，A 代表技术，R 代表自然资源。由总量生产函数可以看出，经济增长的源泉是资本的积累、自然条件的改良、劳动素质的提高或人力资本的积累与技术进步。

1. 人力资源

劳动力的数量与质量是决定一国经济增长的重要因素。尤其是劳动力的质量或素质，如劳动者的生产技术水平、知识水平与结构、纪律性以及健康程度，是决定一国经济增长最重

要的因素。一个国家可以购买最先进的生产设备，但是这些先进的生产设备只有拥有一定技术、受过良好训练的劳动者才能使用，并使它们充分发挥效用。提高劳动者的知识水平与生产技能，增强他们的身体素质与纪律意识，将极大地提高劳动生产率。一般来说，在经济增长的开始阶段，人口增长率较高，这时，经济增长主要依靠劳动力数量的增加。而经济增长到了一定阶段，人口增长率下降，劳动时间缩短，这时，就要通过提高劳动力的质量或人力资本的积累来促进经济增长。

2. 自然资源

自然资源也是影响一国经济增长的重要因素。一些国家，如加拿大和挪威，就是凭借其丰富的自然资源，在农业、渔业和林业等方面获得高产而发展起来的。但在当今世界上，自然资源的拥有量并不是取得成功的必要条件。许多几乎没有自然资源可言的国家，如日本，通过大力发展劳动密集型与资本密集型的产业而获得经济发展。

3. 资本

资本分为物质资本和人力资本。物质资本又称有形资本，是指设备、厂房、基础设施等存量。人力资本又称无形资本，是指体现在劳动者身上的投资，如劳动者的文化技术水平、纪律性与健康状况等，已经包含在人力资源之中。因此，这里的资本是指物质资本，包括厂房、机器设备、道路以及其他基础设施等。

资本积累是经济增长的基础。英国古典经济学家亚当·斯密曾把资本的增加作为国民财富增加的源泉。现代经济学家认为，只有人均资本量的增加，才有人均产量的提高。许多经济学家把资本积累占国民收入的10%～15%作为经济起飞的先决条件，把增加资本积累作为实现经济增长的首要任务。西方各国经济增长的事实表明，储蓄多从而资本积累多的国家，经济增长率往往是比较高的，如德国、日本等。

4. 技术进步

技术进步在经济增长中的作用，主要体现在生产率的提高上，使同样的生产要素投入量能提供更多的产品。随着 K、L、R 投入的增加，产出虽然也增加，但由于其 MP 递减，经济增长的速度会日益减慢。而技术水平的提高可以使一国的经济快速增长。

技术进步在经济增长中有着十分重要的作用。据估算，在1909—1940年，美国2.9%的年增长率中，由技术进步引起的增长率为1.49%，即技术进步在经济增长中所作出的贡献占51%左右。而且，随着经济的发展，技术进步的作用越来越重要。

上述分析，隐含着现存的社会政治经济制度符合经济增长的要求的假定。若不具备这一假设条件，社会政治经济制度的相应调整对促进经济增长具有十分重要的作用。一个社会只有在具备了经济增长所要求的基本制度条件，有了一套能促进经济增长的制度之后，上述影响经济增长的因素才能发挥其作用。

二、经济增长模型

经济增长就是社会物质财富不断增加的过程，是一般社会再生产动态过程的共性实质，它代表的是一国潜在的 GDP 或国民产出的增加。对于一个国家而言，经济增长是宏观经济中衡量一个国家经济状况的重要指标。毋庸置疑，没有谁不希望经济增长，但是，对于用什么方法实现经济增长，人们却有不同的看法，有一些经济学家强调投资的重要性，还有一些人则提倡提高劳工素质。

长期以来，经济学家一直致力于研究经济增长中各种决定因素的相对重要性，从而提出了种种经济增长理论。自从萨缪尔森把经济学分为宏观经济学和微观经济学以来，经济增长理论发展迅速，各种经济增长模型应运而生，其中哈罗德—多马模型、新古典增长模型等在宏观经济学中占有突出地位。

（一）哈罗德—多马模型

1. 哈罗德—多马模型的假设条件和基本方程

哈罗德—多马模型的假设前提是：①全社会只生产一种产品；②储蓄 S 是国民收入 Y 的函数，即 $S=s\cdot Y$，这里 s 代表整个社会的储蓄比例，即储蓄在国民收入中所占的份额；③生产过程中只用两种生产要素，即劳动力 L 和资本 K；④劳动力按照一个不变的比率增长；⑤不存在技术进步，也不存在资本折旧的问题；⑥生产规模报酬不变，即生产一单位产品所需要的资本和劳动力数量都是固定不变的。

哈罗德与多马认为，一个社会的资本（存量）和该社会的总产量或实际国民收入之间存在着一定的比例，这一比例称为资本—产量比，以 v 来表示。若 K 和 Y 依次代表资本和产量（或国民收入），则有

$$K=v\cdot Y \tag{8-1}$$

随着社会资本的增长，该社会的产量也增长，假设二者的产量增长量依次为 ΔK 和 ΔY，两者之比被称为边际资本—产量比。如果原有的资本产量比等于边际的资本—产量比，那么有

$$\Delta K=v\cdot \Delta Y \tag{8-2}$$

由于假设不存在折旧，资本增量 ΔK 因而全部来源于新的投资，即 $\Delta K=I$，因此公式 $\Delta K=v\cdot \Delta Y$ 可以写成

$$I=v\cdot \Delta Y \tag{8-3}$$

另外，从假设②知道

$$S=s\cdot Y \tag{8-4}$$

按照凯恩斯的理论，只有当 $I=S$ 时，也就是只有当投资等于储蓄时，经济活动才能达到均衡状态。哈罗德与多马以凯恩斯提出的这个均衡条件为基础，进一步提出，在经济增长过程中，同样只有实现了 $I=S$ 这一条件，经济才能实现均衡增长。根据式（8-3）和式（8-4），可以得到

$$v\cdot \Delta Y=s\cdot Y$$

通过变形，可以得到均衡条件下的经济增长率

$$G=\frac{\Delta Y}{Y}=\frac{s}{v} \tag{8-5}$$

式（8-5）即为哈罗德—多马模型的基本方程。它表明，要实现均衡的经济增长，国民收入增长率就必须等于社会储蓄倾向与资本—产量比。

2. **有保证的增长率**

如果上述基本方程中的 v 是资本的实际变化量与国民收入的实际变化量的比率，那么在一定的储蓄比例下，由此而导出的国民收入增长率称为实际增长率，用 G_A 表示。于是，式（8-5）可写为

$$G_A=\frac{s}{v} \tag{8-6}$$

根据哈罗德与多马的说法，要进行动态理论探讨，重要的是考虑企业家的预期和企业家是否合乎意愿等心理因素。如果考虑到这些因素，情况就会有所不同。若把资本—产量比理解为企业家意愿中所需要的资本—产量比，用 v_r 表示，那么基本方程即可以写为

$$G_w=\frac{s}{v_r} \tag{8-7}$$

这里的收入增长率是与企业家所需的资本—产量比 v_r 适合的收入增长率，它是企业家的合意的收入增长率，哈罗德与多马把它称为“有保证的增长率”，用 G_w 表示。

根据式（8-6）变形，有

$$G_A \cdot v=s \tag{8-8}$$

根据式（8-7）变形，有

$$G_w \cdot v_r=s \tag{8-9}$$

于是得到

$$G_A \cdot v=s=G_w \cdot v_r \tag{8-10}$$

式（8-10）表明，如果现实经济活动中出现的实际增长率 G_A 等于企业家的合意的收入增长率，即有保证的增长率 G_w，那么实际资本—产量比 v 就必然等于企业家的合意的资本—产量比 v_r。或者说，如果国民收入按照 G_w 比率增长，那么与实际产量或者实际收入的增长相联系的实际资本增量就会等于企业家的合意的资本增量。由于资本主义国家的积累或资本增量取决于企业家的意愿，所以只要国民收入按照 G_w 增长，就会使企业家保持“愿意进一步实现类似增长”的心理状态，从而国民收入就会年复一年地按照 G_w 增长下去。正是由于此，哈罗德与多马才把它称为“有保证的增长率”。这里的有保证是指“由于资本家满意而得到的保证”。

3. **存在问题和稳定性问题**

关于哈罗德—多马模型的上述讨论遇到了两个不易解决的问题。第一个问题是经济沿着均衡途径增长的可能性是否存在，或者说就具体的经济活动来说，是否存在一条均衡增长途径。这个问题又被称为“存在问题”。

由于实际增长率是许多各不相同的决策者的预期、监测和外部环境等多种因素作用的结果，因此人们没有理由期望经济活动实际上一定会长期持久地按照“有保证的增长率”增长

下去。同时，还应该考虑就业水平这一因素，说明实际增长率与劳动力增长率二者之间的关系。要实现劳动力的充分就业，国民收入的增长率必须等于劳动力的增长率。简言之，按照哈罗德与多马的说法，首先，国民收入要实现均衡增长就必须等于 G_w。其次，要实现充分就业的均衡增长，就必须满足

$$G_A=G_w=\frac{s}{v}=\frac{s}{v_r}=n=G_n \tag{8-11}$$

式中，n 为一国的人口增长率。这一等式表明了实现充分就业均衡增长的必要条件。哈罗德与多马又把符合上述条件的增长率称为“自然增长率”，用 G_n 来表示。显然，$G_n=n$。这是社会所能达到的最大的、最适宜的增长率。如果式（8-11）所表明的条件得到满足，那么经济活动就会按照 $\frac{s}{v}=\frac{s}{v_r}=n$ 的比率增长。在现实经济活动中，$\frac{s}{v}=\frac{s}{v_r}=n$ 这一种情况毕竟是有可能出现的，因此哈罗德与多马认为，在资本主义条件下，实现充分就业均衡增长的可能性是存在的。但是，由于储蓄比例，实际资本—产量比和劳动力增长率分别是由各不相同的若干因素独立地决定的，因此，除非偶然的巧合，否则这种充分就业的均衡增长是不可能出现的。

于是，哈罗德与多马认为，虽然 $G_A=G_w=G_n$ 这种理想的充分就业均衡增长的途径是存在的，但是，一般来说，实现充分就业均衡增长的可能性极小。也就是说，在一般情况下，经济很难按照均衡增长途径增长。

第二个问题是，经济活动一旦偏离了均衡增长途径，其本身是否能够自动地趋向于均衡增长途径，这个问题又称为“稳定性问题”。进一步考察式（8-10），即 $G_A \cdot v=s=G_w \cdot v_r$，可以看出，只有当实际的资本—产量比等于合意的资本—产量比 v_r 时，实际增长率 G_A 才会等于有保证的增长率 G_w。如果 G_A 大于（或小于）G_w，那么 v 就会小于（或大于）v_r。也就是说，一旦实际增长率大于（或小于）有保证的增长率，企业的固定资产或存货就会少于（或多于）企业家所需要的数量。这种情况促使企业家增加（或减少）订货，增加（或减少）投资，从而使实际产量水平进一步提高（或降低），使实际增长率 G_A 与有保证的增长率 G_w 之间出现很大的缺口。现有的实际经济增长就会在市场上的企业中产生相应的反应，使 G_A 进一步大于（或小于）G_w。因此，哈罗德与多马得出结论，实际增长率与有保证的增长率之间一旦发生偏差，经济活动不仅不能自我纠正，而且会产生更大的偏离。这个结论被称为哈罗德与多马的不稳定原理。这意味着，资本主义经济发展很难稳定在一个不变的发展速度，不是连续上升，便是连续下降，呈现剧烈波动的状态。

根据上述分析可知，哈罗德—多马模型中所提到的有保证的增值率等于实际增长率的经济均衡稳定增长的条件，在现实生活中几乎是难以达到的。如果要实现这样的增长，就类似于在刀尖上行走，稍有不慎重就会偏离均衡增长的轨道，所以这种增长也称为“刀锋式增长”。

（二）新古典增长模型

1. 新古典增长模型的假定条件和资本与产出的关系

新古典增长模型的基本假定条件包括：①社会储蓄函数 $S=s \cdot Y$，式中，s 是作为参数的

储蓄率；②劳动力（人口）按照一个不变的比率 n 增长；③生产的规模报酬不变。

在生产规模报酬不变的情况假定下，暂时不考虑技术进步，并假定全部人口都参与生产（劳动力数量等于人口总数），可将经济中的生产函数表示为人均的形式

$$y=f(k) \tag{8-12}$$

式中，y 为人均产量，k 为人均资本。

根据式（8-12），可以画出人均生产函数，如图 8-1 所示。从图 8-1 中可以看出，随着每个工人拥有的资本量的上升．即 k 值的增加，每个工人的产量也增加，但由于报酬递减规律，人均产量增加的速度是递减的。

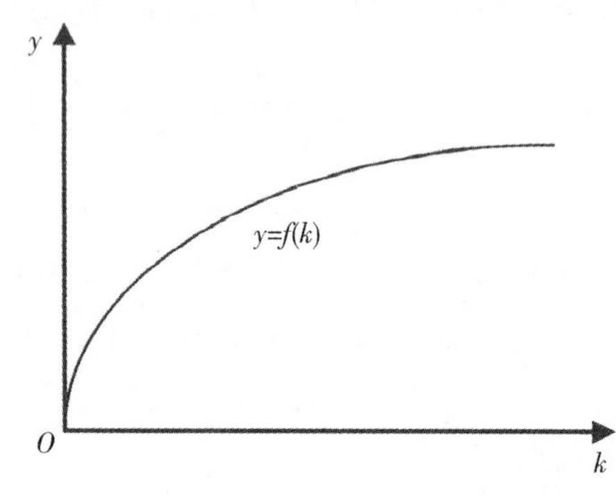

图 8-1　人均生产函数曲线

由式（8-12）可知，在基本假定条件下，如果不考虑技术进步的影响，产出增长率就唯一地由资本增长率来解释。下面具体考察资本与产量的关系。

一般情况下，资本增长由储蓄（或投资）决定，而储蓄又依赖收入，收入或产量又要视资本而定。于是，资本、产量和储蓄（投资）之间建立了一个如图 8-2 所示的相互依赖的体系，在这个体系中需着重说明储蓄对资本存量变化的影响。

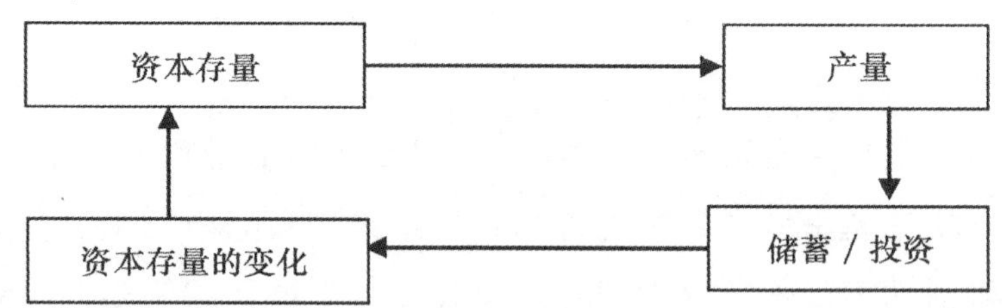

图 8-2　资本、产量和储蓄（投资）之间的相互依赖

2. 新古典增长模型的基本方程

在这里，我们假设一个只包括家庭部门和企业部门的两部门模型，在这个两部门经济中，我们用大写符号表示变量的总量，小写符号表示变量的人均量（小写 s 表示储蓄率除外），则经济的均衡为

$$I=S \tag{8-13}$$

即投资等于储蓄。

总投资由两部分构成：新增投资和重置投资。新增投资又叫净投资，是指资本存量的增

加量；重置投资主要是折旧。因此，新增投资就等于总投资减去折旧。我们设资本存量为 K，折旧是资本存量 K 按照折旧率 δ（$0<\delta<1$）计提，则新增投资 ΔK 为：

$$\Delta K=I-\delta\cdot K \tag{8-14}$$

我们设储蓄函数为 $S=s\cdot Y$，其中，大写的 S 为储蓄，小写的 s 为储蓄率，也可以理解为第三章所讲的储蓄倾向，即储蓄由收入决定，随收入同向变化。

根据 $I=S$，式（8-14）可写为

$$\Delta K=s\cdot Y-\delta\cdot K \tag{8-15}$$

式（8-15）两边同时除以劳动力数量 N，有

$$\frac{\Delta K}{N}=\frac{s\cdot Y}{N}-\frac{\delta\cdot K}{N}=s\cdot y-\delta\cdot k \tag{8-16}$$

另外，注意到人均资本 $k=\frac{K}{N}$，因此 k 的增长率由资本存量 K 的增长率和总人口 N 的增长率 n 共同决定

$$\frac{\Delta k}{k}=\frac{\Delta K}{K}-\frac{\Delta N}{N}=\frac{\Delta K}{K}-n \tag{8-17}$$

式（8-17）进一步变形，可得

$$\Delta K=\frac{\Delta k}{k}\cdot K+n\cdot K$$

上式两端同时除以 N，则有

$$\frac{\Delta K}{N}=\frac{\Delta k}{k}\cdot\frac{\Delta K}{N}+n\cdot\frac{\Delta K}{N}=\Delta k+n\cdot k \tag{8-18}$$

将式（8-16）与式（8-18）合并，则有

$$\frac{\Delta K}{N}=s\cdot y-\delta\cdot k=\Delta k+n\cdot k$$

变形可得

$$\Delta k=s\cdot y-(n+\delta)k \tag{8-19}$$

式（8-19）是新古典增长模型的基本方程。

这一关系式表明，人均资本的增加等于人均储蓄 $s\cdot y$ 减去 $(n+\delta)k$ 项。$(n+\delta)k$ 项可以这样来理解：一方面，劳动力的增长率为 n，一定量的人均储蓄必须用于装备新工人，每个工人占有的资本为 k，这一用途的储蓄为 $n\cdot k$；另一方面，一定量的储蓄必须用于替换折旧资本，这一用途的储蓄为 $\delta\cdot k$。

总计为 $(n+\delta)k$ 的人均储蓄被称为资本的广化。人均储蓄 $s\cdot y$ 如果超过 $(n+\delta)k$，则必然导致人均资本 k 的上升，即 $\Delta k>0$。我们把 $\Delta k>0$ 称为资本的深化。因此，新古典增长模型的基本方程可以表述为

$$资本深化=人均储蓄-资本广化 \tag{8-20}$$

3. 稳态分析

在新古典增长模型中，所谓稳态指的是一种长期均衡的状态。在稳态时，人均资本达到均衡值并维持在均衡水平不变，在忽略了技术变化的条件下，人均产量也达到稳定状态。因

此，在稳态之下，k 和 y 达到一个持久性的水平。

根据上述定义，要实现稳态，即 $\Delta k=0$，即既不能存在资本深化，也不能存在资本“浅化”，则人均储蓄必须正好等于资本的广化。所以，新古典增长理论中的稳态的条件是

$$s\cdot y=(n+\delta)k \tag{8-21}$$

需要注意的是，稳态虽然意味着 y 和 k 值的固定，但总产量和资本存量都在增长。实际上，在稳态中，总产量和总的资本存量均与劳动力的增长率相等，即均为 n。理解这一点，只需注意到劳动人口以 n 速度增长，因此，由于 $k=K/N$ 固定，所以资本存量 K 必须与劳动力按同比率 n 增长。又由于 $y=Y/N$，且在稳态时 y 固定，因此总产量 Y 也必须按比率 n 增长。总之，在新古典增长理论的框架内，稳态意味着

$$\frac{\Delta Y}{Y}=\frac{\Delta K}{KN}=\frac{\Delta N}{N}=n \tag{8-22}$$

新古典增长模型的稳态可以用图形来分析，如图 8-3 所示。

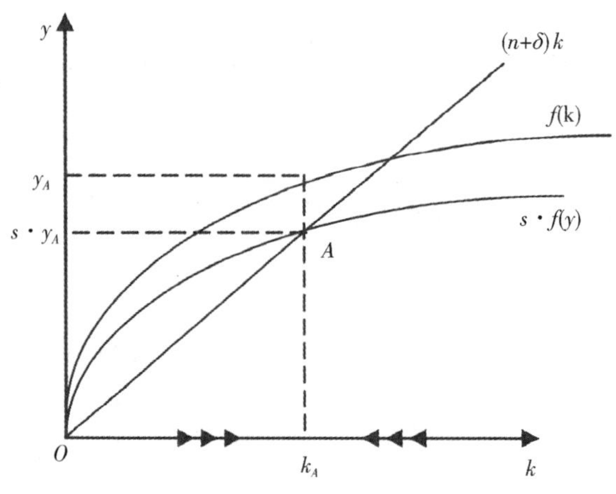

图 8-3　经济增长的稳态

图中 8-3 中，$s\cdot f(y)$ 线为人均储蓄线。由于储蓄率 s 介于 0 和 1 之间，故人均储蓄曲线与人均生产函数曲线具有同样形状，但位于生产函数的下方。在这一坐标系下，通过原点且斜率为 $(n+\delta)$ 的直线表示资本的广化，即 $(n+\delta)k$ 项。

根据以上的分析，在稳态时，有 $s\cdot y=(n+\delta)k$，因此图 8-3 中 $(n+\delta)k$ 线和 $s\cdot f(y)$ 线必定相交。交点 A 对应的人均资本为 k_A，人均产量为 $s\cdot y_A$，这时人均储蓄恰好等于资本广化的需要，即 $s\cdot y_A=(n+\delta)k_A$，或者说人均储蓄恰好能够为不断增长的人口提供资本（设备）和替换折旧资本而不会引起人均资本的变化。

在 A 点以左，$s\cdot f(y)$ 曲线比 $(n+\delta)k$ 线高，这表明储蓄高于资本广化的需要，即经济运行存在着资本深化。资本深化意味着每个工人占有的资本存量上升，即 $\Delta k>0$。因此，在 A 点以左，经济中的人均资本 k 有上升的趋势，如横轴上的箭头所示。随着时间的推移，k 向 k_A 逼近，最终用于资本广化所需的资本数量增加到 k_A。在 A 点以右，情况正好相反，人均储蓄不能满足资本广化的需要，这时有 $\Delta k<0$，所以人均资本 k 有下降的趋势，如图中横轴上的箭头所示。

考虑经济在向稳态过渡的时期里经济增长的情况，当经济处于资本深化的阶段时，y 和 k

会逐步上升，也就是说 Y/N 和 K/N 向其稳态值接近。如果 Y/N 上升，则 Y 就会增长得比 N 快。因而，$\Delta Y/Y > \Delta N/N = n$。这表明，在资本深化阶段，产量增长率高于其稳态值。这意味着，在其他条件相同的情况下，资本贫乏的国家的增长快于资本充裕的国家。随着资本存量的深化，即 k 接近于 k_A，增值率会慢下来。同样的道理，如果资本富裕国家的人均资本下降时（k 大于 k_A 且向 k_A 逼近时），那么产量的增长率就会降低到 n 以下。

以上的论述表明，当经济偏离稳定状态时，不管人均资本过多还是过少，都存在着某种力量使其恢复到长期的均衡。这表明，新古典增长理论展示了一个稳定的动态增长过程。

4. 储蓄率的增加

图 8-4 显示了储蓄率的增加是如何影响产量增长的。图 8-4 中，经济最初定位于 C 点的稳态均衡，此时人均收入为 y_0，人均资本为 k_0。现在假定人们想增加储蓄，这使储蓄曲线上移至 $s' \cdot f(y)$ 的位置。这时新的稳态为 C'，此时人均收入提高为 y'_0，人均资本提高为 k'_0。比较 C 点和 C' 点，可知储蓄率的增加提高了稳态的人均资本和人均产量。

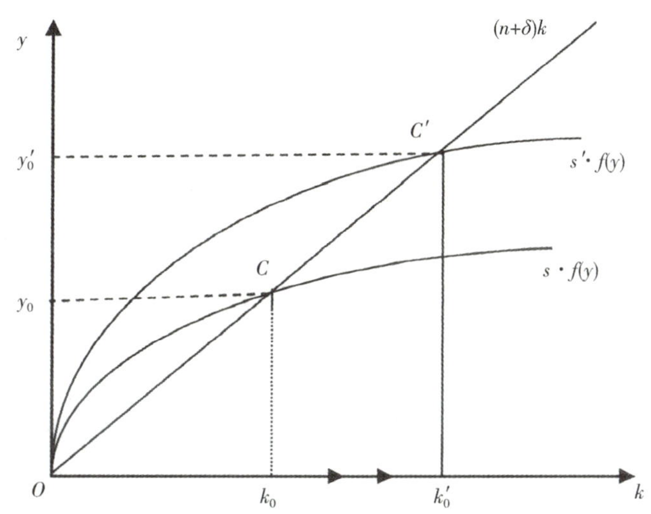

图 8-4　储蓄率增加对产量增长的影响

对于从 C 点到 C' 点的转变，这里需要指出以下两点。第一，从短期看，更高的储蓄率也导致了总产量和人均产量增长率的增加，这可以从人均资本从初始稳态 k_0 上升到新的稳态 k'_0 的事实中看出。因为增加人均资本的唯一途径是资本存量比劳动力更快地增长，进而又引起产量更快地增长。第二，C 点和 C' 点都是稳态，按照前面关于稳态的分析，稳态中的产量增长率是独立于储蓄率的，因此，从长期看，随着资本积累，增长率逐渐降低，最终又回落到人口增长的水平。

5. 人口增长

新古典增长理论虽然假定劳动力按一个不变的比率 n 增长，但当把 n 作为参数时，就可以说明人口增长对产量增长的影响，如图 8-5 所示。图中，经济最初位于 A 点的稳态均衡，此时人均收入为 y_0，人均资本为 k_0。现在假定人口增长率从 n 增加到 n'，则图 8-5 中的资本广化线 $(n+\delta)k$ 便移动到 $(n'+\delta)k$，这时，新的稳态均衡为 A' 点，此时人均收入提高为

y'_0，人均资本提高为k'_0。比较 A 点和 A′点可知，人口增长率的增加降低了人均资本的稳态水平（从原来的 k 减少到 k'），进而降低了人均产量的稳态水平。这是从新古典增长理论得出的又一重要结论。西方学者进一步指出，作为人口增长率上升所产生的人均产量的下降正是许多发展中国家面临的问题。两个有着相同储蓄率的国家，一个国家的人口增长率比另一个国家高，就可以有差别较大的人均收入水平。

对人口增长进行比较静态分析的另一个重要结论是，人口增长率的上升增加了总产量的稳态增长率。理解这一结论的要点在于懂得稳态的真正含义，并且注意到 A 点和 A′点都是稳态均衡点。

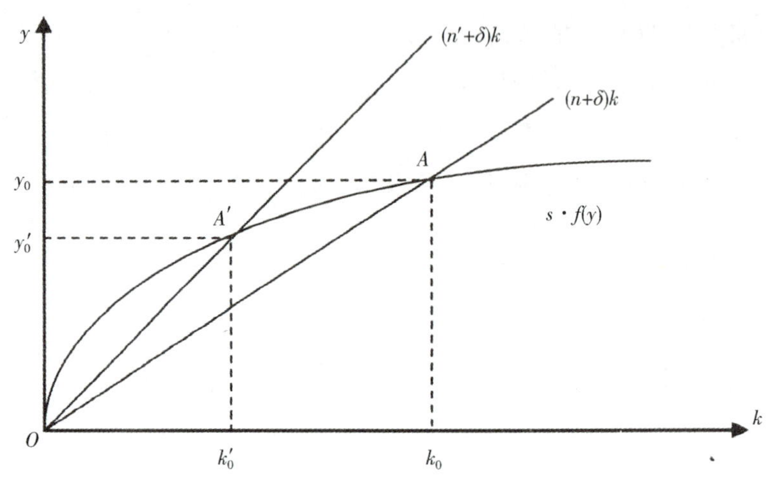

图 8-5　人口增长率提高对产量增长的影响

6. 新古典模型的评价

作为创立新古典经济增长模型的先驱，索洛教授在构造他的长期增长模型过程中，不仅保留了比例储蓄函数以及既定的劳动力增长率，而且在理论模型的现实性方面有新的突破。主要表现在以下几个方面。

（1）他在分析经济增长的过程中采用了一种连续性生产函数，从此人们称其为新古典生产函数。

（2）劳动力与资本之间可相互替代的假设使经济增长过程具有调整能力，从而该理论模型更接近于现实。

（3）长期增长率是由劳动力增加和技术进步决定的，前者不仅指劳动力数量的增加，而且含有劳动力素质与技术能力的提高，所以，新古典增长模型打破了一直为人们所奉行的“资本积累是经济增长的最主要的因素”的理论，向人们展示长期经济增长除了要有资本以外，更重要的是靠技术的进步、教育和训练水平的提高。

从一定程度上说，技术进步、劳动力质量的提高比增加资本对经济增长的作用更大。除了纯粹的农业国以外，这一理论对所有国家都适用。发展中国家不能把本国经济的发展仅仅依赖资本和劳动力的增长上。发展中国家特别是起步较晚国家，要更多地研究如何在现有工业的基础上逐步提高劳动生产率、提升技术和教育水平，这样就能有效地跟上世界经济的发展。

当然，作为一种理论模式，新古典增长模型也并非尽善尽美，也有其不足。

（1）新古典增长模型没有投资函数，此函数一旦引入，不稳定性问题即会出现于新古典增长模型中。劳动力和资本间的替代性假设似乎并不是新古典学派和新凯恩斯学派对增长研究之不同的关键所在，其主要差异在于新古典增长模型没有考虑投资函数以及由此产生的企业家对将来预期的重要性。

（2）新古典增长模型假设要素价格是可变的，这也会给稳定增长的路径设置障碍。例如，利息率由于“流动性陷阱”问题而不会下降到低于一定的最低水平；反过来，这也许使资本—产出比率不能提高到实现均衡增长路径所必需的水平。

（3）新古典增长模型是以提高劳动生产率的技术进步为假定前提构建的。

（4）新古典增长模型的另一假设是“资本是同质的且易变的”，但事实上，资本品是高度异质的，因此而出现不能简单加总问题。结果，当存在多种多样的资本品时，稳定增长路径是很难实现的。

三、新经济增长理论

按照新古典经济增长理论，所有经济都可以得到相同的技术，而且在没有外力推动时，经济体系无法实现持续增长。只有当经济中存在技术进步或人口增长等外生因素时，经济才能实现持续增长。这一理论的缺陷是明显的：一方面，它将技术进步看作经济增长的决定因素；另一方面，它又假定技术进步是外生变量而将它排除在考虑之外，这就使该理论排除了影响经济增长的最重要因素。

（一）新经济增长理论概述

新经济增长理论，或称“内生增长理论”，主要任务之一是揭示经济增长率差异的原因和解释持续经济增长的可能。尽管新古典经济增长理论为说明经济的持续增长导入了外生的技术进步和人口增长率，但外生的技术进步率和人口增长率并没有能够从理论上说明持续经济增长的问题。新经济增长理论是基于新古典经济增长模型发展起来的，从某种意义上说，新经济增长理论的突破在于放松了新古典增长理论的假设并把相关的变量内生化。

（二）新经济增长理论的假设条件

（1）经济制度和个人偏好属于外生变量。

（2）技术进步是内生变量，发现产生于选择。发现新技术时，人们认为自己是幸运的，但作出新发现的速度不由机遇决定，它取决于有多少人寻求新技术以及他们如何迫切地寻找新技术。

（3）总量生产函数规模收益递增。

（4）政府应当对经济进行适当干预。“看得见的手”与“看不见的手”共同作用，使经济均衡增长率表现为社会最优增长率。

（5）经济没有收益递减。

（三）新经济增长理论的基本模型

（1）阿罗模型。假定全经济范围内存在技术溢出，因此不存在政府干预时的竞争性均衡是一种社会次优。均衡增长率低于社会最优增长率，政府可以采取适当政策提高经济增长率，使经济实现帕累托改善，将技术进步解释为由经济系统决定的内生变量。

（2）宇泽弘文两部门模型。假定经济中存在一个生产人力资源的教育部门，将索洛模型中的外生技术进步内生化。由于人力资本部门的生产函数具有线性的、规模收益不变的形式，并且经济中不存在任何固定的生产要素，经济将实现平衡增长。

（3）罗默知识溢出模型。认为内生的技术进步是经济增长的唯一源泉。

（4）卢卡斯人力资本溢出模型。假定存在全经济范围内的人力资本外部性。全经济范围内的外部性是由人力资本溢出造成的。人力资本既具有内部效应又具有外部效应。

（四）对新经济增长理论的评述

第一，生产率的内生化问题一直是内生经济增长理论和内生经济波动理论的核心问题。无论是从理论上的熊彼特创新理论、内生增长理论、真实经济周期理论和供给学派等宏观经济理论的演变来看，还是从实践中的信息经济、数字经济、知识经济、网络经济和目前的“新经济”来看，贯穿其中的主线之一，就是生产率的内生化及其度量问题。生产率及相应的生产可能性边界，是决定经济增长速度极限和经济周期微波化的主要因素之一。

第二，“新经济”的可持续性问题，不仅具有理论意义，而且具有政策含义。“新经济”的发展对经济理论研究具有重要的启示，必将促进我们进一步加强生产率问题研究，加强对内生增长理论和内生经济波动理论的研究。

第三，新经济增长理论有助于我们认识知识、技术在现代经济中所具有的至关重要的作用；更深刻地认识现实经济增长方式转变的必要性和紧迫性。新经济增长理论说明，要素投入的增加只有在技术进步的条件下才能推动经济的持续发展，这从理论上说明粗放型经济增长模式不可持续。

第二节　经济周期理论

一、经济周期的含义

（一）经济周期概念

经济周期是指总体经济活动的扩张和收缩交替反复出现的过程，也称为经济波动。每一个经济周期都可以分为上升和下降两个阶段。上升阶段也称为繁荣，最高点称为顶峰。然而，顶峰也是经济由盛转衰的转折点，此后经济就进入下降阶段，即衰退。衰退严重则经济进入萧条，衰退的最低点称为谷底。当然，谷底也是经济由衰转盛的一个转折点，此后经济进入上升阶段。经济从一个顶峰到另一个顶峰，或者从一个谷底到另一个谷底，就是一次完整的经济周期。现代经济学关于经济周期的定义，建立在经济增长率变化的基础上，指的是增长率上升和下降的交替过程。

经济周期波动的扩张阶段，是宏观经济环境和市场环境日益活跃的季节。这时，市场需求旺盛，订货饱满，商品畅销，生产趋升，资金周转灵便。企业的供、产、销和人、财、物都比较好安排。企业处于较为宽松有利的外部环境中。

经济周期波动的收缩阶段，是宏观经济环境和市场环境日趋紧缩的季节。这时，市场需求疲软，订货不足，商品滞销，生产下降，资金周转不畅。企业在供、产、销和人、财、物方面都会遇到很多困难。企业处于较恶劣的外部环境中。经济的衰退既有破坏作用，又有“自动调节”作用。在经济衰退中，有一些企业破产，退出商海，有一些企业亏损，陷入困境，寻求新的出路，也有一些企业顶住恶劣的环境，在逆境中站稳了脚跟，并求得新的生存和发展。

（二）经济周期阶段

将经济周期分为四阶段：繁荣、衰退、萧条、复苏（见图 8-6）。

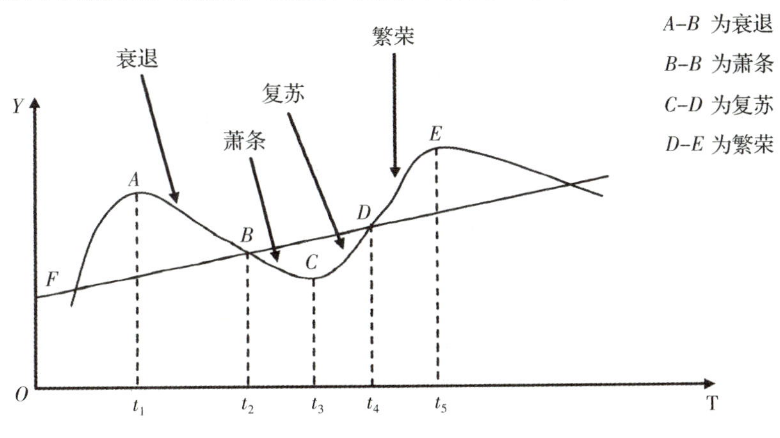

图 8-6　四阶段经济周期

图 8-6 中，$A-B$ 为衰退，$B-C$ 为萧条，$C-D$ 为复苏，$D-E$ 为繁荣。

经济周期的特点是国民总产出、总收入、总就业量的波动，它以大多数经济部门的扩张与收缩为标志。

经济周期四个阶段都有各自的特点。

复苏阶段开始时是前一周期的最低点，产出和价格均处于最低水平。随着经济的复苏，生产恢复，需求增长，价格也开始逐步回升。

繁荣阶段是经济周期的高峰阶段，由于投资需求和消费需求的不断扩张超过了产出的增长，刺激价格迅速上涨到较高水平。

衰退阶段出现在经济周期高峰过去后，经济开始滑坡，由于需求萎缩，供给大大超过需求，价格迅速下跌。

萧条阶段是经济周期的谷底，供给和需求均处于较低水平，价格停止下跌，处于低水平。在整个经济周期演化过程中，价格波动略滞后于经济波动。

这些是经济周期四个阶段的一般特征。不同国家、不同时期的经济周期可能具有自己不同的特点。比如，在 20 世纪 60 年代以前西方国家经济周期的特点是产出和价格的同向大幅波动。而 70 年代初期，西方国家先后进入所谓的"滞胀"时期，经济大幅度衰退，价格却仍然猛烈上涨，经济的停滞与严重的通货膨胀并存。80 年代和 90 年代以来，西方国家的经济波动幅度则大大缩小，并且价格总水平只涨不跌，衰退和萧条期下降的只是价格上涨速度而非价格的绝对水平。当然，这种只涨不跌是指价格总水平而非所有的具体商品价格，具体商品价格仍然是有升有降。进入 90 年代中期以后，一些新兴市场经济国家，如韩国、东南亚国家等，受到金融危机的冲击，导致一些商品的国际市场价格大幅下滑。但是全球经济并没有陷入全面的危机，欧美国家经济持续向好。因此，认真观测和分析经济周期的阶段和特点，对于正确地把握期货市场价格走势具有重要意义。

（三）经济周期分类

自 19 世纪中叶以来，人们在探索经济周期问题时，根据各自掌握的资料提出了不同长度和类型的经济周期。

1. 基钦短周期

1923 年英国经济学家基钦提出的一种为期 3～4 年的经济周期。基钦认为经济周期实际上有主要周期与次要周期 2 种。主要周期即中周期，次要周期为 3～4 年一次的短周期。这种短周期就称基钦短周期。

2. 朱格拉中周期

朱格拉中周期是 1860 年法国经济学家朱格拉提出的一种为期 9～10 年的经济周期。该周期是以国民收入、失业率和大多数经济部门的生产、利润和价格的波动为标志加以划分的。

3. 库兹涅茨长周期

库兹涅茨长周期是 1930 年美国经济学家库兹涅茨提出的一种为期 15～25 年、平均长度

为20年左右的经济周期。由于该周期主要是以建筑业的兴旺和衰落这一周期性波动现象为标志加以划分的，所以也被称为“建筑周期”。

4. 熊彼特综合周期

熊彼特综合周期是1936年经济学家熊彼特以“创新理论”为基础，对各种周期理论进行了综合分析后提出的。熊彼特认为，每一个长周期包括6个中周期，每一个中周期包括3个短周期。短周期约为40个月，中周期为9～10年，长周期为48～60年。他以重大的创新为标志，划分了3个长周期。第一个长周期从18世纪80年代到1842年，是“产业革命时期”；第二个长周期从1842年到1897年，是“蒸汽和钢铁时期”；第三个长周期从1897年以后，是“电气、化学和汽车时期”。在每个长周期中仍有中等创新所引起的波动，这就形成若干个中周期。在每个中周期中还有小创新所引起的波动，形成若干个短周期。

二、经济周期理论

（一）古典经济周期理论

1. 纯货币周期理论

该理论认为，经济周期是一种纯货币现象，经济周期性波动主要是由于金融体系中信用规律性扩张和收缩的交替进行所造成的。

周期的高涨阶段是由信用扩张引起的。信用的扩张，则源于银行放宽了对客户的贷款条件。扩张的主要工具是降低贴现率，辅之以延长贷款期限、不严格审查客户借入资金的用途等方式。通常情况是，利息率略有降低，就足以促使商人向银行增加借款，从而增加向生产者的订货。这样，生产的增加必然引起消费者的收入与支出提高，一般商品的有效需求随之增长，而存货则更加减少。需求的提高又足以刺激生产活动，使生产活动变成累积性的扩张，这种累积性的扩张使经济进入繁荣阶段。还要指出的是，价格的提高在这一累积过程中是一个加速因素。

然而，信用扩张的能力并不是无限的。银行迟早总是要被迫阻止信用扩张，甚至从事信用收缩。当银行体系收缩信用时，商人难以得到借贷，于是不得不向生产者减少订货，严重时甚至完全停止订货。这时，消费者收入与支出降低了，需求减退了，生产过剩性的危机由此出现，经济进入累积性收缩的萧条阶段。要注意，这个收缩过程也是累积性的，在这一点上并不亚于扩张过程。

2. 消费不足论

该理论认为，随着人口的增加，新发明的出现，工具和其他生产手段的改进，生产量有一种长期增长的趋势，这样就要求要有相应的消费能力相适应。但由于购买力本身不足，或者由于收入分配的不均导致过度储蓄，使人们的消费能力相对下降，出现消费不足，从而导致经济萧条。

消费不足论认为由于购买力自身的不足，使可利用的购买力低于社会产品总价值，总产

品不能按包括成本在内的价格全部销售出去，由此引起了产量过剩、经济萧条。发生危机和萧条，并不是人们没有充分的购买力，而是在现时收入内储蓄比重过大，人们的购买力未能充分地用于“消费”，从而造成了社会对消费品需求的不足，正是储蓄以及过度储蓄打乱了生产和销售之间的平衡。过度储蓄的起因是收入分配的不均等，储蓄的来源多数是出于那些高收入阶层。大部分经济学家相信，高收入阶层具有较高的储蓄水平，低收入阶层则储蓄水平较低。因此，要解决问题，消除危机和失业，就要通过政府制定措施来实现财富和收入的再分配，将过度的储蓄转化为消费和投资。

3. 有效需求不足论

有效需求不足的原因是由三个基本心理规律决定的。

（1）边际消费倾向递减，即边际消费倾向会随着收入的增加而发生递减，这毫无疑问必然会引起消费需求的不足。

（2）资本边际效率递减，即随着资本的不断增加，资本边际收入同样会出现下降趋势，因此资本边际效率的递减会极大地抑制企业投资的积极性，从而会造成投资需求的不足。

（3）流动性偏好，又称灵活偏好，灵活偏好规律是指人们愿意保持更多的货币的心理。

有效需求不足论的三大心理规律，对于经济危机作了全新的说明，并在此基础上形成摆脱危机、走出萧条的全新思路。既然经济危机发生的原因是有效需求不足，那么为了解决经济危机，需要扩大投资、增加消费，从而增加有效需求，刺激就业和经济增长。

4. 投资过度论

投资过度论认为，生产资料或资本品工业在跟生产消费品工业对照下，有了过度的发展。也就是说，资本品工业受到经济周期的影响，远比消费品工业更为严重，资本品生产的波动比消费品生产猛烈得多。在周期的繁荣阶段，资本品生产有较快的扩张；在萧条阶段，资本品生产又有较快的萎缩。

经济周期还不只是一个纯货币现象，而且通过货币因素造成了生产结构的失调。由于在某种信用机构（银行体系）形式下活动的货币力量引起了投资过度，结果使繁荣趋于崩溃。经济周期的高涨阶段的出现，信用的扩张会引起投资增加，这种投资增加首先表现在对资本品需求增加以及资本品价格上涨，这时的价格具有加速作用。但是，消费品需求的增长，并不能跟信用创造与资本品需求的提高保持同样的速度。资本品生产的扩张必然会使消费萎缩。

当银行方面无力或不愿意继续扩张信用，它就会通过提高利率等方法停止信用扩张或实行紧缩性政策。于是，生产资源逐步回流到消费品部门。危机过后是漫长的萧条时期，萧条是对生产结构的一种调整过程，以使资本品生产和消费品生产之间保持平衡。

5. 创新周期理论

该理论用创新来解释社会的发展，把创新作为社会前进的动力，也用创新来解释经济周期，说明经济中周期性波动根源于创新。

由于富有创新精神的企业家借助银行扩大信用贷款，增雇工人，新建厂房，增添设备，推动国民产品和国民收入的增加，促进消费品生产的增加，这就是经济周期的复苏和高涨。

在经济高涨阶段，厂商在乐观情绪的支配下，投资盛行，借助银行贷款扩大的投资高估了社会对产品的需求。此外，消费者的乐观情绪高估了可能的收入，常以抵押贷款的方式购买耐用消费品，而消费者负债购买反过来刺激了企业的过度投资。

经济周期的衰退与萧条，意味着新产品、新技术对旧的厂商和部门的冲击，那些在经济高涨期间过度扩大了的投资在萧条阶段的毁灭是社会经济从失衡走向新的均衡之必然的和有益的过程，一旦萧条到达谷底，新的创新引致的复苏和高涨推动资本主义生产力在更高的水平上向前发展。均衡一失衡一在更高的水平上均衡，如此循环往复周而复始。

（二）现代经济周期理论

1. 乘数—加速数理论

该理论认为，经济的波动表现为一种沿增长或趋于上升路线的上下运动状态。其波动的高涨阶段和低潮阶段是由乘数和加速数原理结合的作用决定的。

由于加速数的作用，产量（收入）的增长会引起投资的加速度增加；又由于乘数的作用，投资的增长又引起产量和收入量按某一倍数增长，从而使生产能力迅速扩张。其扩张幅度受周期上限限制，周期上限取决于社会已经达到的技术水平和一切生产资源可被利用的限度。当扩张达到周期上限时，就会转向经济收缩。收缩时国民收入增长速度放慢，加速数起加速作用引致投资减少，投资的下降又会引起产量和收入按照某一倍数下降，从而进一步导致国民收入下降，因而注定了扩张必然结束，萧条必然随之而来。随着时间的推移，一旦资本存量被消耗完，就需要进行新的重置，结果引致投资再度出现，开始新一轮的扩张，从而形成经济周期。

该理论的特点：一是吸取凯恩斯的“有效需求说”，即国民收入取决于总支出或总需求，包括私人消费、私人投资、政府开支和进出口；二是投资的变化是决定经济波动的关键性因素；三是用乘数原理与加速数原理的相互作用、自我加强来解释国民收入累积性的上下波动。

投资乘数理论是用来说明投资的变动将如何引起国民收入的变动，加速数原理是说明国民收入的变动将如何引起投资的变动。因此，把乘数与加速数原理的作用结合起来建立模型来说明经济周期。

这一模型实际上是引入时间因素的国民收入决定模型，即国民收入决定理论的动态化。在封闭经济中，国民收入（Y_t），由消费（C_t）、投资（I_t）、政府支出（G_t）构成，这样就有下式

$$Y_t=C_t+I_t+G_t \tag{8-23}$$

消费由边际消费倾向 b 与前期的国民收入水平决定，其中边际消费倾向 b 为不变的常数，所以

$$C_t=b\cdot Y_{t-1} \tag{8-24}$$

假定消费量和国民收入保持固定比例，投资由消费增加量与加速数（a）决定，所以

$$I_t=a\ (C_t-C_{t-1})\ =a\ (b\cdot Y_{t-1}-b\cdot Y_{t-2})\ =a\cdot b\ (y_{t-1}-y_{t-2}) \tag{8-25}$$

假定政府支出为常数 G_t，式（8-24）、式（8-25）代入式（8-23）得到

$$Y_t=C_t+I_t+G_t=b\cdot Y_{t-1}+a\cdot b\ (y_{t-1}-y_{t-2})\ +G_t \tag{8-26}$$

乘数与加速数原理相互作用引起经济周期的具体过程是：投资增加因为乘数效应引起产量的更大增加，产量的更大增加又引起投资的更大增加，这样，经济就会出现繁荣；然而，产量达到一定水平后由于社会需求与资源的限制无法再增加，这时就会由于加速数原理的作用使投资减少，投资的减少又会由于乘数的作用使产量继续减少，这两者的共同作用又会使经济进入萧条；萧条持续一定时期后由于产量回升又使投资增加、产量增加，从而经济进入另一次繁荣；正是由于乘数与加速数原理的共同作用，经济中就形成了由繁荣到萧条，又由萧条到繁荣的周期性运动过程。

乘数—加速数原理表明 GDP 的变化会通过加速数对投资产生加速作用，而投资的变化又会通过投资乘数使 GDP 成倍变化，加速数和投资乘数的这种交织作用便导致 GDP 周而复始地上下波动。因此，政府可以通过干预经济的政策来影响经济周期的波动，即利用政府的干预（如政府投资变动）就可以减轻经济周期的破坏性，甚至消除周期，实现国民经济持续稳定的增长。

2. **真实经济周期理论**

直到 20 世纪 80 年代初期，凯恩斯主义、货币主义和新古典宏观经济学派都认为是需求冲击或货币冲击决定了短期波动，但是真实经济周期理论认为："把货币干扰视为纯短暂波动的动因，所有宏观经济模型对大多数产量变化永远不能作出成功的解释。"

真实经济周期理论用经济之内的因素来解释经济周期，其基本假设与前提有以下五点。

一是经济主体是理性的，也就是说在现有的资源约束下追求它们效用和利润的最大化。

二是理性预期假设成立，即以完全竞争的市场经济作为研究对象，假设经济行为人掌握的信息是对称的，也是完全的，能够形成理论预期。

三是市场有效性假设成立，即价格可以灵活地调整，能够确保市场持续出清，因此，均衡是经济的常态，经济波动是理性经济行为人面对外来冲击自我调节，从一个均衡状态到达另一个均衡状态的过程。

四是就业变动反映了工作时间的自愿变化，非自愿失业不存在，工作和闲暇在时间上具有高度替代性。

五是货币中性假设，货币政策的变动对经济没有实际意义。

在这些假设和前提下，真实经济周期理论表现出来的基本特征有：一是技术冲击替代货币冲击成为主导冲击因素，即认为总产量和就业的波动是由可应用的生产技术的大的随机变化引起的；二是不再关注有关总物价水平的不完全信息；三是通过整合增长理论与波动理论打破了宏观经济分析中经济周期的短期与长期的二分法。

真实经济周期理论经济学家认为，经济繁荣大多得益于有利的生产率冲击，而多数经济衰退则缘于不利的生产率冲击。

真实经济周期理论代表经济学家基德兰德和普雷斯科特 1982 年合作完成的论文《建造时间和总量波动》，是真实经济周期理论的开山之作，并由此贡献而获得 2004 年度诺贝尔经济学奖。从 1982 年开始起，真实经济周期理论经历了迅猛的发展，至今已经成为宏观经济学中的一个主流派别。

思考练习

1. 经济社会的发展是否只考虑GDP的发展？
2. 影响长期经济增长率的政策有哪些？
3. 用经济周期理论分析中国经济发展情况。
4. 用乘数—加速数原理解释经济周期的波动。

第九章

宏观经济学流派

学习目标

通过本章学习，了解古典学派、凯恩斯学派、货币主义学派与新古典经济学派的基本理论，熟悉古典学派、凯恩斯学派、货币主义学派与新古典经济学派的基本观点及政策主张。

第一节 古典学派

一、概述

从两个世纪前经济学诞生以来，经济学家们就在争论：市场经济能否在不引入政府干预的前提下，自动实现长期的充分就业均衡。用现代经济学语言来讲，我们将那种强调经济中自我矫正力量的学说称为古典理论。古典宏观经济思想植根于亚当·斯密（1776 年）、萨伊（1803 年）和约翰·斯图亚特·穆勒（1848 年）的著作。古典学派学说认为，价格和工资是弹性的，经济是稳定的，因而经济能够自动且迅速地实现充分就业均衡。下文的讨论中，我们将运用总供给和总需求分析来说明古典宏观经济学的科学原理及政策含义。

二、古典学派的基本理论

（一）供给会创造出对它自身的需求

凯恩斯提出其宏观经济理论之前，在经济繁荣时期，通常主要的经济思想家所追随的都是古典的经济学观点。早期的经济学家研究工业革命中的劳动分工、资本积累以及不断增长的国际贸易。尽管这些学者已经意识到商业周期的存在，但是他们将这种周期看作一种可以自我矫正的暂时偏离。他们的分析都是围绕萨伊的市场定律展开的。这一定律由法国经济学家萨伊于 1803 年提出。他宣称，从本质上说，不可能出现生产过剩。今天这种观点有时被表述为："供给会创造出对它自身的需求。"那么萨伊定律的理论基础是什么呢？它建立在这样一种观点之上：货币经济与物物交换经济（在这种经济中，工人有能力购买工厂所能生产的任何产品）之间不存在本质区别。

（二）工资和价格足够灵活

许多杰出的经济学家，包括大卫·李嘉图、约翰·斯图亚特·穆勒、阿尔弗雷德·马歇尔等，都赞成古典学派的这种宏观经济观点，认为生产过剩是不可能的。他们认为通过完全自由的竞争，充分就业的强大趋势将始终存在。失业完全是由于摩擦性阻力妨碍了工资和价格能迅速作出适当调整。古典观点背后的基本原理是工资和价格足够灵活，因而市场能够很快"出清"或回到均衡状态。如果价格和工资能够迅速作出调整，那么价格呈黏性的时间就将如此之短，以至于在所有的实践活动中都可以忽略不计。古典宏观经济学家据此得出这样的结论：经济总是在充分就业或潜在产出水平上运行。

古典经济学家认为，持久的生产过剩是不可能出现的。如果 AS 曲线和 AD 曲线移动，价

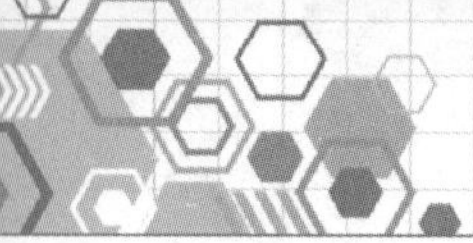

格就会灵活地作出反应，从而确保充分就业的产出量能够销售出去。我们可以从图 9-1 中看到，灵活的价格下降到足以使总支出量保持与充分就业的产出水平相匹配的水平处。根据古典学派的观点，总需求的变化会影响价格水平，但不会对产量和就业产生持久的影响。价格和工资的灵活性能够确保实际支出水平并足以维持充分就业。假设由于货币紧缩或其他外部力量使总需求下降，结果，如图 9-1 所示，AD 曲线向左移动到 AD′。最初，在初始价格水平 P 上，总支出下降到 B 点，而且可能存在一个很短时间的产量下降。但是，总需求变动之后工资和价格会迅速调整，从而使总体价格水平从 P 降到 P'。随着价格水平的下降，总产量又会回到潜在的产出水平并且在 C 点上又重新实现充分就业。

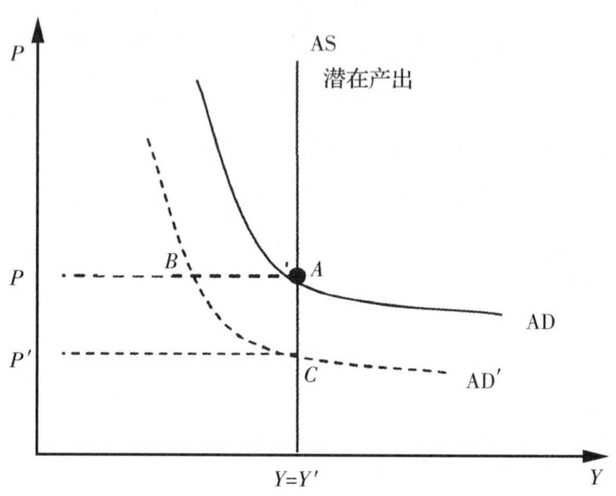

图 9-1　根据萨伊定律，供给能够创造出对自身的需求

三、古典学派的基本观点

（一）长期中经济能够实现充分就业和资源的充分利用

古典学派认为，经济仅仅会在短期内暂时地偏离充分就业和生产能力的充分利用，而不可能存在长期而持久的衰退或萧条，合格的劳工在现行的市场工资下，能够迅速地找到工作。古典学派并不否认摩擦性失业，市场力量会产生微观经济中的失灵和非效率现象。但是，根据古典学派观点，经济不会出现持久的宏观经济失灵，即由于总需求不足而造成资源的未充分利用。

（二）总需求政策不能影响失业和实际产出水平

这一命题可以从图 9-1 中看出，假设经济均衡在点 A 即 AD 曲线与垂直的 AS 曲线的交点，再假设中央银行决定紧缩货币供给抑制通货膨胀，在初始价格水平 P 上会出现短暂的超额供给。然而，随着价格和工资在供给过剩的压力下迅速下降，经济就会移向新的均衡点 C，紧缩性经济政策降低了总体价格水平。但是，由于价格和工资的灵活性确保了经济由原均衡点向新均衡点移动，产出与就业水平本质上并未发生变化。

四、古典学派的政策主张

自由放任的经济政策是古典学派论点的核心，即价格和工资是可以灵活变动的，而工资—价格的这种灵活性提供了一种自我矫正的机制，从而能够迅速恢复充分就业，使生产经常保持在潜在产出水平上。因此，古典学派强调自由放任的经济政策，政府只担当最基本的角色如国防、卫生等。这种古典观点在今天的新古典学著作中仍然是很有活力的，新古典经济学家超越了最简单的古典学说，考察了不完全信息、技术冲击的存在以及由于资源在产业之间进行转移所引起的摩擦等问题，但是他们的政策结论仍与早期的古典经济学紧密相连。

第二节　凯恩斯学派

一、概述

尽管古典经济学家认为持久的失业不可能出现，然而 20 世纪 30 年代经济学家却很难忽视当时庞大的失业现象。经济学将如何解释这种大规模且持久的闲置现象呢？凯恩斯的《就业、利息与货币通论》提供了不同的宏观经济理论，即一套观察经济政策和外部冲击影响的全新的理论分析框架。首先，凯恩斯提出了我们在前几章深入探讨过的总需求概念。其次，另一个革命性的内容是凯恩斯主义关于总供给的理论。古典学说假定价格和工资是灵活可变的，从而总供给曲线是垂直的。相反，凯恩斯主义坚决主张价格和工资缺乏弹件，总供给曲线向上倾斜。根据凯恩斯学说，供给绝不可能创造对其自身的需求；产出也会在不确定的长期内偏离其潜在产出水平。凯恩斯主义的理论体系是以解决就业问题为中心，而就业理论的逻辑起点是有效需求原理。其基本观点是：社会的就业量取决于有效需求，所谓有效需求，是指商品的总供给价格和总需求价格达到均衡时的总需求。由于在短期内，生产成本和正常利润波动不大，因而资本家愿意供给的产量不会有很大变动，总供给基本是稳定的。这样，就业量实际上取决于总需求，这个与总供给相均衡的总需求就是有效需求。

二、凯恩斯学派的基本理论

（一）凯恩斯的有效需求理论

凯恩斯进一步认为，由消费需求和投资需求构成的有效需求，其大小主要取决于消费倾向、资本边际效率、流动偏好三大基本心理因素以及货币数量。消费倾向是指消费在收入中所占的比例，它决定消费需求。一般来说，随着收入的增加，消费的增加往往赶不上收入的增加，呈现边际消费倾向递减的规律，于是引起消费需求不足。投资需求是由资本边际效率

和利息率这两个因素的对比关系所决定。资本边际效率是指增加一笔投资所预期可得到的利润率，它会随着投资的增加而降低，从长期看，呈现资本边际效率递减的规律，从而减少投资的诱惑力。由于人们投资与否的前提条件是资本边际效率大于利率（此时才有利可图），当资本边际效率递减时，若利率能同比下降，才能保证投资不减，因此，利率就成为决定投资需求的关键因素。凯恩斯认为，利息率取决于流动偏好和货币数量。流动偏好是指人们愿意用货币形式保持自己的收入或财富这样一种心理因素，它决定了货币需求。在一定的货币供应量下，人们对货币的流动偏好越强，利息率就越高，而高利率将阻碍投资。这样在资本边际效率递减和存在流动偏好两个因素的作用下，使投资需求不足。消费需求不足和投资需求不足将产生大量的失业，形成有效需求不足，造成生产过剩的经济危机。因此解决失业和复兴经济的最好办法是政府干预经济，采取赤字财政政策和膨胀性的货币政策来扩大政府开支，降低利息率，从而刺激消费，增加投资，以提高有效需求，实现充分就业。

（二）凯恩斯通过利率把货币经济和实物经济联系起来

这一理论打破了新古典学派把实物经济和货币经济分开的两分法，认为货币不是中性的，货币市场上的均衡利率要影响投资和收入，而产品市场上的均衡收入又会影响货币需求和利率，这就是产品市场和货币市场的相互联系和作用。凯恩斯本人并没有直接使用模型把上述四个变量联系在一起，这个工作是由汉森、希克斯这两位经济学家完成的，他们将 IS-LM 模型把这四个变量放在一起，构成一个产品市场和货币市场之间相互作用共同决定国民收入与利率的理论框架，从而使凯恩斯的有效需求理论得到较为完善的表述。不仅如此，凯恩斯主义的经济政策即财政政策和货币政策的分析，也是围绕 IS-LM 模型而展开的。因此，IS-LM 模型是凯恩斯主义宏观经济学的核心。

（三）投资乘数

凯恩斯由投资乘数原理出发，对投资与国民收入的关系作了进一步阐述。他认为投资的乘数作用表现为，一个部门的新增投资不仅会使该部门的收入增加，而且会通过连锁反应，引起其他有关部门的收入增加，还会通过连锁反应，引起其他有关部门追加新投资获得新收入，致使国民收入总量的增长若干倍于最初那笔投资。

三、凯恩斯学派的基本观点

（一）非充分就业均衡

凯恩斯将失业的情况分为三种：一是由于某种专门劳动市场供过于求造成的，叫“摩擦失业”；二是由于各种原因人们对现有的工作不喜欢而情愿待在家中，叫“自愿失业”；三是由于在现行工资水平上人们愿意工作而得不到工作，叫“非自愿失业”。摩擦失业可以通过对劳动力的技能训练和国民经济结构的调整而迅速解决，自愿失业则是劳动队伍自身的选择，所以这两类失业不算真正的失业。因此只要解决了非自愿失业的问题，就可说得上充分就业

了。在三大心理因素的作用下，消费需求不足和投资需求不足将产生大量的失业，形成有效需求不足。国民收入的均衡不一定就是充分就业的均衡。只要需求不足，就会使社会资源利用不足，结果使在工人失业和资源闲置的条件下达到国民收入的“均衡”。因此，在凯恩斯看来，如果仅仅依靠市场自行调节，那么充分就业的均衡只是一种特殊的情况，而通常的情况则是一种小于充分就业的国民收入均衡。

（二）总需求决定产出

凯恩斯给宏观经济学带来了一场真正的革命。图 9-2 展示的是凯恩斯观点的精髓。从图 9-2 中可以看出，现代市场经济可能会陷入一种非充分就业均衡，即总供给与总需求达到均衡，而产出水平远远低于潜在产出水平，且相当大一部分劳动力处于非自愿失业状态。例如，如图 9-2 所示，如果 AD 曲线与 AS 曲线在靠近左侧的地方相交，如点 E 所示，那么均衡产量远远低于潜在产出水平。凯恩斯及其追随者们强调，由于工资缺乏弹性，因而不存在一种经济机制，能够迅速地恢复充分就业和确保厂商在充分开工的水平上进行生产。由于并不存在引导经济恢复到充分就业的自我矫正机制，因而一国经济有可能会在一个较长的时期内停留在低产出、高失业的痛苦状态之中。凯恩斯认为，通过货币政策和财政政策，政府能够刺激经济，有助于保持一个较高的产出和就业水平。如果政府增加其购买量，总需求就会增加，即从 AD 增加到 AD′，其结果将是产出从 Y_E 增加到 Y'_E，从而缩小了实际 GDP 与潜在 GDP 之间的差距。简言之，通过适当运用经济政策，政府能够采取措施保证较高的国民产出和就业水平。

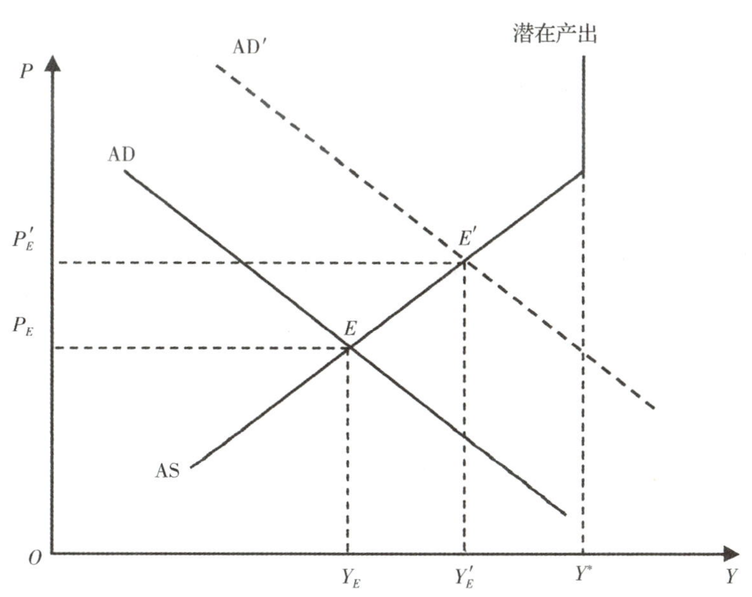

图 9-2　根据凯恩斯的观点，总需求决定产出

总供给曲线向上倾斜，意味着只要存在未被利用的资源，总需求的上升就会使产量增加。当 AD 不足时，产出将处于均衡点 E' 上，这时会出现大量的失业。如果总需求由 AD 增加到 AD′，实际产出水平就会从 E 增加到 E'，同时总价格也会上升。根据凯恩斯主义学说，增加总需求的经济政策能够成功增加产出和更高的就业水平。

凯恩斯主义者与古典经济学家争论的核心是经济是否具有强大的自我矫正机制，即能否

通过灵活的价格和工资来维持充分就业水平。古典主义学说一般强调长期经济增长，主张放弃稳定商业周期的政策。而凯恩斯主义经济学家则主张通过适当的货币财政政策调控经济周期，稳定经济增长。

四、凯恩斯学派的政策主张

凯恩斯提出了国家干预经济的主张，他主张政府通过调节需求来达到充分就业。在有效需求不足的情况下，他主张扩大政府开支，增加货币供应，实行赤字预算来刺激国民经济活动，以增加国民收入，实现充分就业。应该说，这种主张基本上是符合当时资本主义世界的实际情况的，因此凯恩斯在许多方面取得了成功。他认为，平衡预算的概念对决定政策不起作用，呼吁财政政策要从旧式的预算平衡的概念中解放出来。于是，古典经济学的预算平衡的原则从此被打破，许多国家的政府从不得已的预算赤字，逐步走向主动的、无所顾虑的赤字预算。赤字预算的确刺激了有效需求，但又产生了通货膨胀等新问题，引起后来的经济学家为此而争论不休。

第三节　货币主义学派

一、概述

货币主义学派是 20 世纪 50 年代和 60 年代在美国出现的一个经济学流派，亦称货币学派，其创始人为美国芝加哥大学教授弗里德曼。货币主义学派在理论和政策主张方面，强调货币供应量的变动是引起经济活动和物价水平发生变动的根本的和起支配作用的原因。布伦纳于 1968 年使用“货币主义”一词来表达这一流派的基本特点，此后被广泛沿用于西方经济学文献之中。第二次世界大战后，美英等发达资本主义国家长期推行凯恩斯主义扩大有效需求的管理政策，虽然在刺激生产发展、延缓经济危机等方面起了一定作用，但同时引起了持续的通货膨胀。弗里德曼从 20 世纪 50 年代起，以制止通货膨胀和反对国家干预经济相标榜，向凯恩斯主义的理论和政策主张提出挑战。

货币主义主张，货币供给是决定名义 GDP 短期变动的主要因素，同时也是决定价格长期变动的主要因素。当然，凯恩斯主义宏观经济学也承认货币在决定总需求时所起的关键作用，货币主义与凯恩斯主义的主要区别在于对总需求的决定持不同观点。凯恩斯主义的理论认为，除货币之外，还有许多其他因素影响总需求；而货币主义者则认为，货币供给的变动是决定产出和价格变动的最主要因素。货币主义学说假设货币的增长在短期内决定名义 GDP，而在长期内决定价格水平。货币主义者向凯恩斯主义宏观经济学提出了挑战，并强调货币政策在稳定宏观经济方面的重要性。

二、货币主义学派的基本理论

（一）自然率假说

自然率主要是就自然失业率而言。按照自然率假说，任何一个资本主义社会都存在着一个自然失业率，自然失业率的大小取决于该社会的技术水平、资源数量和文化传统，而在长期中，该社会的经济总是趋向于自然失业率。这就是说，人为的经济政策的作用可以暂时地或在短期中使实际的失业率大于或小于自然率，但在长期中，人为的经济政策却不会使实际的失业率趋向于自然率。凯恩斯以前的传统经济学承认，资本主义存在着摩擦失业和自愿失业两种失业，两种失业量之和与全部劳动力之比就是自然失业率。自然率的假说意味着：资本主义在长期中不会存在非自愿失业的现象。

（二）货币供给数量与价格的关系

货币数量论在货币周转率相对稳定的前提下，揭示货币供给数量和价格水平变动的关系。

$$P=\frac{M\cdot V}{Q}=\frac{V}{Q}\cdot M=K\cdot m \tag{9-1}$$

这一方程式是由周转率的原始定义得出的，这个表达式是以变量 K（更简洁地）替换了原先方程中的$\frac{V}{Q}$，然后解出 P。传统货币数量论在认为货币流通速度 V 是一个不变的常数的同时，往往还假定就业是充分的，即实际产出 Q 平稳增长，并且势必与潜在 GDP 相等。将这两个假定条件结合起来，K 在短期内就接近常数，长期内则会逐渐有所增长。数量论的含义可以从上述方程式中看出，如果 K 为常数，价格水平的变动就会与货币供给量成比例。稳定的货币供给量将会带来稳定的价格；而当货币供给迅速增长时，价格也会同样变动。同理，如果货币供给扩大 10 倍或 100 倍，经济就会发生急剧的通货膨胀。货币和价格的数量论认为价格变动与货币供给变动成比例。尽管这种理论是一种粗略和近似判断，但它的确有助于解释货币增长缓慢的国家会出现温和的通货膨胀，而在货币增长迅速的国家物价水平则急剧上涨。

（三）新货币数量论

弗里德曼在吸收和修正凯恩斯灵活偏好论的基础上，推演出了新货币数量论。弗里德曼提出的货币需求函数为

$$M=f\left(P,\ r_b,\ r_e,\ \frac{1}{P}\cdot\frac{dP}{dt},\ w,\ Y,\ u\right) \tag{9-2}$$

式中，M 为财富持有者手中保存的名义货币量，P 为一般价格水平，r_b 为市场债券利息率，r_e 为预期的股票收益率，$\frac{1}{P}\cdot\frac{dP}{dt}$为预期的物质资产收益率即价格的预期变动率（为了说明方便，现令 $r_p=\frac{1}{P}\cdot\frac{dP}{dt}$），$\omega$ 为非人力财富与人力财富之间的比例，Y 为名义收入，u 为其他影

响货币需求的变量。

货币需求量主要取决于四个方面的因素。

第一，总财富。弗里德曼认为，总财富是决定货币需求的一个重要的因素。总财富包括收入或“消费性服务”的一切源泉，其中之一是个人的生产或挣钱能力，也就是弗里德曼早先在消费函数理论中发展的“永久性收入”的概念。由于很难得到总财富的估算值，故只能用收入来代替，Y 就代表永久性收入。

第二，非人力财富在总财富中所占的比例。弗里德曼把总财富分为非人力财富和人力财富两部分。非人力财富指有形的财富，包括货币持有量、债券、股票、资本品、不动产、耐用消费品等；人力财富指个人挣钱的能力，又称无形财富；非人力财富和人力财富的形式可以互相转换，但由于受到制度上的限制，这种转换有一定的困难，主要是人力财富转为非人力财富比较困难。比如，萧条时期存在大量失业的时候，工人的人力财富就不容易转变为货币收入，而在转变为收入之前，人们又需要有货币来维持生存。因此，非人力财富在总财富中所占比例对货币需求量就产生影响。当人力财富在总财富中所占比例愈大或非人力财富在总财富中所占比例愈小，对货币的需求也愈大；反之亦然。因此，ω 就成为影响实际货币需求的一个变量。

第三，各种非人力财富的预期报酬率。弗里德曼认为，人们选择保存资产的形式除了各种有价证券外，还包括资本品、不动产、耐用消费品等有形资产；在各种资产中，货币与其他有形资产之间的分割比例，取决于各种资产的预期报酬率。一般情况下，各种有形资产的预期报酬率愈高，愿意持有的货币就越少。因为这时人们用其他有形资产的形式来替代货币的形式保存在手中对自己更为有利。因此，市场债券利息率（r_b）、预期的股票收益率（r_e）和预期的物质资产收益率（r_p）便成为影响货币需求的因素。

第四，其他影响货币需求的因素，如资本品的转手量、个人偏好等，统统以变量 u 来概括。

同时，弗里德曼突出强调货币需求函数是稳定的函数，新货币数量论与传统货币数量论的差别在于，传统货币数量论把货币流通速度 V 当作由制度决定了的一个常数，而新货币数量论则认为流通速度 V 不是某些不变的数值的常数，而是决定它的其他几个数目有限的变量的稳定函数。说得明确点，稳定的是决定 V 的函数，而不是 V 的值本身。总之，货币主义在维持传统货币数量论关于 V 在长期中的一个不变的数量的同时，又认为 V 在短期内可以作出轻微的波动。

三、货币主义学派的基本观点

（一）货币供给对名义收入变动具有决定性作用

弗里德曼认为，货币供给完全取决于货币当局的决策及银行制度，而货币需求函数则表明，货币供给与影响货币需求的因素完全无关。新货币数量论的方程式（9-2）表明，在货币供求均衡时，货币流通速度 V 在短期仅仅可以作出轻微的变动，而在长期内又不会变化，因

此货币供给量 M 便是影响名义收入 Y 的决定性因素，即货币数量是名义收入波动的主要原因。

（二）在长期内，货币数量不会影响就业量和实际国民收入

货币数量的作用主要在于影响价格以及其他用货币表示的量（如货币工资等），而不会影响就业量和实际国民收入。根据自然率假说，就业量以及实际国民收入是由技术水平、风俗习惯、经济资源的数量等非货币因素决定的，因此式（9-2）的 Y 与 M 无关。由于 V 在长期内是一个不变的常数，因此，货币数量 M 影响的只能是价格 P 以及由货币所表示的变量。换句话说，通货膨胀归根到底是一种货币现象。

（三）在短期内，货币供给量可以影响实际变量如就业量和实际国民收入

这一观点受到货币流通速度 V 在短期具有轻微变动以及自然率假说的支持。

（四）私人经济具有自身内在的稳定性

国家的经济政策会使其稳定性遭到破坏，自然率假说是货币主义这一观点的理论基础。按照自然率假说，资本主义经济具有趋向于充分就业时的自然率的自行调节机制。因此，市场机制仍然是调节资源在不同用途之间合理配置的有效机制。虽然各种随机扰动使经济出现短期波动，但经济本身的发展仍具有长期均衡的趋势。如果国家的经济政策干扰了市场机制的作用，反而会导致宏观经济的严重失衡。

四、货币主义学派的政策主张

（一）主张经济自由，反对相机抉择的宏观经济政策

在过去 30 年中，货币主义在制定经济政策方面扮演了重要的角色。货币主义经济学家拥护自由市场和自由放任的微观经济政策。他们对于宏观经济政策最重要的贡献，在于他们主张固定的货币规则，而非相机抉择的财政政策和货币政策。货币主义学派认为，在社会经济发展过程中，市场机制的作用是最重要的。他们坚持自由市场和竞争是资源和收入合理分配的最有效方法，是产生个人和社会最大福利的最佳途径，如果政府干预经济，就将破坏市场机制的作用，阻碍经济发展，甚至造成或加剧经济的动乱。因此，他们旗帜鲜明地反对任何形式的国家干预，特别是反对战后凯恩斯主义的理论和政策主张，认为除了货币之外，政府什么也不必管。原则上，货币主义者也会建议利用货币政策对经济进行微调，但他们采取的方针却完全不同，他们认为私人经济部门是稳定的，而政府却倾向于使经济不稳定。

（二）提倡实行“单一规则”的货币政策

货币主义经济思想的主要政策就是货币规则：最佳的货币政策应使货币供给以固定的速率增长，并且在任何经济形势下都维持这一速率，固定的货币增长率（每年 3%～5%）能够

消除不稳定的主要因素。所谓“单一规则”，就是公开宣布并长期采用一个固定不变的货币供应增长率。弗里德曼认为，这不仅是中央银行控制货币供应量的最佳选择，也应该是中央银行货币政策操作的基本规则。

“单一规则”在内涵上强调以下三点。

（1）公开宣布。其目的是告示于众，减轻人们心理上的不安定感，避免人们因不同预期引起的紊乱和矛盾，同时也将货币当局的行为置于公众的监督之下。

（2）避免错误决策给经济造成的扰乱，并且可以消除时滞效应中不同时期的不同反应，促使初始效果和最终效果趋于一致。

（3）固定货币供应增长率，以利于加强货币政策的连续性和稳定性，并以其自身的稳定性抵御来自其他方面的干扰。

这三个要点相互呼应，紧密相连，缺一不可。

弗里德曼认为，只有长期采用一个固定不变的货币供应增长率，才能确保稳定货币，稳定币值，实现物价、经济长期稳定的目标。货币增长率一经正确订定，就应该长期固定，而不能因长期经济波动或其他因素作随便调整。只有切实坚决地实施“单一规则”，才能有效地稳定货币，克服货币政策的摇摆性和失误，赢得公众对货币政策的信任，真正为经济社会提供稳定的货币环境。

（三）实行浮动汇率制

浮动汇率制度是指一国货币当局不再规定本国货币与外国货币比价和汇率波动的幅度，货币当局也不承担维持汇率波动界限的义务，而听任汇率随外汇市场供求变化自由波动的一种汇率制度。弗里德曼坚持认为，货币政策必须保持其单一性、长期性和稳定性。货币政策只能以货币供应量增长率为控制指标，而不能仅仅盯住汇率的变动。浮动汇率制度使各国可以独立地实行自己的货币政策、财政政策和汇率政策。在固定汇率制度下，各国政府为了维持汇率的上下限，必须尽力保持其外部的平衡。如一国的国际收支出现逆差时，往往采取紧缩性政策措施，减少进口和国内开支，使生产下降，失业增加。这样国内经济有时还要服从于国外的平衡。在浮动汇率制度下，通过汇率杠杆对国际收支进行自动调节，在一国发生暂时性或周期性失衡时，一定时期内的汇率波动不会立即影响国内的货币流通，一国政府不必急于使用破坏国内经济平衡的货币政策和财政政策来调节国际收支。

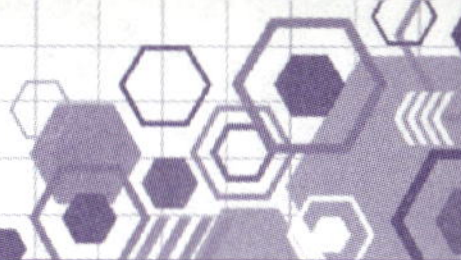

第四节 新古典经济学派

一、概述

尽管大多数宏观经济学家认为，货币主义政策至少在短期内可以影响失业和产出，但是古典学派的一个新分支却对这一观点提出了挑战。新古典宏观经济学家认为，短期的菲利普斯曲线也不存在。这种被称为新古典宏观经济学的理论，是由芝加哥大学的罗伯特·卢卡斯、斯坦福大学的托马斯·萨金持和哈佛大学的罗伯特·巴罗共同研究出来的，这一理论在强调工资和价格灵活性的作用方面与前面讨论的古典学派一脉相传，但增加了一个新特点即“理性预期”。正是由于卢卡斯对新古典宏观经济学特别是理性预期的现代观点方面所作出的贡献，1996 年他被授予诺贝尔经济学奖。新古典宏观经济学又称作“新古典主义”“货币主义Ⅱ”，是 20 世纪 70 年代由货币主义学派和理性预期学派发展演化而来的一个经济学流派，这个学派的经济学遵循古典经济学的传统，相信市场力量的有效性；认为如果让市场机制自发地发挥作用，就可以解决失业、衰退等一系列宏观经济问题。

二、新古典经济学派基本理论

（一）个体利益最大化

新古典经济学把微观经济学中的个体利益最大化这一假设与宏观经济学的研究结合在一起。新古典经济学认为，宏观经济现象是个体经济行为的后果，如一个社会的总消费量是各个个体消费量的总和。微观经济学表明，个体行为的一个最基本的假设是个体利益最大化。这就是说，宏观经济理论必须具有微观理论的基础，特别是要符合最大化的基本假设条件。

（二）理性预期

所谓理性预期是在有效地利用一切信息的前提下，对经济变量作出的在长期中平均说来最为准确的，而又与所使用的经济理论、模型相一致的预期。这一假设有三个含义。第一，作出经济决策的经济主体是有理性的。为了追求最大利益，他们总是力求对未来作出正确的预期。第二，为了作出正确的预期，经济主体在作出预期时会搜集有关的一切信息，其中包括有关的经济理论和模型、有关的资料与数据，力图对经济变量之间的因果关系作出系统了解。第三，经济主体在预期时不会犯系统的错误。这就是说，由于正确的预期能使经济主体得到最大的利益，所以经济主体会随时随地根据它所得到的信息来修正它的预期值的错误。当预期值高于正确值时，它会降低预期值；当预期值低于正确值时，它会提高预期值。及时

修正预期，会使经济主体避免作出高估或低估的一时的错误，但不会犯系统性的错误。这样，从整体上看，在长期内经济主体对某一经济变量的未来预期值与未来的实际值仍然会是一致的。说得更明确些，“理性预期”的意思是：在长期内，人们会准确地或趋向于预期到经济变量所有的数值。

（三）市场出清

市场出清假设是说无论劳动力市场上的工资还是产品市场上的价格都具有充分的灵活性，可以根据供求情况迅速进行调整。这种灵活性使产品市场和劳动力市场都不会存在超额供给。因为一旦产品市场出现超额供给，价格就会下降，直至商品价格降到使买者愿意购买为止；如果劳动力市场出现超额供给，工资就会下降，直至工资降到使雇主愿意为所有想工作的失业者提供工作为止。因此，每一个市场都处于或趋向于供求相等的一般均衡状态。

三、新古典经济学派的基本观点

（一）附加预期变量的总供给曲线

理性预期学派对传统总供给曲线所作的修改和补充主要在于给它添加了一个预期变量。关于传统理论的劳动的供给和需求取决于实际工资的说法，新古典经济学者是完全同意的，不过，他们认为，在决定实际工资的大小时，劳动供给方面所依据的价格和劳动需求方面所依据的价格并不是同一个价格，其原因如下。按照新古典经济学派的说法，社会中的各行各业因为都熟悉本行业的行情，所以在任何时候都确切地知道自己产品的价格。但是，它们对整个社会的价格水平的变动，却未必确切地了解，至少在短暂的时期内如此。当通货膨胀出现时，各行各业的价格都会上升。在短暂的时期内，各行各业都会感觉到自己产品价格的上升，然而不知道这种上升是通货膨胀造成的。因此，各行各业都会按照原有的价格或预期的价格 P^e 来决定它们的供给量，而各行各业的需求量则取决于通货膨胀所造成的价格或实际价格 P。作为社会许多行业中的劳动市场的情况也是如此，即劳动的供给方面使用预期价格 P^e 来决定实际工资的大小，而在劳动的需求方面则使用实际价格 P。把实际的 P（在劳动的需求曲线方面的 P）和预期的 P（在劳动的供给曲线方面的 P）的差别考虑在内，如图 9-3 所示。

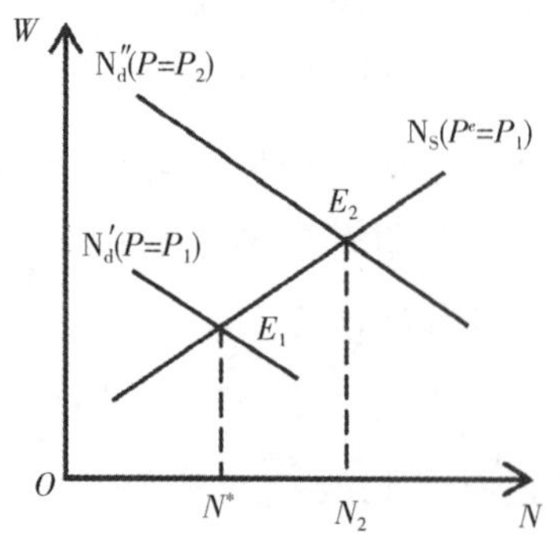

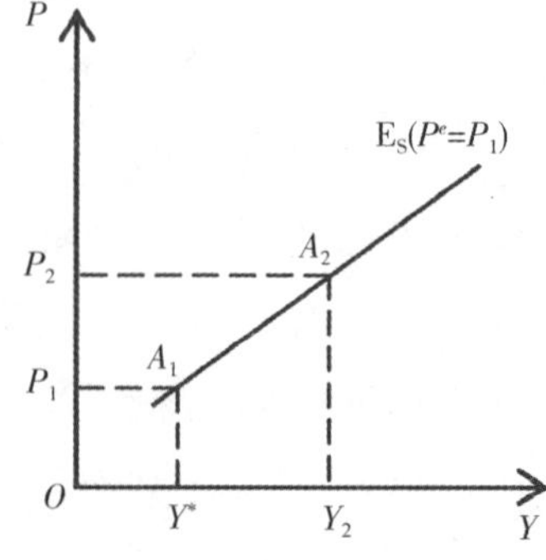

图 9-3　附加预期变量的总供给曲线的推导

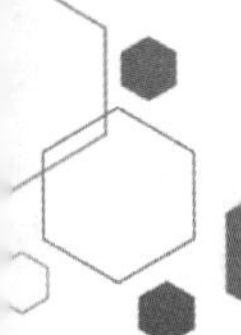

在图 9-3 中，W 为货币工资，N_d 和 N_s 为相当于不同数值的 P 的劳动需求曲线和供给曲线，P^e 为预期价格，N'_d 是根据 P_1 数值的实际价格水平而做出的对劳动的需求曲线；假定 N_s 为劳动者根据 $P^e=P_1$ 做出的劳动供给曲线，即假定预期的价格水平正好等于实际的价格水平，或者说在需求方面的 P 与在供给方面的 P 是相同的，因此，N_s 与 N'_d 相交的 E_1 点决定了就业量的数值为 N^*，从而得到对应的产量 Y^*。于是在右图中得到点 A_1（Y^*，P_1）。假设 P^e 的数值不变，而实际价格却由 P_1 上升到 P_2，这时，由于 P^e 不变，所以 N_s 的位置不变；然而，由于 $P_2>P_1$，所以劳动需求曲线的位置由 N'_d 上升到 N''_d，其含义为，由于实际价格的提高，整个社会只有在 W 作出相同比例的上升时，才会雇用原有数量的劳动，现在 N_s 和 N''_d 相交于 E_2，E_2 点所对应的就业量为 N_2，由此产生出对应的收入 Y_2，从而又得到了右图中的点 A_2（Y_2，P_2）。按照这一思路继续下去，便可得到一系列点，将其用光滑的曲线连接起来便得到附加预期变量的总供给曲线 ES（$P^e=P_1$）。它表示在一定预期的 P_1 下各个实际的价格 P 相对应的 Y 的数值。图 9-3 右图中的 ES 曲线系以 P^e 为某一数值为前提，可以设想，P^e 可以具有许多不同的数值，而相当于每一 P^e 数值都存在着一条相应的 ES 曲线，从理论上讲，ES 曲线与传统总供给曲线都相交于一点，如图 9-4 所示。

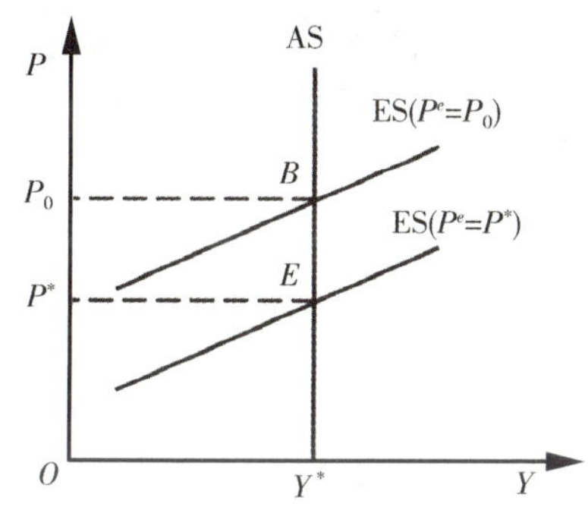

图 9-4　附加预期变量的总供给曲线与传统总供给曲线

图中的 B 点代表预期的 P^e 与实际 P_0 相一致，E 点代表预期的 P^e 与实际的 P^* 相一致，如此等等。图中仅表示出两条 ES 曲线，然而可以想象，该图应具有很多的 ES 曲线，其中每一条曲线代表某一数值的预期价格。

上面所论述的仅仅是劳动市场所导致的情况，新古典经济学派认为，社会一切市场导致的情况都是如此，因此附加预期变量的总供给曲线必然存在。

（二）一个由附加预期变量的总供给曲线 ES 和总需求曲线 AD 构成的经济模型

假定经济社会在开始时处于 Y^* 垂直线、ES 和 AD 这三条线相交之点。又假设 AD 曲线在某些因素的影响下发生移动，则这一模型所决定的价格水平和收入水平这时是多少？新古典经济学派认为，这一问题的答案取决于 AD 曲线的位置是受到意料之中的因素的影响，还是受到意料之外的因素的影响。

按照西方学者公认的说法，AD 曲线的位置可以因许多外生变量或外界因素的影响而改变，这些外界因素包括财政政策、货币政策、外贸逆差或顺差、外汇行情的波动以及气候变

化等自然现象。其中，有些因素完全是意料之外的，如地震、台风、气候突然的改变等；某些因素则完全是意料之中的，如政府的财政政策、货币政策或其他经济政策（假设这些政策是公开执行的）；还有一些因素则是介于两者之间的情况，如仅仅被部分地觉察到的外贸逆差或顺差、外汇行情的波动等，其中被察觉到的部分属于意料之中的因素，还没有被觉察到的部分算是意料外的因素。总之，AD 曲线位置的改变可以受到两类因素的影响，即意料中的因素和意料外的因素的影响。

现在，假设 AD 曲线位置的改变全然是由于意料中的因素造成的，那么，ES 曲线和 AD 曲线的经济模型是如何决定价格水平 P 和产量 Y 的呢？这一问题的答案可以使用图 9-5 加以说明。在图 9-5 中，假定经济社会在开始时处于 A 点，即处于 Y^* 垂直线、ES 曲线和 AD_0 这三条线相交之点，又假设意料之中的因素使 AD_0 曲线的位置移动到 AD_1 曲线，那么，由此而决定的 P 和 Y 各为多少？图 9-5 表明：ES 曲线和 AD_1 曲线相交于 B 点，相当于 B 点的价格水平和产量顺次为 P_1 和 Y_1，从表面上看 P_1 和 Y_1 可能是问题的答案。

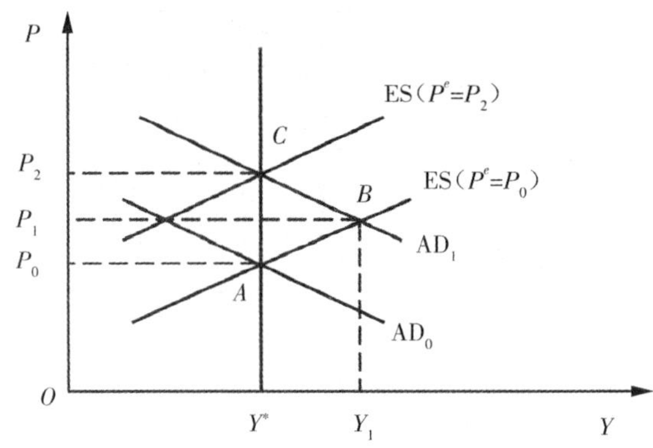

图 9-5　意料之中的原因造成的后果

但是，新古典经济学派认为，答案不会是 B 点的 P_1 和 Y_1。因为 B 点的答案违反理性预期的假设。理性预期假设表明：对于经济变量的理性预期的数值必须等于根据经济理论而推算出来的数值，即与使用的经济理论和模型相一致的数值。如果 B 点代表问题的答案，那么，根据经济模型（$ES=AD_1$ 的交点）而推算出来的 P 必然是 P_1，此时的预期的 P（P^e）必然为 P_0。因为，在 ES 曲线与 Y^* 垂直线的交点，预期的 P 必然等于实际 P，从而 $P^e=P_0$。因此，在这里，预期的 P 和根据经济模型而推算出来的 P 并不相等，从而 B 点所意味的 P^e 不是理性预期的 P。既然理性预期学派假设每个参与经济活动的人的预期都是理性的，所以 B 点不能存在，从而答案也就不是 P_1 和 Y_1 了。理性预期学派的答案：AD_1 曲线是意料之中的原因所造成的，即在有效地利用一切信息的情况下，AD_1 曲线的位置已众所周知，但图上的哪一点能使预期的 P 和根据模型而推算出来的 P 相等呢？很显然，图上的 C 点可以使二者相等，因为 C 点是根据 $P^e=P_2$ 而得到另一条 ES 曲线、Y^* 垂直线和 AD_1 曲线这三条线的交点。以 C 是 ES 曲线与 AD_1 曲线的交点而论，P_2 是根据经济模型而推算出来的 P；以 C 是 ES 曲线和 Y^* 垂直线的交点而论，则 $P^e=P_2$。因此，三线相交于一点就是说预期的 P 和根据模型而推算出来的 P 相等。此时的预期是理性的预期，从而 C 点代表问题的答案，C 点所标志的价

格和产量分别为 P_2 和 Y^*。把 C 点和原来的 A 点相比，价格已从 P_0 上升到 P_2，而产量却不变，仍然为 Y^*，因此，由于意料之中的原因而造成的总需求的变动只能使价格水平上升或下降，并不能导致整个经济社会的就业量或产量的变动。

新古典学派的上述结论具有明显的含意：既然一切公开执行的包括财政政策和货币政策在内的经济政策，都属于意料之中的因素，那么，经济政策只能改变价格水平的高低，不会造成就业量或产量的增加或减少，即凯恩斯主义所主张的通过宏观经济政策来改变就业量的说法是错误的。

虽然由于意料之中的因素而造成的 AD 曲线的变动不能改变 Y 的数值，但是新古典经济学派认为，意料之外的因素所造成的 AD 曲线的变动却可以导致 Y 的变动。该学派认为，资本主义经济波动的唯一原因恰恰在于意料之外的因素。这一想法可以通过图 9-6 加以说明。

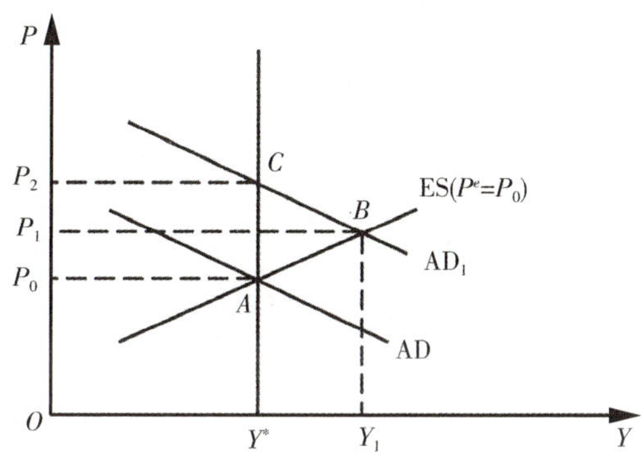

图 9-6　意料之外的原因造成的后果

在图 9-6 中，经济社会在开始时仍然处于 A 点，但是，AD 曲线移到 AD_1 曲线的原因却是信息不能事先知道的意料外的因素造成的。因此，AD 曲线已经移动到 AD_1 曲线的位置，但参与经济活动的人并不能觉察到这一事实，他们还以为 AD 曲线仍然处于原有的位置，在这种情况下，他们对价格的理性预期只能是 P_0。因为，如果 AD 曲线没有移动，预期的 P 就是 P_0，而根据经济模型推算出来的 P 也是 P_0。这就是说，即使存在着理性预期，价格水平和产量却可以由于意料之外的原因而发生波动，在此例中，它们顺次波动到 P_0 和 Y_1 的数值。可以看到，理性预期一方面维护了传统西方经济学的总供给曲线，另一方面又以意料之外的因素的影响来解释资本主义经济活动的变化。

对于意料之外的因素所造成的价格和产量的波动，理性预期学派认为，国家是不能运用经济政策来使之稳定的。由于意料之外的因素无法事先得知，所以参加经济活动的人，包括国家的经济管理人员在内，事先也都不知道这些因素的存在，更谈不到理解这些因素的作用。因此，即使经济政策是有效的，国家的经济管理人员也无从执行这些政策。理性预期学派的最终结论是，在任何情况下宏观经济政策都是无效的。

四、新古典经济学派的政策主张

（一）宏观经济政策无效论

宏观经济政策既包括财政政策，也包括货币政策。根据自然率的假设，资本主义经济在长期内会处于自然失业率的状态。宏观经济政策的目的和效果在于使社会脱离这种状态。不管通过经济政策来造成这种脱离是否有必要，即使有必要，按照理性预期的假设条件，也不可能达到目的，即宏观经济政策是无效的。

例如，当经济社会处于自然失业率为6%的时候，假设实际通货膨胀为0，如图9-7所示的菲利普斯曲线的 A 点所示。

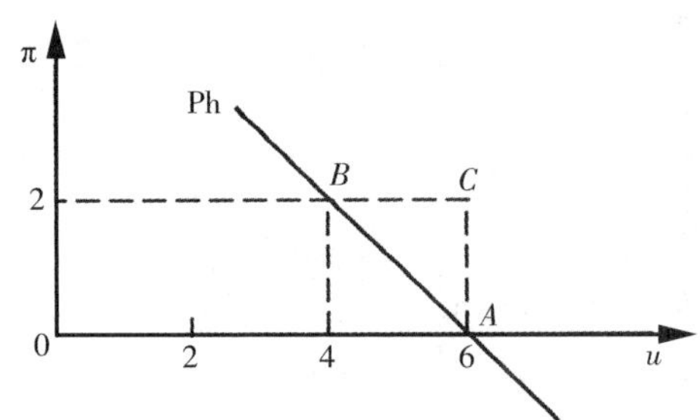

图 9-7　菲利普斯曲线说明政策无效性

人们是根据过去的通货膨胀率而形成现在的预期通货膨胀率。在 A 点，由于过去的实际通货膨胀率为0，所以现在的预期通货膨胀率也为0。这时，如果政府企图把失业率降低到4%，它必须使用财政政策或货币政策来造成2%的通货膨胀率，使经济社会沿着菲利普斯曲线到达图中的 B 点，因为 B 点所代表的失业率为4%，而4%正是政府的目标。当通货膨胀率为2%时，由于所有的价格都上升了相同的比例，所以劳动者发现，他们的工资上升了2%；企业家发现，他们的产品价格上升了2%。但是，由于信息的传递和供给等都不够完善，所以他们只看到自己的劳动力或者自己的产品价格上升，却未能看到其他产品价格的情况。因此，他们误以为，自己劳动力价格和产品价格的上升是劳动力和产品需求增加的讯号。于是，劳动者便因之而增加劳动量，企业家便因之而扩大生产量。这些原因会促使整个社会的国民收入上升到相当于4%的失业率，即到达 B 点。在该点，失业率和实际通货膨胀率分别为4%和2%。

然而，新古典经济学者指出，B 点仅能暂时存在，因为根据理性预期，劳动者和企业家会很快收集到有关通货膨胀的所有信息，从而发现自己产品价格的上升是通货膨胀的后果，而不是社会对自己产品需求的增加。由于 B 点的实际通货膨胀率为2%，所以他们的预期通货膨胀率从0变为2%。这样，他们会减少产量，使社会经济移到 C 点。在 C 点，失业率又恢复到原有的6%，而实际和预期的通货膨胀率均为2%。简言之，这一结果表明，财政政策和货币政策并没有达到它们的目标，而仅仅造成了通货膨胀率的提高。根据上述结果，新古典经济学派得出结论，由于理性预期，一切宏观经济政策都是无效的。

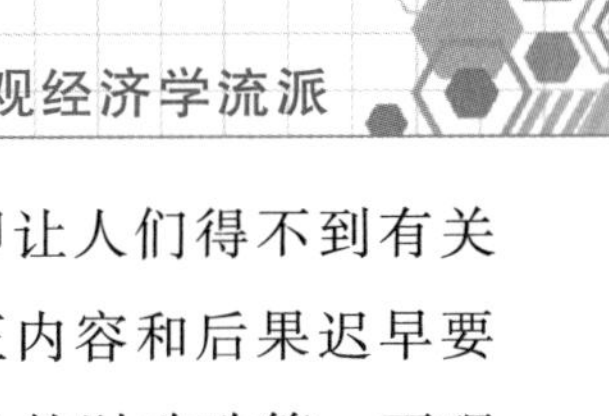

政策无效性的结论意味着：要想使政策有效，它必须具有欺骗性，即让人们得不到有关政策的真实信息。然而，这一点在事实上又是做不到的，因为政策的真正内容和后果迟早要为公众所知悉。作为新古典经济学派先驱的货币主义仅仅反对凯恩斯主义的财政政策，而理性预期学派反对一切宏观经济政策。从中可以看到，以反对凯恩斯主义而论，理性预期学派比货币主义又多走了一步。

（二）适应性预期错误论

适应性预期指人们仅仅根据过去而预测未来的说法。直到19世纪70年代，凯恩斯主义者还经常在他们的宏观计量经济学模型中使用适应性预期的说法。

然而，新古典经济学者坚持认为，适应性预期是错误的。因为人们预期未来时，除了以过去的事实作为依据，也要考虑事态在将来的变化。例如，人们在估计某种商品的价格时，除了考虑该产品过去的价格以外，也要照顾到将来的变化对该产品的供求影响。因此，适应性预期不但不符合现实，而且违反了人们为使自己利益的最大化，必然会利用包括将来的信息等一切信息，来寻求最精确的预期这一原则。由于这一原因，一切使用适应性预期的模型都是错误的。

（三）反对凯恩斯主义的“斟酌使用”的或者对经济运行“微调”的经济政策

这个观点的理论基础是“卢卡斯批判”。卢卡斯指出，人们在对将来的事态作出预期时，不但要考虑过去，还要估计现在的事件对将来的影响，并且根据他们所得到的结果而改变他们的行为。这就是说，他们要估计当前的经济政策对将来事态的影响，并且按照估计的影响来采取对策，即改变他们的行为，以便取得最大的利益。行为的改变会使经济模型的参数发生变化，而参数的变化又是难于衡量的。因此，经济学者很难评价经济政策的效果。以方程 $\pi_t=\pi^e+h\cdot\frac{y_{t-1}-y^*}{y^*}$ 为例说明这一问题。在该方程中，π^e 是一个参数，代表人们的预期通货膨胀率的大小，而其大小又部分地取决于人们对目前的政策的态度。这就是说，“斟酌使用”或“微调”政策本身会造成 π^e 改变，从而会改变政策的效果。例如，假设在过去，用3%的 y 的减少成功地使5%的通货膨胀率降为0，那么，这并不意味着当通货膨胀率为10%时，6%的 y 的减少就能达到通货膨胀率为0的目标，因为，人们对3%和6%的所作出的 π^e 的反应不同，所以不能根据3%政策的经验来检验6%政策的效果。

由于“斟酌使用”或“微调”政策表示在某一种具体情况下所执行的特殊性政策，所以政策的制定者不知道经济模型中的参数的数值的变动，从而也就无从决定政策的力度（3%或6%）以及效果。简言之，“斟酌使用”或“微调”政策是靠不住的。在货币主义的政策滞后性理由之后，新古典经济学派又加上一个反对“斟酌使用”政策的理由。

综上所述，新古典经济学派提出以下政策建议：只要人们预见到经济政策的目的，就会作出相应的对策，从而使经济政策劳而无功。因而，政府应该尽量不使用经济政策去积极主动地干预经济。当今社会中，要政府完全不介入经济活动事实上是不可能的，特别是在经济

衰退期，迫于选民的压力，政府必须采取一些行动来表示它关心经济。因而，政府在使用经济政策的时候，一定要注意政策的“信誉”，也就是政策的连续性。上述观点已经凸现新古典经济学的倾向性，即沿袭货币主义的道路，以更大的步伐回归到凯恩斯主义前的被称为“古典学派”的传统的西方经济思想，它与传统思想不同的地方，仅在于提出不同的理由和论证的方式；与此同时，也就不可避免地提出更多的反对凯恩斯主义的见解。

第五节　新凯恩斯学派

一、概述

新凯恩斯主义是指20世纪70年代以后在凯恩斯主义基础上吸取非凯恩斯主义某些观点与方法形成的理论。为答复70年代所谓“凯恩斯主义理论危机”，80年代便产生了新凯恩斯主义经济学。众所周知，70年代兴起的新古典宏观经济学的学者们认为，凯恩斯主义经济学在理论上是不恰当的，他们断言宏观经济学必须建立在厂商微观经济的基础上。他们主张，应当用建立在市场始终出清和经济行为者始终实现最优化的假定基础之上的宏观经济理论来取代凯恩斯主义经济学。80年代，美国一批经济学者致力于为凯恩斯主义经济学主要组成部分提供严密的微观经济基础。因为工资和价格黏性往往被视为凯恩斯主义经济学的主题，所以他们努力的目的在于更多表明这些黏性如何由工资和价格确定的微观经济学而引起的。他们试图建立工资和价格黏性的微观经济基础，反对恢复新古典经济学的传统；反对凯恩斯主义宏观理论与新古典微观理论的机械结合，试图给凯恩斯主义的宏观经济学建立一个不同于新古典传统的微观基础，这就发展形成了新凯恩斯主义经济学。新凯恩斯主义经济学派是以不完全竞争、不完善市场、不对称信息和相对价格的黏性为基本理论，坚持“非市场出清”这个最重要的假设，认为在货币非中性的情况下，政府的经济政策能够影响就业和产量，市场的失效需要政府干预来发挥积极作用。

二、新凯恩斯学派的基本理论

（一）价格黏性和工资黏性假设

价格黏性指价格不能随着总需求的变动而迅速变化；工资黏性指工资不能迅速调整。名义价格黏性指名义价格不能按照名义需求的变动而相应地变化；名义工资黏性指名义工资不随名义总需求的变动而变动。价格黏性理论是针对均衡价格理论而言的。按照均衡价格理论，市场价格会根据供求关系的变化而自动进行灵活的调整，但实际上，企业价格调整往往滞后

于供求的变化。新凯恩斯主义学派就价格黏性的成因进行了多方面研究，为此提出了许多模型加以解释。

（二）市场机制的非完善性

新凯恩斯主义坚持市场的不完善性，从垄断竞争的市场结构出发，研究了经济中存在的实际刚性、风险和不确定性、经济信息的不完全性和昂贵性、调整的成本因素等，认为追求自身利益的经济主体不可能对未来洞察一切并据此行动，因此一切经济资源的价格难以迅速调整并达到市场出清。新凯恩斯主义理论吸收了理性预期的思想，但不同意新古典主义学派关于市场是完全竞争的说法。

（三）非市场出清假设

新凯恩斯主义者认为，由于工资和价格的黏性，所以市场的供求量未必经常相等，即处于和新古典学派的假设相反的“非出清”或“不出清”状态。新凯恩斯学派认为，不出清状态也是客观存在的事实。市场不完全竞争及价格刚性是传统凯恩斯主义的基本信条之一，新凯恩斯主义坚持和发展了这一信条。价格黏性问题的重要性在于，它可以转换为市场是否出清的问题。价格有弹性，则市场出清，市场机制有效；而价格有刚性，则市场不能出清，市场机制失灵，只有政府干预才能纠正市场失灵。

（四）理性预期

新凯恩斯主义者虽然并不认为人们最终能够准确地预期到现实的情况，但是他们也认为，为了自己的利益，人们会尽量收集信息，使他们的预测能够趋于正确；收集的信息不但涉及过去，而且牵涉未来的事态。新凯恩斯主义理论把理性预期思想引入宏观经济理论的分析，突破了传统凯恩斯主义的理论框架，建立了基于个体最优化行为的微观基础。新凯恩斯主义理论认为，经济行为人根据对宏观经济变动的预期来选择对应的最优行动，这种微观行为引起了宏观总量关系的相应变化，所以对宏观经济理论的研究应当建立在微观个体行为理性和优化行为之上，目标是通过对个体行为的分析来说明宏观经济总量之间的关系。可以说，新凯恩斯主义理论的成功之处在于把理性预期思想引入宏观经济理论的分析中，明确地把微观理论作为宏观分析的基础，从而提出了与宏观经济学逻辑一贯的微观基础。

三、新凯恩斯学派的基本观点

新凯恩斯学派与原凯恩斯学派在理论上的共同点在于坚持了凯恩斯主义的基本观点，他们承认实际产量和就业量的经常波动；承认实际产量和就业量波动的非均衡性质，特别是承认产品市场中的普遍生产过剩，承认劳动市场中非自愿失业的存在；认为名义总需求的冲击可以造成非均衡的产量和就业量的波动；经济体系本身的不完全性（而非经济主体的预期错误）是名义总需求的冲击产生实际效应的原因；主张应由政府对经济进行适度的干预，以弥补市场机制本身的缺陷。新凯恩斯学派与原凯恩斯学派相比的特点主要表现在如下方面。

（一）强调工资和价格的黏性而非完全刚性

新凯恩斯学派在坚持政府干预经济的政策取向上与原凯恩斯学派并无差异，他们的主要贡献在于力图为原凯恩斯主义的宏观经济政策补充微观理论基础。他们在运用大量模型论证工资、价格具有黏性外，又从不完全竞争和信息不完全两方面论证了市场机制的失灵，阐明了货币的非中性，从而在有微观理论基础的前提下坚持了原凯恩斯主义的宏观经济政策有效性的思想。他们认为，由于价格和工资的黏性，价格在遭受到总供求的冲击后，从一个非充分就业的均衡状态恢复到充分就业的均衡状态是一个缓慢的过程，经济均衡的恢复不能等待或完全依靠市场机制作用下的工资和价格的缓慢调整，因为这将是一个长期的痛苦过程，因此需要政府运用经济政策来调节总供求，这不仅是必要的，也是有效的。他们试图对这种黏性从微观的角度进行合理的解释，在此基础上说明非自愿失业、普遍生产过剩的可能性以及政府经济政策的作用。

1. 工资黏性

新凯恩斯学派认为，工资是由雇佣合同规定的，在协商合同时，劳动者根据他预期的价格水平来决定他要求的工资的高低，如果劳资双方同意某一水平的工资，合同便被签订下来。在合同期限内，劳动者必须按照根据他预期的价格水平而计算出来的工资提供劳动，即使在此期间实际的价格水平有所变动，劳资双方也必须遵守合同中规定的工资水平。基于这样的事实，新凯恩斯学派提出了两个工资具有黏性的主要原因，即合同的长期性与合同的交错签订。

（1）合同的长期性。合同总是具有期限的，而这种期限通常都不是短暂的，因为过于短暂的合同会增加劳资双方的谈判成本和调整成本。调查研究发现，在美国占有决定性的重要行业中，劳动合同的期限往往为 3 年，即货币工资在 3 年内不能改变。这样，由于合同具有期限，而且期限往往较长，所以工资的调整总是缓慢的，这便使工资具有了黏性。

（2）合同的交错签订。一个社会经济中所有的劳动合同不可能是在同一时间签订的，也不可能同时达到终止期，因此，各种长期合同都是交错签订的，从而工资的调整也是交错进行的。这种合同的交错签订使工资的调整不可能非常及时，这也是工资具有黏性的另一个重要原因。

（3）在对合同的长期性和交错签订进行分析的基础上，他们还深入劳动市场领域，从另外的视角研究了工资黏性的原因，其中较有代表性的两个观点是效率工资论与工会和集体谈判理论。

效率工资论认为，企业的劳动生产率依赖于企业支付给工人的工资。企业支付的工资越高，工人的生产效率越高，从而企业获得的利润越多。因此，企业为了保持较高的劳动生产率，愿意向工人支付高于均衡水平的工资，而不愿轻易降低工资，从而使工资具有了黏性。

工会和集体谈判理论认为，现实社会中工会在劳动市场上具有垄断力量，加入工会的工人们的工资主要不是由劳动市场供求均衡决定的，而是由工会领导人与雇主之间的集体谈判决定的，最终的谈判结果往往是一种妥协的协议，通常情况下是把工资提高到均衡工资水平

之上，雇主根据这种工资水平决定雇用多少工人。由工会参与确定的工资并不随着经济状况变化而变化，因此工资具有黏性。

（4）工资黏性下的货币非中性。新凯恩斯学派认为，当工资具有黏性时，货币是非中性的。中央银行增加货币供应量使物价总水平上升时，由于工资具有黏性，可以相对降低工人的实际工资。当工人实际工资降低时，降低了产品成本中的工资成本，单位工资的产出就会增加，企业利润也相应增加。企业利润增加后，就会扩大产量以谋取更大的利润，这就会雇用更多的工人，促使就业率上升。相反，当中央银行减少货币供应量使物价总水平下降时，由于工资具有黏性，使工人的实际工资相对提高。当工人的实际工资提高时，单位工资产出就会减少，这增加了产品成本中的工资成本，企业利润减少甚至有发生亏损的可能。此时，企业会缩减产量以免发生更大的损失，从而使失业率上升。可见，只要存在工资的黏性，货币量变动后，产量、就业量等实际变量都会发生相应的变动，货币就是非中性的。

2. **价格黏性**

新凯恩斯学派对价格黏性提出了形形色色的理论说明，这些理论都以不完全竞争为假设前提。因为在完全竞争条件下，企业不能单独决定价格。要分析企业如何决定价格，自然就要假设这些企业至少对自身产品的价格有某种垄断或控制能力。

（1）菜单成本说。经济中的垄断企业是价格的决策者，能够选择价格，而菜单成本的存在阻滞了企业调整价格，所以价格具有黏性。因为产品价格的变动如同餐馆的菜单价目表的变动，这类成本称为菜单成本，并将其定义为“调整价格的成本”。菜单成本包括实际成本和机会成本两部分。实际成本是指研究和确定新价格的成本、重新编印价目表并将新价目表通知销售点的成本、更换价格标签的成本、为新价格做广告等所花费的成本，这些成本是企业调整价格时实际支出的成本；机会成本是企业调整价格产生的成本，如价格变动的次数过于频繁，会使顾客感到麻烦和不快，有可能减少对此种商品的需求而造成损失，甚至包括处理顾客怨言的成本，这些虽然不是企业实际支出的成本，但同样阻碍着企业调整价格，也被称为菜单成本。企业只有在调整价格后的利润增量大于菜单成本时，才会调价。否则，企业将保持价格不变。由于有菜单成本的存在，企业不愿意经常地变动价格，所以价格存在着黏性。

（2）交错价格调整论。该理论认为，与工资交错调整一样，经济中的价格调整也是交错进行的。因为在信息不完全的市场上，若所有企业同时确定和调整价格就失去了增加信息的一个机会；如果某些企业在其他企业确定价格之后再调整自己的价格，它们就可以通过观察其他企业稍早一点的价格决定而获得关于需求状况及其变化的更多信息，从而提高它们对当前总需求和局部需求，即对某企业特定产品的需求及同行业或同地区中其他企业产品的需求状况的更多了解，提高需求估计的准确性。在这种信息有所增加的基础上确定自己的价格，就能够更加准确地使之接近真正的最优价格。因此，在信息不完全的条件下，垄断竞争企业出于自身利益的考虑，往往造成价格的交错调整。企业的这种近似理性的价格决策行为使价格总水平具有了黏性。

（3）投入产出关联论。这种理论认为，在现代经济中，由于生产力的提高和分工的发展，

企业之间的投入产出日益紧密和复杂，任何一个企业的生产都不可能单独进行。从企业之间的相互联系看，直接或间接影响单个企业生产的企业很多，成百上千的企业直接或间接地为某个企业提供生产要素，某一企业一般仅知道直接供给生产要素的企业的价格决策，在这种情况下，单个企业要想预测需求变化对各类企业的直接或间接成本的影响，必须计算数以千计的需求价格弹性，这在目前的技术条件下几乎是不可能的。因此，企业最佳的行事方式是根据有直接要素供给关系的企业所提供的信息调整价格。需求的变化对单个产品的影响在错综复杂的投入产出链之间的传递十分缓慢。在这种情况下，即使总需求发生变动，单个企业在没有得到直接供应商价格变动通知之前，宁可保持自己的产品价格不变，以维持已经存在的相对价格比例。当所有企业都采取这种价格行为时，众多企业之间的投入产出联系就会出现成本的黏性，进而导致价格的黏性。

（4）价格黏性下的货币非中性。新凯恩斯学派的经济学家认为，当价格具有黏性时，货币是非中性的。中央银行减少货币供应量，使总需求减少，此时，由于价格黏性的存在，价格变动调节需求的作用无从发挥，市场上出现过剩产品，市场不能出清。当市场不能出清时，产品大量积压，最终迫使企业削减产量，以适应需求的变动，产量的削减伴随着对劳动需求的减少，失业增加。相反，中央银行增加货币供应量，使总需求增加。由于价格具有黏性，市场上出现了产品的供不应求，市场处于非均衡状态，此时，只要市场上还有闲置的资源，企业就会扩大生产，增加对劳动力的需求，使产量、就业量同时增加。可见，货币量变动后，企业不改变价格而变动产量，导致经济的大幅波动，货币是非中性的，至少在短期内是这样。总之，工资黏性和价格黏性理论是新凯恩斯学派理论体系的核心内容，它在为原凯恩斯主义提供微观经济基础的同时，坚持了原凯恩斯主义的中心论点：市场是非出清的，宏观经济政策是有效的，从而为国家干预经济的学说重新争得了一个生存和发展的空间。但是，新凯恩斯学派的工资与价格黏性理论并不系统和完善。

（二）新凯恩斯主义的短期总供给模型

在对新凯恩斯主义理论与原凯恩斯主义理论的比较与分析中，我们应重新认识凯恩斯主义理论的总供给曲线。当经济处于均衡状态时，决定了价格水平、工资水平、均衡就业量和产出水平。现在假定价格水平上升，在劳动市场上价格水平的上升意味着实际工资水平的下降，因而使劳动需求曲线向右上方平行移动。那么，劳动供给曲线如何变化？对于这一点，新凯恩斯主义和原凯恩斯主义的观点是不同的。原凯恩斯主义认为价格水平上升后，劳动者由于存在货币幻觉，对价格水平的预期不发生变动，因而劳动供给曲线不发生移动，结果是均衡就业量增加。这一思想表明原凯恩斯主义的理论缺乏微观基础，其宏观经济理论无法与一般均衡的微观经济理论相协调。新凯恩斯主义理论认为当价格水平上升后，劳动者并不存在货币幻觉，劳动者能够理性地预期到工资水平将上升，并且会认为当前的劳动成本大于劳动收益，于是劳动者的理性决策是减少劳动供给。但是，新凯恩斯主义认为劳动者的这种由成本和收益比较后作出的理性决策却不能实现，原因在于，微观的市场是一个不完全市场，工资的调整是要付出代价的。如果劳动者撕毁劳动合同的成本大于减少劳动供给所得到的收益，劳动者就会在价格上升后选择不减少劳动供给，这样劳动供给曲线不发生移动。也就是说，在价格水平上升时，劳动者继续提供原有的劳动供给，使自己的成本大于收益，但这并不是说劳动者是非理性的，而是由于市场不完全，使人们迫不得已地接受了工资刚性的现实。总之，当价格水平上升后，劳动需求曲线向右上方移动，劳动供给曲线不改变位置，由劳动市场决定的均衡就业量增加，经济中供给方面决定的国民收入增加，由此得到一条向右方倾斜的总供给曲线。虽然新凯恩斯主义与原凯恩斯主义得到的总供给曲线在形式上是一样的，但形成的原因并不一样。

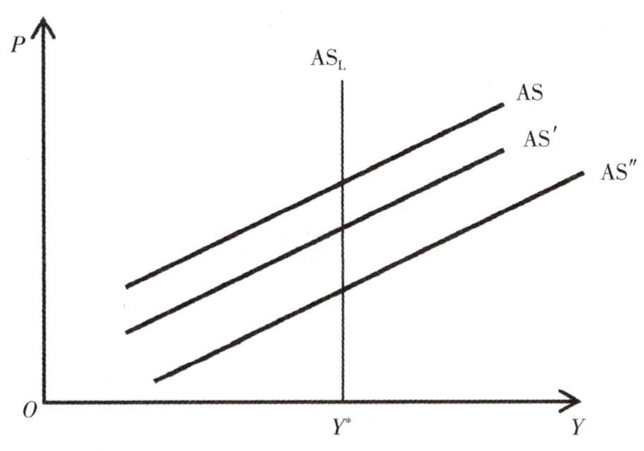

图 9-8　凯恩斯主义的总供给曲线

从图 9-8 中可以得到，如果货币工资下降，短期总供给曲线将向右移动，在长期中会逐渐调整，与预期的一致，所以新凯恩斯主义认为长期的总供给曲线是图中的相当于 Y^* 水平的垂直线 AS_L。

新凯恩斯主义理论摒弃了原凯恩斯主义理论的完全货币幻觉思想，把理性预期思想作为自己理论分析的一个出发点，并坚持利用市场不完全竞争理论建立了一系列有微观基础的宏观经济模型。新凯恩斯主义者以工资与价格的刚性和市场不完全竞争的理论，代替了新古典宏观经济学的工资和价格弹性与市场完全竞争的理论，并将其与宏观层次上的产量和就业量相结合，建立了有微观基础的新凯恩斯主义宏观经济学。

四、新凯恩斯学派的政策主张

（一）抑制价格黏性，修复市场机制

新凯恩斯学派在政策主张方面所持有的观点是，由于价格和工资的黏性，经济在遭受到总需求冲击后（如导致经济衰退），从一个非充分就业的均衡状态恢复到充分就业的均衡状态是一个缓慢的过程，因此用政策来刺激总需求是必要的，不能等待工资和价格向下的压力带来经济恢复，因为这是一个长期的痛苦的过程，如图 9-9 所示。假定经济最初处于由总需求曲线 AD_0 和总供给曲线 ASK 的交点 A 所确定的充分就业状态，这时的收入和价格水平分别为 Y_0 和 P_0。在为期一年的劳动合同被签订后的某一天，由于经济遭受总需求冲击，总需求曲线移动到 AD_1，实际收入下降到 Y_1，价格水平下降到 P_1。这时，政府有两种选择：一是使

该经济停留在价格水平为 P_1、收入水平为 Y_1 的萧条状态（至少短期如此）；二是政府采取旨在刺激需求的政策。新凯恩斯学派主张第二种方案。按照这一方案，总需求曲线会从 AD_1 恢复到原来的 AD_0 的位置，从而经济又恢复到原来充分就业的状态上。由于直到这一年的年末，尽管厂商和工人都有理性预期，但原有的劳动合同没有到期，这样，就没有新的劳动合同签订，这意味着 ASK 曲线并没有变动，从而上述稳定化政策是必要的。

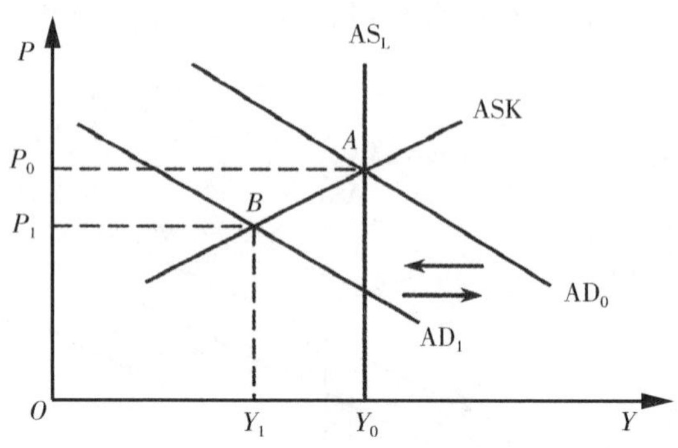

图 9-9　新凯恩斯学派的稳定化政策

除了迅速恢复充分就业的必要性以外，新凯恩斯学派认为，“斟酌使用”的政策还有另外一个必要性，当外部冲击到来时，这种政策可以抵消外部冲击，使总需求保持在充分就业的水平。这就是说，在图 9-9 中，使总需求曲线不从 AD_0 移动到 AD_1。例如，当出口下降时，可以采用扩大内需的政策来补充出口量的下降。

（二）增加工资弹性，减少失业

一直对实际工资黏性展开各种解释的那些新凯恩斯学派已得出一些政策结论，特别是降低持续高度失业的政策。从理论上说具体政策包括：①工作保障法规的软化以便减低雇佣和解雇劳工的流转成本；②工资关系的改良以便减少罢工的可能性；③再培训失业者以便增进他们的人力资本和边际产量；④改善劳工流动性的政策；⑤使工资具有更大灵活性的利润分享安排；⑥失业补偿制度的再设计以便鼓励寻找工作。

（三）国家干预信贷市场，利用贷款补贴或贷款担保降低市场利率

新凯恩斯学派的信贷政策建议是政府从社会福利最大化出发，应该干预信贷市场。利用贷款补贴或提供信贷担保等手段去降低市场利率，使那些有社会效益的项目能够获得贷款。

参考文献

［1］苏剑．宏观经济学（中国版）：第 2 版［M］．北京：北京大学出版社，2021.

［2］安德鲁・B. 亚伯，本・S. 伯南克，迪安・克劳肖．宏观经济学：第 9 版［M］．北京：中国人民大学出版社，2020.

［3］奥利维尔・布兰查德．宏观经济学：第 8 版［M］．北京：清华大学出版社，2023.

［4］鲁迪格・多恩布什，斯坦利・费希尔，理查德・斯塔兹．宏观经济学：第 12 版［M］．北京：中国人民大学出版社，2017.

［5］格里高利・曼昆．宏观经济学：第 11 版［M］．北京：中国人民大学出版社，2024.

［6］袁志刚，樊潇彦．宏观经济学：第 2 版［M］．北京：高等教育出版社，2015.

［7］尹伯成．现代西方经济学习题指南（宏观经济学）：第 9 版［M］．上海：复旦大学出版社，2017.